中国传媒大学广告专业系列教材编委会名单

主 任 黄升民 丁俊杰

委 员 丁俊杰 黄升民 钟以谦 张树庭 齐小华 陈宏年 闵惠泉 黄侃

现代广告文化学（第2版）

中国传媒大学广告专业系列教材

李建立 著

中国传媒大学出版社
·北京·

汉字创意广告　香港著名设计师靳埭强用中国传统的水墨画技法，气韵生动地创作了这幅作品。人们看到他的广告作品时，马上便能与自己脑海中的记忆相联系。作品获1995年中国台湾地区广告大赛奖。

作品获2006中国台湾国际海报设计金奖　靳埭强（中国香港）

绝对伏特加——"水果"篇

绝对伏特加酒广告 突出了它极具特色的酒瓶的造型，想象丰富，匠心独运，把"绝对伏特加"的概念演绎和渲染得绝对完美。

绝对伏特加——"北京"篇

欧米茄手表广告　作品的画面强调欧米茄走时精准的功能性。

苹果mp3广告　这则广告宣传了苹果mp3在任何环境中使用都可以享受到它的舒适、随心和便捷。

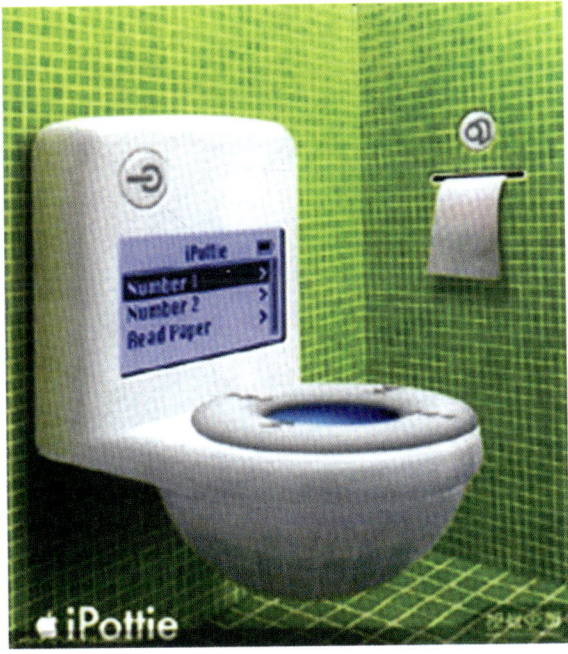

七喜饮料广告　画面以借喻手法突显七喜给人带来清爽的感受。

可口可乐广告　从一开始就采取铺天盖地的广告功势，为了"誉满全球"从不节省广告开支，并且根据不同的销售地区，每则广告设计都颇具地方文化特色。

苹果iPod广告　用非常强烈的黑白对比，加上鲜艳的背景颜色，更突出了其中的白色小盒子——iPod。它能在第一时间抓住人的眼球，并能给人极大的视觉冲击。无疑，iPod的广告是非常成功的。

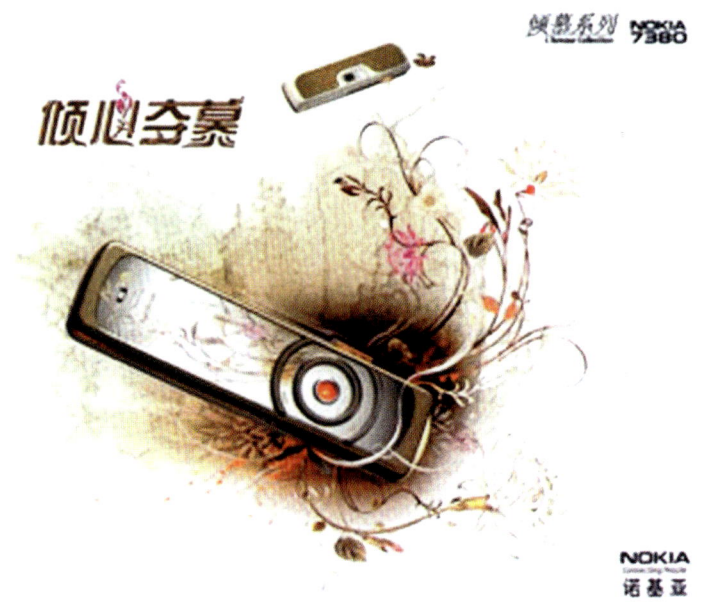

诺基亚手机广告　突出诺基亚新款手机款型设计精美，给人以身临其境的感觉。

益达口香糖广告　作品营造出欢乐的气氛，画面执行十分到位，洋溢着自信的笑容很具有感染力。从消费者的角度着眼，给人置身事外的客观感觉。

宝洁广告——"大阿福"篇获广东省第十届优秀广告作品奖

苹果洗衣机广告　巧妙地将苹果这一元素运用到洗衣机的门上，让人更加直观地记住苹果这一品牌。

BMW汽车广告　作品突出了"安全"概念，崎岖险峻的大峡谷，傲然屹立的女神，象征了"宝马"追求自由的精神。

屈臣氏平面海报广告　广告语"在屈臣氏，不知不觉就会待很久很久"，表现手法以突出细节制胜，目标消费群定位在年轻女性，看过不用解释太多，果然是"很久很久"。

反战招贴广告　设计之父福田繁雄在他设计的反战招贴中，用红色背景衬托一把在木柄上端长出小枝头的黑色斧头图形，右下角绿色的文字与红色的底在颜色上有着强烈的对比。同样是非常简洁的画面，从木柄上象征和平的枝头中传达出设计者呼唤和平的心愿，令人拍案叫绝。

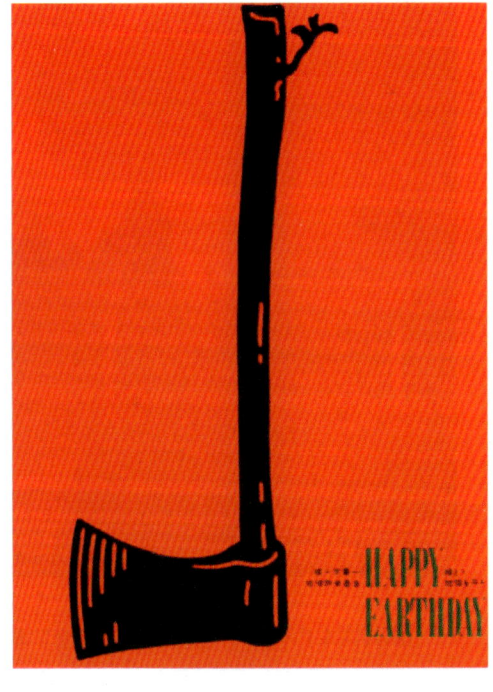

目　　录

总　　序 / 1

前　　言 / 1

第一章　绪　　论 / 1
　　第一节　广告文化学的构建是历史的必然 / 1
　　　　一、中国广告业的希望 / 1
　　　　二、实现文化上的超越 / 3
　　第二节　文化的含义和文化学理论 / 4
　　　　一、文化内涵释义 / 4
　　　　二、对文化理论的梳整 / 6
　　　　三、对文化本质和功能的思考 / 7
　　第三节　广告文化学的研究对象 / 10
　　　　一、文化学理论的研究视角 / 10
　　　　二、广告文化学的体系 / 13
　　　　三、现代广告文化与广告的关系 / 16
　　　　四、现代广告文化对社会大文化系统的作用 / 19
　　第四节　现代广告文化研究的新思维 / 22
　　　　一、把经济学渗透进现代广告文化学 / 22
　　　　二、把人本主义和心理学融入现代广告文化学 / 25

第二章　广告符号 / 31
　　第一节　广告是一种独特的文化艺术符号 / 31
　　　　一、符号学 / 31
　　　　二、广告是一种特殊的艺术符号 / 33

三、广告艺术符号的作用 / 34
　第二节　广告艺术符号的表现力 / 39
　　　一、广告艺术符号的特征 / 39
　　　二、广告艺术符号的类型 / 41
　　　三、广告艺术符号表现力 / 46
　第三节　多样现代广告符号的利器——光影和语言 / 51
　　　一、图像的王国 / 51
　　　二、语言——最重要的符号系统 / 54
　第四节　现代社会的图腾符号——企业形象 / 59
　　　一、古代图腾的启示 / 59
　　　二、当代图腾——品牌与形象 / 62
　　　三、"图腾"创制——企业形象塑造 / 64

第三章　广告的文化语境 / 68
　第一节　一种重要而真实的存在——广告生存语境 / 68
　　　一、科学的语境观 / 68
　　　二、广告语境研究指向 / 70
　第二节　现代广告文化的渊源 / 73
　　　一、现代广告文化的诞生 / 73
　　　二、东西方文化的差异 / 75
　　　三、东西方广告文化的互跨和融合 / 79
　第三节　中外文化风俗巡礼 / 84
　　　一、悠久淳厚的中华风俗文化 / 84
　　　二、新奇芳香的世界风俗 / 92

第四章　广告文化美学的架构 / 100
　第一节　广告美学的研究思路 / 100
　　　一、广告的美和广告美的规律 / 100
　　　二、广告的意境和风格 / 105
　第二节　广告美学中的审美 / 108
　　　一、广告审美文化的基础 / 108
　　　二、广告的审美 / 113
　第三节　广告美的创造 / 116
　　　一、广告美的创意原则 / 116

二、广告美的创作方法——"再现" / 117
　　三、广告艺术创作中的隐喻和暗示 / 121
第四节　网络时代背景下的广告美学 / 125
　　一、网络改变了美学的现实基础 / 125
　　二、网络时代广告美学的特征 / 127
　　三、网络广告的营销策略 / 129

第五章　广告艺术心理初探 / 132

第一节　广告艺术心理学勾勒 / 132
　　一、广告艺术心理学的研究对象 / 132
　　二、广告心理学理论 / 135
　　三、广告审美心理要素描述 / 138
第二节　广告创造心理 / 147
　　一、广告人的心理特征 / 147
　　二、广告的情感表现 / 153
第三节　广告受众文化心理透视 / 158
　　一、消费者的文化心理倾向 / 158
　　二、消费者个性分析 / 162
　　三、潜意识理论与广告策略 / 165
　　四、创造时尚 / 167
　　五、引导流行 / 168

第六章　广告人文化素质 / 171

第一节　广告人的现代观念 / 171
　　一、广告人的素质构成 / 171
　　二、广告人的现代观念 / 174
第二节　广告人的情感世界和情感智慧 / 180
　　一、探寻广告人的情感世界 / 180
　　二、情感的作用 / 184
　　三、培养广告人的情感智慧 / 185
　　四、广告人的情感表现方式 / 187

第三节　培养广告人的科学思维方式 / 190
　一、思维的作用及分类 / 191
　二、形象思维的探讨 / 192
　三、灵感思维的探讨 / 194
　四、广告人思维特点及思维能力培养 / 196

后　　记 / 200

参考文献 / 201

总　序

在这个收获的金秋,中国传媒大学(原北京广播学院)广告系列教材终于面世了!

这套丛书来自广告专业教学、科研一线人员的辛勤劳动和细心耕耘,如同一棵棵幼小的苗苗,迎着阳光劲劲地成长起来。这一刻我和大家的心情一样,是激动,是欣慰,是对未来更好的期盼。

中国传媒大学广告学专业从1988年创立到现在已有15年。十多年发展,大浪淘沙。距离世界一流大学、一流学系,我们存在着不小的差距,基本还处于"强专业,弱学术"的位置。但是我们白手起家,从无到有。我们含辛茹苦地劳作,建构自身的品牌。在这个过程中,我们遇到过不少的问题,但是多年来形成了最为重要的经营资源,具有很强的"纠偏能力"。例如,我们提倡人的因素第一,提倡一线第一,能力第一。

广告学专业所属知识产业,专业知识更新的频率相当高,是一个典型的"市场的知识装置"。凭借大学的资源,吸纳各种相关学科的知识,加工,改造,再向市场输送两种产品:专业知识和专业人才。

为此,我们确立了这么一种观念:产品就是学生(所以,选用上等好料,同时注意出路);生产者就是教员(与产业工人不同,是艺术的创造性加工,所以实践经验和鲜度知识至关重要);生产环节在于课堂教学(系统知识和专业知识的输入)和实验培训(方法和能力的培养)。而作为产品生产者的教员,必须通过加强自身的学术研究能力,不断获取新经验、新知识,唯有如此,才能同步于专业的发展。换句话说,专业教员们知识上的吸收和创新,最好的办法就是科研活动。

所以说,这一套广告系列教材的面世,是我们加大研究和学术力量的良好开端和阶段性成果。该套丛书涉及到广告学的诸多领域:广告学基础理论、品牌研究、媒介研究、广告效果研究、广告史研究、广告主研究、广告艺术设计研究,等等。

十余年来,通过广告学系同仁的努力奋斗,在建立专业的权威和引导地位方面,有些目标已经达到。但是,这只是"本土"的目标。我们的大目标是"国际"的目标。换言之,我们的专业教育和专业领域研究,要与国际接轨,得到国际认同。

面对21世纪,我们自己所处的专业会有什么样的变化?

学系应该建立什么样的制度来激励教员的科研活动?

科研和教学以及经营三者应该如何有机联系?

如何在专业领域建立科研的领先地位?

面对新的挑战,我们仍需努力!

黄升民

中国传媒大学广告学院院长

前　言

广告学的研究深入到文化学的范畴是广告理论研究的一大进步。

中国现代广告从 1979 年至今已经走过二十多年的路程。这二十多年是广告人锐意进取、广告业高歌猛进的二十多年。现在中国广告已经不是一株孱弱的小草,它已长成了参天大树,在中国经济中担负起应有的责任,成为市场经济的先导产业。广告人的现代意识、市场观念、管理水平、策划方略、创意智慧、制作技术都实现了历史性的突破和飞跃。这一切归功于经济发展的原动力,也归功于文化意识的觉醒。由此启示我们:广告的勃兴在于文化。关注文化,就是关注广告的命运;掌握文化,就是掌握了广告的未来。

我们已经跨入新世纪。这是一个充满挑战和机遇的世纪。中国广告要勇敢地迎接挑战,敏锐地抓住机遇,实现超越与梦想,达到复兴和辉煌,就要进行科学的总结和理论的升华。理论永远是时代的灯塔。

中国广告所积累的实践经验和研究成果需要进行文化学的梳理和综合。之所以如此,是因为文化学正好适应这一客观要求,能以宏观的视野、多维的视角审视现代广告;能以科学的思维、缜密的方法辨析现代广告;能以智慧的情感、高尚的情操关怀现代广告,以此来构建一个适应中国广告发展要求的现代形态的广告文化学体系。

一个现代形态的、科学的广告文化学体系,应体现四个特征:一是东西方广告的融合;二是传统与现代广告的贯通;三是多学科的渗透;四是理论与操作的并进。

现代广告文化学的建立,是时代的呼唤,是实践的要求,是发展的必然;现代广告文化学的建立,标志着中国广告由分解走向综合,由分化走向整合,由幼稚走向成熟;现代广告文化学的建立,不是某个人能完成的,它是一个社会的系统工程,需要一代甚至几代广告人的智慧和汗水。

撰写现代广告文化学是我的一个宿愿。作为一名从事广告教学和研究的教师,我由衷地希望这本书成为广告专业学生的挚友,成为广告业界同仁的参谋,成为中国现代广告文化学建设的一粒铺路石子。

第一章 绪 论

第一节 广告文化学的构建是历史的必然

中国广告业伴随中国经济强劲的增长已经成为我国经济体系中最具活力的朝阳产业。伟大的作家列夫·托尔斯泰在《五月的塞瓦斯托波尔》中写到:"太阳总会冉冉升起,把欢乐、爱情和幸福许诺给逐渐苏醒的世界。"广告这一朝阳产业在中国方兴未艾,蓬勃发展。当我们打开电视机和广播,色彩缤纷、声音悠扬的广告扑面而来;当我们踏出家门,橱窗里、街道旁、楼宇上、车身上各种广告令人目不暇接;当夜幕降临,各种灯箱、霓虹灯广告大放异彩,把都市的夜景装点得分外绚丽。二十几年前,这样的情景连做梦也难以想到,是党的十一届三中全会春风化雨,短短的几年,广告就像从地底下冒出来一样,一下子遍及社会生活的各个角落,渗透到生活的方方面面。

一、中国广告业的希望

中国现代广告已然成为中国最具活力的产业,即知识密集、技术密集、人才密集的高新技术产业。中国的广告业伴随着改革开放和市场经济发展的进程,取得了令人瞩目的进步,短短的十几年中国的广告业经历了西方发达国家几十年乃至上百年所走过的道路。这是历史的超越。中国现代广告业已经取得七大成绩:一是,产业规模空前壮大;二是,发展速度极为迅猛;三是,从业人数蔚为壮观;四是,广告理论完整引进;五是,创意水平迅速提升;六是,制作技术日臻成熟;七是,经营管理日益进步。

当前中国现代广告的生存环境已经发生了很大的变化,中国已经全面开放了广告市场,2005年底兑现了向世贸组织的承诺,允许外商在中国建立独资广告公司,这标志着中国本土广告公司将面临更激烈的竞争和更严峻的形势。在此之前盛世长城、奥美、李奥·贝纳等世界著名的广告公司已经通过建立合资广告公司登陆中国内地,并且取得了很大的市场份额。

中国本土广告公司也借着政策的扶持,借着中国经济快速发展的势头,取得了跨越式的发展。但是回顾从1979年到现在这二十几年中国广告走过的不平凡的发展历程,全面观照和认真分析中国广告业的生存状态,也有一些值得关注的困难和危机,应该引起我们的高度警觉,中国广告业的发展趋势也显现出一些新的特点和走向。中国现代广告已呈现三个明显的趋势:其一,超常规发展的时期已经结束;其二,超额利润已不复存在,平均利润率时代已经来到;其三,业界的竞争更加激烈。

回首改革开放以来28年的发展历程,中国广告产业实现了整体量的增长和扩张,却没有实现质的升华,我国本土广告公司依然处在高度分散、高度弱小的状态。在WTO框架的经济环境和市场环境下,跨国广告公司在华加速扩张,把中国本土广告公司置于一种不对称的极其不利的境地,如果我国本土广告公司不能正视问题,谨慎应对,科学决策,那么,我们的生存空间将受到更大的挤压,生存境遇将更加困难。

面对着严峻的产业发展形势,我们正站在历史的十字路口,应该肩负着重大的历史责任,勇敢地担负起拯救民族产业、增强竞争实力、在竞争中发展壮大的重担。在这样一个关键的历史时刻,党中央、国务院已经作出重大的战略决策。温家宝总理在"十一五"政府工作报告中明确提出了"自主创新"的发展战略,特别把"文化创意产业"提到了重要的发展位置上。广告作为文化创意产业的重要的一个组成部分,应该遵循"自主创新"的方针,找到中国广告产业落后的原因所在。如果我们以历史唯物主义的观点看问题,我们和西方发达国家广告业的差距主要体现在文化上面。西方现代广告文化比我们久远,底蕴比我们深厚。

从历史来看,是美国揭开了现代广告的新纪元。1841年两个美国人胡珀和帕尔默开始创办广告代理业,买断报纸的部分版面并劝诱人们刊登广告,这是最早的"报纸广告代理人";1869年艾耶和他的父亲在美国费城成立以经营广告为主的艾耶父子广告公司,至此广告业成为了一种独立的产业;1900年美国学者略洛·盖尔撰写《广告心理学》,1903年美国西北大学校长、心理学家瓦尔特·狄尔·斯柯特写出《广告原理》,奠定了广告学的理论基础。在当今的世界上,经济最发达的美国也是广告业最发达的国家,它的广告费用多年来一直雄踞世界之首,遥遥领先于其他国家。居第二位的是日本,从第三位到第十位也都是工业化国家。广告大师也大多是成就于西方特别是美国。

马丁·迈耶撰写的《麦迪逊大道》一书中,生动真实地记载了二战前后纽约曼哈顿东区一条6英里长的大街上云集的全美最为优秀的一批广告公司,像智威汤逊、麦肯、扬雅、BBDO等。这里也造就了奥格威、伯恩巴克、瑞夫斯等蜚声国际的广告大师,他们在这里创造了广告神话和人生传奇。因此麦迪逊也成了美国广告业的代名词,成了美国广告业的圣地。

现代广告是中国社会中最年幼而又最蓬勃发展的一种文化形态,和美国等发达国家相比我们还有很多路要走,面对严峻的形势和挑战,中国的广告人只有勇敢地迎击挑战,除此之外,别无选择。

广告文化学就是站在新旧世纪的交汇处,在全面开放的大背景下,在完成中国广告的又一次痛苦的蜕变的进程时,用文化学的理论来审视现代广告。这种审视,并非是以看图说话的形式对现代广告给以浅显的图解,而是力图进行理论的阐发,给现代广告的理论研究和实际运作提供一种新思路,注入更多的文化力。

恩格斯说过:"一个民族只有站在理论的高峰,才能站在时代的高峰上。"万事皆然,广告也是如此。

二、实现文化上的超越

广告制胜的灵魂在于必须具有优秀的文化内涵。这里的文化概念不是狭义的,它内涵丰富,外延广阔。中国是具有世界上最悠久和最灿烂文化的国度,唐诗、宋词、明清小说、以及秦俑、唐三彩、剪纸、布老虎……汇成了一条多么绚丽的文化长河。这其中有我们取之不尽、用之不竭的艺术营养和灵感。聪明的广告人总是能将文化的意蕴倾注在自己的广告作品中,使自己的广告作品具有一种难以抵御的艺术魅力。冷眼看我们周围的那些广告作品,凡是那些缺乏文化底蕴的矫揉媚俗之作总是令人所不齿;而凡是吸收了中国文化的精髓,体现了中华艺术的意蕴,洋溢善和美的风采的作品就会被人们津津乐道,同时给人以美的享受和心灵上的净化。

我们信手拈来,举一小的例子来说明这个问题。《人民日报》1994 年 3 月 27 日刊登的韩国大宇公司的广告:

【标题】拈花微笑

【画面】一个中国少女和一个韩国少女,面带清纯微笑。

画面说明语:"有一天释迦牟尼讲法时,拿出一朵莲花给众生看。当时只有迦叶知道其中的意思而微笑。因此,释迦牟尼将佛法传授给他。后用此比喻心传心之意。"

广告词:"毋须任何言辞沟通,只须微笑即可了解。"

这则广告从两国历史的文化渊源切入,通过极富象征意味的少女微笑形象,使人们通过丰富的联想,在广告的寓意中找到了义和利、物和人的平衡点,找到了情感诉求和理念诉求的结合点。这则广告巧妙地把一种商业行为提升到一种精神交流的境界。少女的清纯微笑蕴含了中韩两国经济交往的真诚,也蕴含了两国的友谊渊源流长，同时也暗指了两国合作远景的美好。

这则广告是由韩国人制作的呢，还是中国人制作的，我没有细考。但无论如何，中国人没有理由制作不出这般水平的广告。

中国的广告业人士对中国的广告久久地思考着：面对着挑战和机遇、困难和希望，中国的广告如何抉择？只有"文化超越，别无选择"——这是我们应该提出的一个严肃命题。用文化的视角观照中国广告，你会多一份信心，也多一份希望；用文化的视角观照西方广告，你会多一份清醒，多一份冷峻；用文化的视角观照现代广告，你会多一份责任，多一份热忱。

有志气的广告人，把文化超越作为自己的选择吧！这种超越不仅是超越别人，更重要的是超越我们自己！

第二节 文化的含义和文化学理论

马克思有一句名言，"批判的武器不能代替武器的批判"。我们要实现文化意义上的超越，必须首先对文化本身作出理论上的深邃把握，结构上的鞭辟入理的分析，以及意义上和功能上的准确的领悟。因为我们所面临的文化语境纷繁复杂，对文化的理解五花八门，文化理论上的学术流派林林总总，各种文化学著作汗牛充栋。当我们用文化视角切入观照和研究广告时，首先要进行一次文化的阐释和批判。

一、文化内涵释义

"文化"一词，在中国的古代文献中有着特定的辞意，是文治和教化的总称。《周礼》说："观乎人文以化天下"；南齐王融《曲水诗序》："设神理以景俗，敷文化以柔远。"显然中国古代所言的文化是属于政治社会理论范畴，并不具有现代意义的文化蕴涵。

在西方，"文化"（culture）一词来源于拉丁语，是指对土地的耕作，即人类为自身的生存和繁衍对自然界有目的、有意识的改造活动。而后西方人从这种对自然的认识提升到对人自身的认识，"文化"一词产生了转意。"文化"在原来涵义的基础上又融进了"培养、教育、发展、尊重"等内容，古罗马著名演说家西塞罗有一句名言："智慧文化即哲学"，他将"文化"与人的品质、能力联系起来。

从东西方对"文化"的理解，可见其中有着明显的差异：古代中国"文化"词源限于社会的政治理论范畴；而西方人的"文化"词源具有双重意义，一是人对土地的耕作,这是外在自然人化的过程,二是通过教育和培养使人具有高尚的品质和聪颖的智慧,这是将内在自然人(人的生物性的存在)化的过程。无论是古代东方式的"文化",还是古代西方的"文化",都不是现代意义上的"文化",它们仅仅是现代文化的胚胎。

现代意义上的"文化"概念是英国文化人类学家爱得华·泰勒在1871年出版的《原始文化》一书中首先提出来的。他认为文化"是人类在历史经验中创造出来的,'包罗万象的复合体'","是包括知识、信仰、艺术、道德、法律、习俗和任何人作为一名社会成员而获得的能力和习惯在内的复杂整体"。泰勒开西方文化人类学之先河,影响和启迪了不少的思想家。嗣后,人们对文化概念做了多角度多侧面的观照。有人统计过,在泰勒前后关于文化的定义就有200多个。纵观近代和现代的学者,大多是把文化作为社会学和人类学的范畴加以研究的。从文化学、人类学的角度看,凡人类不是凭生物本能而学会和创造的任何事物,都是文化。

文化是一个外延十分广泛的概念。人们的衣、食、住、行都有文化。中国的旗袍、日本的和服、西方的迷你裙、阿拉伯女性的面纱是文化;中国的茶经、日本的茶道、中国的茅台酒、俄罗斯的伏特加、法国的白兰地、英格兰的威士忌是文化;欧洲的哥特式教堂、伊斯兰的清真寺、泰国的佛塔、中国的皇城和四合院也是文化;古代的驿站栈道、现代的高速公路、天上飞的火箭、海中驶的轮船、田野小路上的驴车、沙漠上的驼铃……这一切都是文化。文化就像空气一样包围着我们,充斥在我们的生活中。我们吃碗担担面,说句俗话,打个哑谜,这其中都蕴涵着某种特定的文化。

文化有广义和狭义之分:从广义上来说,文化指人类社会历史实践过程中所创造的物质财富和精神财富的总称;从狭义上来说,文化指社会意识形态,以及相应的制度和组织机构。作为意识形态的文化,是一定社会政治和经济的反映,同时又给予社会政治以反作用。

从以上分析来看,把广告视为一种文化便是不言而喻的了。对文化定义的管窥并非只是要将广告堂而皇之地称为文化,其主旨是提高广告的文化艺术品位,挖掘广告应具有的文化艺术意蕴,增强广告的艺术表现张力,使广告人驾驭广告的艺术创作规律,给广告人以更大的创作自由。因此,对文化的分析必须缜密而不能粗疏,必须深入而不能简陋。在人类文化史的长河中,中外先贤哲人用他们聪颖的智慧和不懈的探索留下了很多真知灼见。这些深邃的理论如闪烁的星辰,穿透历史的长夜,照耀着我们。让我们穿越历史的时空,走到历史的河边,去聆听,去思考……

二、对文化理论的梳整

打开历史的篇章,拂去岁月的风尘,文化学的理论犹如一幅绚丽的画卷展现在我们眼前。有着五千年灿烂文化的中国,从西周战国直至当代,大凡哲学家、思想家、文学家和艺术家,都对文化的真谛、文化的意蕴和表现手法作出了精彩而深刻的论证,形成了东方文人的特有的文艺批评:重人文精神的张扬和文品的高洁,同时又刻求情韵的精致和放达。我国古代的文艺美学思想大致可分为六个时期:

第一个时期是西周至春秋末年的启蒙时期。这个时期的阴阳五行思想,是世界观、政治观、伦理观、经济观和审美观的合一。西周末年出现的和谐为美的思想,为中国的文化史写下了光辉的一页。

第二个时期是战国至东汉末年的初步繁荣时期。在儒家、道家、法家、墨家的争鸣论战中,人们对美、美感、艺术的本质和艺术的功能的认识有了飞跃。尤其是儒道两家的争论与互补对后世美学思想的进程有着深刻的影响。

第三个时期是魏晋六朝。这个时期由于儒家思想之动摇和老庄思想的盛行,加之佛教在中国的传播,对这个时期学术思想,尤其是对南北朝的美学思想产生了很大影响,从而淡化了文艺和政治理论的关系,而强调个人情感的抒发,从重形转向对神、意境、风骨、气韵的重视,审美从崇尚雕琢转向清新自然。

第四个时期从隋唐至明代中期。唐代文化的空前繁荣,各种不同艺术流派的争奇斗艳,使得人们对艺术境界、风格和审美的认识达到了相当高的水准。这不仅对当时甚至对现代文艺的发展都有着深刻的影响。

第五个阶段是明代后期至清代中期。随着政治经济的变化和小说、戏剧等文学艺术的繁荣,提倡独创、强调变革、崇尚"自然之美"的精神得到广泛传播。这里的"自然之美"与魏有所不同,带有资本主义萌芽的特色,富有幻想,含有自由浪漫的情调。

第六个阶段是晚清,在这个时期,随着旧民主主义革命的发展,以康德、尼采和叔本华等为代表的西方资产阶级美学思想的传入,形成了比较多样的美学思想体系。在中国源远流长的文化发展历程中,出现了很多我们引以为自豪的哲学家、思想家、文艺理论家,留下了卷轶浩繁的鸿篇巨作。即便是那些散落在政治、伦理、法典理论中的艺术灼见也如一枝鲜花、一块燕石一样,俯首拾来令人赏心悦目,激动不已。

关于西方文学艺术理论的历史亦是蔚为大观,思想巨匠和艺术大师也是群星璀璨。最值得称道的是三个时期:

第一个时期是古希腊罗马时期。从公元前6世纪到公元后5世纪,一千多年间,围绕着美的本质进行着反复的思索和争论。

第二个时期是文艺复兴时期。从14世纪、15世纪开始,随着资本主义生产关系的形成,出现了席卷西方的文艺复兴运动。

第三个时期是18世纪、19世纪以康德(1724—1804)为代表的批判主义美学时代。这一时期的美学思想极为丰富,尤其是黑格尔这位德国古典哲学的集大成者,在其美学著作中把文化美学理论推向了高峰。

在西方文化发展史中独树一帜的是文化人类学。它从文化的角度观照人类,观照人类的演变过程;又从人类进化的过程去观照文化的流程和嬗变。最早的文化人类学理论要算爱德华·泰勒(1832—1917)和路易斯·亨利·摩尔根(1818—1889)创立的"演化理论",他们认为文化"是以一种齐一的、渐进的方式发展或演化的"。他们认为所有的社会都经过三个基本发展阶段:从蒙昧到野蛮再到文明。随后,在20世纪,弗朗兹·博厄斯(1858—1942)提出了历史特殊论,这种理论是对"演化理论"的否定,由于其论据偏执,这一理论就如掷到河里的一颗石子,腾起一朵浪花,转眼就消逝了。

后来文化理论还在传播的时候,与其并行不悖的是"文化传播理论"。其基本观点是,认为人天生是缺乏创造力的,因而总是愿意借取其他文化的发明,因而高级的文明会向其他的地方传播。尔后,在文化人类学的理论上又出现了"功能主义"、"结构—功能主义"、"心理方式"学派、"晚期演化论"、"结构主义"以及"民族科学"、"文化生态学"、"社会生态学"等等不同的学术流派。文化人类学在近代的历史中,争奇斗艳、精彩纷呈。由于历史、世界观的种种局限性,西方人类文化学的理论各有偏执和缺陷。但它是人类文明之路上的探索,回响着为人类文化进步而奋斗的跋涉者的足音,是我们应该汲取的一笔宝贵的精神财富。

三、对文化本质和功能的思考

毛泽东有一句名言:"感觉到的东西我们不能立刻理解它,只有理解了的东西我们才能更深刻地感觉到它。"徜徉在文化学的历史画廊中,感慨万千、情思如潮。古往今来的哲人关于文化这个命题的真知灼见,如夜空中的闪电,照亮了大地,给我们诸多的启迪和智慧。今天,在走向世界文明的大路上,在每个人实现自己有生命力的创造时,我们要继承这一份宝贵的文化学遗产,运用马克思主义的立场、观点和方法对文化的本质、文化的结构和功能作一番理性的思考。

1. 文化的本质是什么

谈到这个问题必然要谈到人。因为文化是人创造的。费尔巴哈在《基督教的本质》一书中指出："没有了对象，人就成了无……主体必然与其发生本质关系的那个对象，不外是这个主体固有而又客观的本质。"以此为依据，推而论之，我们知道文化的本质就是人的本质的对象化，是人的本质力量的外在表现。人与自然界的对象性关系，是人作为对象化的存在物的最基本的一种对象性关系，人正是在改造自然的活动过程中创造了文化。德国著名学者兰德曼在《哲学人类学》一书中提出了"人是文化的创造者"和"人是文化的创造物"两个相反相成的命题。

从哲学的角度去看，首先，人可以决定自我的行为模式，即人是创造性的；其次，人能这样做，在于人是自由的。人的自由有双重意义：即人从本能中获得自由；同时人可以创造自由。人的创造性，主要是通过审美而体现，自由则是要通过伦理和政治来体现。由此看来，人在创造文化的过程中必然要受到生理的（即本能的）、社会历史的（即政治和伦理的）制约。人通过审美去创造，通过自由去实现创造，人在这种创造中不断完善升华了自我。所以文化乃是人的本质展现和成因。这正如列夫·托尔斯泰创作的《战争与和平》、《安娜·卡列尼娜》，使他成为世人心中的那个托尔斯泰；达·芬奇创作了《蒙娜丽莎》也才使其成为人们心中的那位艺术巨匠。

2. 文化的构成

既然文化是人创造的，文化的本质是人的本质的对象化，那么文化就是非常丰富的了，它便包含了历史发展过程中人所创造的物质和精神成果的总和，同时也反映了这个创造历史过程中的形式和方式，所以文化是多层面的构成。

就文化的构成而言，也是仁者见仁，智者见智。比较多的人，将文化看成是由物质的、制度的和精神的三个层面构成的。第一是物质层面，是指人所创造的具像的文化成果，它是主体外化，即主体客体化的结果。比如人建造的一座教堂，或者雕塑的一尊雕像，画的一幅画等等。

第二个层面是制度。为了实现满足人们的需要的文化创造，就需要一种协调人们关系的管理制度，这种制度大到国家的政治制度、法律制度，小到一个组织的具体管理规则规定。

第三个层面是精神。精神文化层面，是由长期的人类社会实践和意识活动中所孕育出来的价值观念、审美情趣和思维方式等组成的。文化的精神层面指涉人的思想方式、心理特点和人生观、世界观，故而它是文化深层结构，是文化的核心部分，也可以理解为是狭义的文化。

值得注意的是,我们所谈的文化结构各层次的外延与界限往往是模糊的,就如一幅画,画纸、画轴等是物质的,而画所表现的情致和思绪却是精神的。所以在文化层次的划分问题上,我们摒弃形而上学的绝对,将模糊视为一种精确。其实,从哲学的意义上讲,模糊就是精确。

3. 文化的作用

在分析了文化的本质和结构之后,让我们来研究一下文化的功能,即文化的作用问题。

自从盘古开天地、三皇五帝到如今,整个世界发生了沧海桑田之变。人类沿着启蒙、野蛮和文明的方向前进着。文化和人相伴相生、在互创互制的过程中越来越丰富,人的文化属性和所创造的文化如恒河沙数,不可胜数。我们将文化这个流荡广远、包含甚多的概念放在主体创造意义上认识,文化的作用可谓极其重大,需要我们从几个主要方面,如文化和文明、文化和人的生存的关系中来揭示文化创造的圭臬。

◆ 文化和文明。美国的伯恩斯和拉尔夫在《世界文明史》中把文明看作是文化高度发展的产物。他们所说的文明,包括人类历史发展的各个阶段的政治、经济、法律、宗教、哲学、科学、文学、艺术、建筑和音乐等诸多方面。在这里他们把文化和文明看成是一对具有同一性的完全同一的范畴。他们认为:文化是文明的基础,或者说是文明的基本内涵,而文明则包括历史与文化的含义,是高度发展的人类文化。另外,康德也曾对文化和文明作过明确的区分。他认为人类发展过程中创造的技术性、物质性的事物和精神的各种外化形态都属于"文明";而构成人类本质力量的精神内在性因素才属于"文化"。文明是外在形式,文化是内在深层本质。恩格斯在《家庭、国家与私有制的起源》著作中,把文化看成是人类走向自由和文明的内在动因,他说:"最初的、从动物界分离出来的人,在一切方面是和动物一样不自由的;但是文化上的每一进步,都是迈向自由的一步。"(《马克思恩格斯选集》,第三卷,第154页)

◆ 文化和存在。这里的存在是指人的存在。在谈到文化和文明时,我们不能不特别指出,文化、文明是人创造的,有了人才有了文化、文明。比较而言,文化更反映了人的本质。人是非常复杂的概念,人是一种多维聚合的存在。人创造了文化,人决定了文化;由于反作用的结果文化也塑造了人,所以人与文化是相互塑造、互为因果的。人的生存的基本方式就是文化基础,就是人与物、人与他人、人与世界的关系。从这个意义上讲,离开了文化也就没有了人。

◆ 文化对人的存在的作用。德国人类学家兰德曼有一段很深刻的论断,他说:"人本不太完善,因而必须在新的文化的不断创造中追求完善,""我们不仅创造文化,文化也创造了我们。个体永远不能从自身来理解,他只能从支持他并渗透于他的文化的先定性中获得理解。这也是极为具体真实的。正如我们永远不能创造出一般的文化,而只能创造具体历史的文化一样,与此同时,文化也是以其反作用的影响创造了历史性的我们。我们创造历史的自由,由我们在其中存在而获得平衡。一方面我们生产,另一方面我们适应。这样,人也围绕变化了的环境而变化。我们不仅模仿早就存在于我们周围文化之中的东西,而且甚至我们的创造都渗透了文化整体风格。我们受文化因素的强大支配远远超过了受遗传因素的支配。"

他举了一个例子,大音乐家巴赫有一个孪生兄弟,因为他没有和巴赫生长在同一文化环境中,所以最终没有成为音乐家巴赫。还有一个很重要的问题需要指出,人固然是文化的创造物,但是文化是不断发展的,并不存在文化的永恒的理想模式,所以也就不存在人的永恒的理解的模式。所以人要不断地再创造文化,即在创造历史的过程中创造、完善和升华自我。人的自身形象是历史的镜子中才可以照映出来的。法国的伏尔泰说:"人是什么?他并不靠自身的苦思冥想来发现,而是通过历史来发现。"文化的这一层意思昭示人们一个深刻的道理:人的本质在于创造,人停止创造也就意味着生命的休止。

第三节 广告文化学的研究对象

广告文化学就是用文化学的理论,从文化的角度去观照广告,探讨广告活动和广告事业发展中的规律性。广告文化学中包括广告文化史这样很重要的内容,但是为了能够集中笔墨探寻广告文化的内在属性,本书不系统谈及广告史的内容,而主要在于现代广告的文化读解。

一、文化学理论的研究视角

广告文化学的研究的最大歧义,恐怕在于研究的角度。切入点不同,所得就会大相径庭,就会形成不同的流派和风格。所以笔者先就观照的角度和切入点谈些想法,以期让读者了解作者立意命题、布局谋篇的基本思路。

苏轼有一首脍炙人口的诗《题西林壁》。诗曰:"横看成岭侧成峰,远近高低各不同。不识庐山真面目,只缘身在此山中。"这首诗描绘了庐山雄峰竞秀、层峦叠嶂、变幻万千的绚丽景色和作者心驰神醉的感受。但是我们不妨从哲理的角度想想,其实这首诗恐怕还给予我们另一种启迪:就是观察问题如果能从多侧面、全方位去看,我们就会得到丰富的认识和意蕴丰厚的领悟。

我曾想"文化"这个和人类的起源和繁衍生息相伴相生、如影随形的东西,历经数千年风雨的洗濯,在泱泱的历史长河中无数次地被冲击,它该是何等的深邃博大。尽管我们从多角度去审视它,我们也只不过是管中窥豹而已,更不要说用单向性思维,从孤立的片面的角度去看了。

通常,人们对现代广告艺术的文化分析,往往是从表现风格、品位的"雅"与"俗"着眼的。透过诗歌、文学和艺术的视角,现代有些广告已经把文化中"雅"的格调、意蕴和精神渗透到了广告作品当中。索尼的 X 系列液晶电视平面广告,巧妙地运用类比手法,把荣获奥斯卡摄影奖《卧虎藏龙》的摄影师鲍德熹和品质卓越的索尼 BRAVIA 液晶电视相比较。其广告文案:鲍德熹博大精深,BRAVIA 博大"晶"深。广告运用两幅画面:一个是手持摄影机的鲍德熹,一个是电视屏幕中的红衣少女,画面以红色为主调,红的衣饰,红的背景,红的花朵,红彤彤像燃烧的火焰,红艳艳像被夕阳烧红的晚霞。这则广告的表现风格无不体现着"雅"的韵味。广告用获奖摄影师做比喻,凸显 BRAVIA 的品质卓越而不凡。以鲍德熹的专业水准衬托液晶电视的高质量。但是,现代广告也不排斥"俗"的表现方式和表现手法。例如:一种营养饮料的广告语是:"营养炸弹",一种减肥腰带的品牌名称是"使你美"。"俗"是人的一个重要的情感组成方面。正如电影艺术评论家爱德蒙·利奇说过,"一个毫不沾'俗'的'我'就同外界或其他的个人不会有任何交接面了,这样的我不会受到他人的支配,然而,反过来,也将是毫无力量的"①。广告也可以借助"俗"的力量,表现大众的思想情感、生活方式、表达方式,从而拉近和消费大众的距离。

文化学理论的视角包括本质和现象、内容和形式、历时性和共时性等范畴。从本质和现象的角度来观照现代广告,现代广告从直观现象上来看,是广告主(广告客户)为了自身利益通过付费的方式控制、利用一些现代信息传播媒体,通过非人际传播形式进行的自我宣传活动。在现代广告活动中,有广告主(广告客户)、广告公司、广告媒体和消费者这样一些相对独立的行为主体。广告主的目的是通过广告推销产品或服务,广告公司目的是通过广告代理来获得收益,广告媒体是要通过广告信息的发布来获取收益,而消费者是要通过广告了解商品和服务信息从而指导自己的消费。

从表面上看广告活动就是这样一个十分清晰的流程。但透过现象看本质,其本

---

① 转引自《世界电影》,1996 年第一期,第 34 页。

质内涵要丰富得多、深刻得多。首先,广告活动是人和人之间的一种关系,是人们之间最主要的一种社会关系,即经济关系。这种经济关系既是一种社会经济、科学文化发展水平的反映,又是一种社会政治伦理和道德的折射。其次,广告作品作为一种文化产品,是人的本质的对象化。它必然是人们的价值观念、审美趣味、思维方式等方面的反映。从人和文化的互创关系看,人不仅创造文化,文化也创造和塑造人。人又决定了这个社会的总体走向和趋势。所以从现象和本质的关系来看,人的文化意识和文化觉醒具有极其深远的意义。

从内容和形式的角度看,现代广告的内容是指广告作品中的广告信息和广告运作中的广告经营管理。广告的形式是表现广告信息的各种表现符号,还包括经营管理得以进行的组织机构。内容决定形式,形式对内容有反作用。所以现代广告信息较之表现形式更为重要,我历来赞同广告理论中的"宣传什么"比"怎样宣传"更重要的说法。所以广告信息的选择和定位,广告的经济管理(经营和管理属于生产力)是第一位的,但广告的表现符号和保证经营管理的组织形式有时也起决定作用。因此,广告人的行为取向应该是把恰当的内容和完美的形式有机地结合起来,高度统一起来。

从历时性和共时性的关系来看,现代广告是具有双重特性的时间和空间系统。从历时性的角度看,在无限的时间之维度上,现代广告并非无源之水,无本之木。无论现代广告有多么鲜活的表现方式,都是历史和传统的产物,它都继承了历史的遗传密码。从最早的叫卖吆喝,到市场店铺的旗幌招牌,直到近代的报纸影视,直至最先进的电脑动画、计算机网络互动广告,都汇入了历史的文化长河,并在历史上留下了文化和文明的印记。正如米夏埃尔·兰德曼(又译蓝德曼——作者注)在《哲学人类学》中所说:"无论什么时候都没有一个人'正好从开端'出发。并非每一个状况都对我们的创造力提出挑战。我们一般只需采纳较早的创造的结果。我们能够航行于远在我们时代之前就由其他人开掘了的宽阔的运河体系中。我们不仅生而就具有我们自己的作为个体的天赋,而且同时也被投入到我们的祖先积累起来并传授我们的某种文化的'外部装置'中。除了我们自己所具有的主观精神之外,我们从祖先那里接受了客观精神的礼物。我们的生活似乎只需被纳入我们可以得到的这个客观精神的轨道中。……我们被迫为所有领域中的先已存在的规范所引导。"

从兰德曼的话中我们可以领悟到双重意义:一是人的生命存在已经在历史和现实的纽结中赋予了一种既定的性质;二是生命的存在中又蕴含着一种"个体天赋"即自主意识和创造意识。所以继承和创造应该是人的选择,确切地说就是一种文化的选择。广告人如此,一切人概莫能外。这就是广告历史性观照应得出的最重要的认识和结论。

从共时性的角度去看,现代广告是现代整个文化体系中的子系统,也就是整个文化体系中的亚文化。在整个文化体系中,有民族地域、门类、结构、模型、主题、方式的分野。但是特定的时空范围(时代)里,在精神内涵、审美情趣和艺术流派中也必然有彼此呼应的同一性关系。正如雷蒙德·威廉斯在其著名的《文化与社会》①一书中所写:"我们正在根据经验重新拟定我们的方式,因为我们逐渐了解到,孤立地利用自然环境的任何一部分都是愚不可及的。我们正在逐渐学习注意我们的整体环境,从那个整体,而不是从它零碎的部分汲取我们的价值——从这些零碎的部分汲取价值,会很快取得成功,但会带来长远的浪费。与这种学习紧密相连,我们终于也慢慢地认识到,只要支配的气氛扩展到人类自身,人类也被孤立地利用、剥削,无论暂时获得什么样的成功,最终的结果将会在精神上丧失物质的收获所提供的全部机会。"

很显然,这里告诫人们的是:要从整体中把握局部,否则貌似成功,最终却证明是一种失败。广告文化学就是要超越广告自身从整体上,即从社会与时代中把握广告;从现实存在中,即从民族、地域、亚文化体系、艺术形式等等的区别联系中认识现代广告。这是广告人的共识,也应该成为广告人的创作活动和自我完善、升华的选择。

二、广告文化学的体系

广告文化是整个文化系统的一个有机组成部分,是历史和传统文化的继承,是现实社会政治文化和经济的折射,是人的本质的对象化。总而言之,广告文化和其他文化样式相同,是一种复杂的文化存在。广告文化较之恢宏的社会整体文化而言,它很小,如一滴水。但滴水虽小,却可以映照出太阳的光辉。如果我们能理智清醒地观察我国的广告文化研究和实践,它确实存在着简单化、表面化的倾向,缺乏一种在头绪纷繁、种类各异的广告艺术现象世界中,对社会整体的全面观照和本质把握。

要迎接挑战,把中国的广告水平推向新高度,当务之急是开辟广告艺术研究的文化途径。学会运用辩证唯物主义和历史唯物主义的方法,科学地吸收西方文化理论的精华,发挥中国文化批评的优势,把中国的广告放在开放的文化关系的视野中,独辟蹊径,把历史学的、心理学的、美学的、社会学的、思维科学的研究方法和成果结合

---

① 雷蒙德·威廉斯著,吴松江、张文虎译:《文化与社会》,北京大学出版社,1991年版,第18页。

起来,全面而深入地诊治中国的广告。这种独特的方式,正是一种广告文化学的方式。

在上述广告文化观的指导下,我们才能正确地构筑广告文化学的理论框架。为了对广告文化学作全景式的把握,我们应该从纵向(历时性)和横向(共时性)两个思维角度去观照和阐释。

从纵向(历时性)的角度来看,广告文化包括广告文化史、现代广告文化和广告文化发展趋势三个方面。从横向(共时性)的角度看,广告文化分为表征和内涵两个大的方面。表征涵盖广告形态、广告文化现象和广告文化的控制与管理三个层面。广告文化内涵包括了广告人类文化、广告时代文化、广告地域文化(民族文化)和广告心理文化四个层面。

现代广告,就是站在历史和现实的交接点上的一种存在。它背后有深远的历史,它前面有无尽的未来。它本身就是一个不断变成历史,又不断走向未来的过程。由此,真让我们有"逝者如斯夫,不舍昼夜"的感慨。

从纵向来看,广告文化史、现代广告文化和广告文化发展趋势构成了广告文化的过去、现在和未来。追溯历史和展望未来,有利于我们深刻地认识现实,有利于我们汲取更多的创作智慧和灵感,有利于我们全面系统地看问题,从而避免走入误区。

1. 广告是怎样产生的

就广告文化史而言,它的主旨是描写广告文化的历史发展过程,梳理广告文化的发展线索,从而揭示广告文化发展的内在规律。用历史唯物主义的观点来看,广告的繁荣和发展离不开商品经济的繁荣和发展。广告与商品经济和市场经济血肉相连,它已经成为构成市场经济必不可少的要素。可以说广告从属于商品经济和市场经济。但这并不能说,广告是市场经济的产物。因为广告就其实质来讲,是人们之间的一种信息交流和传播。广告的这一功能是与人类的社会性共生的。人是社会性的人,人就其本质而言是各种社会关系的总和,而社会关系的维系离不开社会的各方面的信息交流。所以广告的传播功能在人类社会之初便应用在了社会关系信息传播中。公元前3000年古巴比伦时代的苏美尔人所创造的楔形文字,用其书写的铭文记述了帝王的文治武功,这便是一种广告天下的意义。古代婚姻中的媒妁之言,古代国家的外交主张、政治宣言、法律文告等等也都具有广告的性质。因此,可以说人类文化史几乎和人类广告史的形成和发展同步,二者是相伴相随一体化前进的。

2. 广告业的兴起

广告文化史有广义狭义之分。广义的广告文化史属于人类文化史范畴,它描述与研究人类发展过程中的文化交汇和信息交流；狭义的广告文化史，属于市场学、文化学和广告学相结合的应用性的边缘科学，它着力研究的是在商品经济条件下广告的产生和发展轨迹，广告的自身构成及其在商品经济与市场经济发展中的功能和意义。

19世纪末20世纪初，随着资产阶级工业革命的蓬勃发展，现代广告应运而生。现代广告是以现代整体文化为生存语境的，它是现代整体文化的一个重要分支，是现代整体文化的重要组成部分。但现代广告文化又有自己的一些特点，这就是它具有独特的动力、结构和表征。现代广告的动力就是商品经济。当商品经济发展到以市场作为调节经济的最主要手段的时候，商品经济便发展到它的高级形态——市场经济阶段。商品经济及其高级形态市场经济的活力、起落变化，直接构成了对广告文化的冲击、举扬和抑制。

广告文化的外部形态和发展规模、繁荣程度与其内部机构功能无不受到商品经济和市场经济的直接影响。这样的认知已被现代广告发展的历史所证明。广告业的潮起潮落、云走云飞完全取决于商品经济的律动。18世纪下半叶至19世纪上半叶英国的工业革命促进了市场经济的迅速发展，市场的激活、流通的加快、消费的高涨，直接导致广告业的红火。尽管当时英国政府将报纸广告费增至3.5先令，但广告数量依然持续上升。《泰晤士报》的发行量由1815年的5000份扩展到1840年的50000份，广告数量平均每日也增长4倍，达每日平均400多条广告。

美国也是一样，南北战争刺激了工业革命的迅速发展，现代广告应运而生。1884年第一则杂志广告刊登在《南方信使》之上，其后美国的广告业更是经久不衰，并日益繁荣，当代美国广告业在世界广告业中雄踞首位，举足轻重。可见，广告文化的繁荣和市场的经济繁荣是交相辉映的。

3. 广告文化的构成

广告文化与商品经济、市场经济的关系构成了广告文化与其他文化相区别的相对独立的一面。另外，从广告文化的结构来看，广告文化与社会整体文化盘根错节地联系在一起，而且广告文化本身又是众多文化要素的有机体。广告文化集美术、音乐、舞蹈、雕塑、摄影摄像、影视等等艺术形式于一身；广告信息以报纸、杂志、电台、电视、灯箱、车身、POP电子屏幕及计算机网络等各种媒介为载体。广告活动的相对独立的主体有广告主(客户)、广告代理公司、广告媒体、广告受众，即消费者。所以广告文化是由广告文化心态、广告文化市场、广告文化载体和广告艺术表现所构成的多重建构的有机联系的复合体。众多构成要素必然形成相互推动、相互钳制、共生共荣的特有规律性。

再从现代广告文化的表征来看,广告文化形式有其特有的感性表现特征,即广告文化有自己特有的语言表达方式。广告就是在这种特有的语汇形式中传播。这种传播受地域(空间)和时代(时间)的差异性的影响。凡此种种都昭示了现代广告文化具有特定的动力、结构和表征形式。广告文化是文化大花园里的一朵奇葩。

4. 广告文化的发展趋向

广告文化的发展趋向,是一个值得研究的问题。因为趋向实质是现实富有生命力的事物在未来的延伸。只有在现实中符合事物发展规律的事物才是有生命力、有前途的事物。广告文化的发展趋向包含着整体性趋向和阶段性趋向两个方面。广告文化的总体趋向可描述为:随着社会科技的进步和市场经济的高度发展,广告文化日益向社会大文化泛化,日益形成一个富有蓬勃生机和活力的动态系统,并日益向多元化、艺术化、创意化方向跃进,而且愈益多维地反映社会和时代的整体性特征。

广告文化的总体性趋向之所以如此,是与它赖以生存的总体的大文化背景休戚相关的。社会生产力在当代的迅猛发展,极大地推进了人类文明的发展进程。人们的精神视野得到了极大的扩展,人们的审美趣味得到了极大的提高,人们的需求层次得到了不断的提升。这就决定了人们对物的需要的苛刻:不仅满足于低级的物质需求,转而要求一种美的享受和价值的体现。广告文化就历史地担负起了这个义不容辞的任务。商品经济的繁荣、人类精神世界的日益丰富和人们跨越时空的信息交流,这就是广告无限生机和蓬勃发展的总体趋向的历史和现实根据。

广告文化发展的总体趋向又总是通过一系列的阶段性趋向实现的。阶段性趋向在线形排列上并非是直线上升的,它是一条起伏波折的曲线,但其指向与广告文化的总体趋向一致。广告文化发展的阶段总是打下时代的印记,随着时间的推移,成为一种历史的沉淀和历史的化石。在市场经济必将更迅猛发展的阶段性发展趋向上,广告文化必然包含了广告文化与市场既融合又分离的关系,包含了广告人的广告意识、广告受众的接受心态、广告的思维特征、广告语境(环境)和广告语言(文字语言、画面语言、声音语言),也包含了发达的科技、广告管理、广告传播诸多方面。

三、现代广告文化与广告的关系

现代广告文化是一种力,是一种文化力。它以其鲜明的时代性、深厚的民族性和普遍的人类性的特征,以其宏大的、严谨的、丰富的建构体系和蓬勃旺盛的自身发展态势,给现代社会政治、经济和文化以富有活力的影响。广告文化力的锋镝指向,一是广告本身,二是整个社会。

现代广告文化对现代广告活动是有制约作用的,广告活动是广告文化的具体体现,广告文化又是整个广告活动的有机构成。二者是水乳交融的关系,构成了二者的相互制约。广告文化对广告活动的制约关系主要体现在,现代广告文化是现代广告意识形态的依据。广告意识是广告行为的基础,现代广告意识包括四个基本方面:广告理解、广告谋略、广告需求和广告品位。广告意识的这四个方面又体现为一定意义上的广告文化。所以广告文化的观念、思维、意蕴直接关系到广告意识的能动性、自觉性和创造性能否充分展现,关系到整个广告活动目的性、指意性能否圆满实现,也关系到广告作品能够达到多高的艺术水准。为此,我们要在四个方面进行分析。

1. 现代广告文化与现代广告理解

现代广告的成败决定于广告人对广告活动的理解。如果对广告的战略目标没有高屋建瓴的把握,对战术目标和具体运作缺乏认知和通盘的考虑,那么广告活动的成功是不可想象的。因为任何具体的广告行为都是来自对广告整体的一般性的理解。理解的片面性必然导致行为的片面性。比如说,如果仅仅认为广告是一种宣传,那么就会在广告活动中只做宣传的表面文章,仅仅满足于知晓率的提高;如果认为广告就是促销,便会采取急功近利的态度,做了广告就要求立即见效,销售状况不好就急着做广告,销售状况好就不做广告;如果过多地从艺术的角度理解广告,就会对广告的信息性有所忽视;如果仅仅认为广告是告知性的,就会只满足于做"投其所好"式的广告,而忽视广告的引导性和超前性。

美国广告创意人伯恩巴克为金龟汽车作广告时就是因发挥了广告的引导功能而取得了成功。美国公众在二战以后由于经济上的成就,奢靡成风,追求豪华气派。在这个背景下,伯恩巴克提出了"简朴才是财富"的文化理念,取得了广告上的成功。

广告成功首先来源于对广告的正确理解,而这种富有意义的理解直接产生于一定的广告文化。人们的生活经验、管理经验、经营意识、消费意识、思想观念等等属于文化内涵的范畴,共同地综合地影响着人们对广告事业和广告活动的理解。

2. 现代广告文化和现代广告谋略

谋略对于任何事业的成功都是极为重要的,自古以来"胸有大志,腹有良谋"都是对一个人的极高评价。广告是激烈的市场竞争手段,竞争就需要谋略。我国的广告人面临的竞争态势是十分严峻的,这里有国内业内的竞争,但更严重的是面临着国际竞争。无论是从经济实力,还是从经验谋略上我们都是不够的。谋略的较量就是思维方式的较量,从根本意义上讲是文化的较量。要增长广告谋略,一方面要汲取丰富的文化养分,从中国的优秀的文化遗产中学习著名的军事家、政治家和哲学家的韬略;另一方面要勇于参与竞争,在激烈的竞争中增长市场智慧。

3. 现代广告文化和现代广告需求

广告需求是各种广告活动的心理动力来源,它包括对广告职业的爱好和投入的渴望,包括策划、创意和制作广告的冲动,以及通过广告接受商品信息和市场信息的心理期待。

广告需求是一种社会性的需求。它是随着市场文化的形成与发展而产生和强化的。在广告需求和市场文化之间有一种中介的文化系统,这就是现代广告文化。广告文化系统直接地制约着广告文化的各方面,自然也就直接地制约着广告活动的心理动力系统,并形成与制约着广告需求。比如广告职业,目前在我国大、中城市中正在成为一种热门职业,开设广告专业的高校已有上百家之多,如果把成人高校计算在内就更多了。广告职业需求的明显增长,深层原因当然是生产力的进步和市场经济的发展,但是和广告文化活跃有直接关系,广告文化的繁荣综合有力地影响了人们的心理,形成了人们对广告的热切的关注。

现代广告接受冲动也直接地产生于现代广告文化对人们需要系统的作用。从接受者的角度来说,广告效果来自接受程度的强度。人们越是对广告充满浓厚的兴趣,要求通过广告了解市场、了解生活,人们的广告理解就越富有主观能动性。而广告接受的这种冲动性来自新奇的广告创意、高超的广告制作水平、令人眩晕的生动的广告媒体和严格完善有序的广告管理。正是这些方面综合地构成了广告文化,正是通过这富有生机的广告文化融入现代人的心理,激发了人们强烈而持久的广告需求。

4. 现代广告文化与现代广告品位

广告的品位就是广告的艺术和美。广告的品位,从创作角度说,关系到广告主题的提出、广告媒体的选择、广告技术技巧的运用以及广告艺术风格的形成。每则广告都是按照创作者的艺术品位和风格去创作的,或刚或柔、或巧或拙、或直或曲,由此构成了风格迥异、多姿多彩的广告作品。另外接受者(广告受众)也有一个广告品位问题。广告接受者不同的品位,决定了广告受众相异的接受热情、接受敏感和接受理解。在广告策划中,之所以强调正确的市场细分和商品与广告定位,就是因为不同年龄、不同性别、不同地域和不同文化水平的接受者的广告品位各有差异。

广告品位的形成离不开广告文化的综合作用。现代广告文化多元多维的发展和目的与审美的交融渗透,越来越要求人们提高广告的文化品位,把广告的风格和意蕴带入到广告的创作和审美去。

四、现代广告文化对社会大文化系统的作用

现代广告文化是社会文化系统的子系统,它是整个社会文化的十分具有活力的部分,它的繁荣和发展必将推动社会整体文化的充实和进展,现代广告文化对社会的促进作用体现在以下三个方面:

1. 现代广告文化对市场文化的促进

现代广告文化直接归属于市场文化,属于消费文化范畴。现代广告对市场文化的促进表现在以下几点:

◆ 促进市场信息形象化。市场中的信息包括商品、服务信息的供应和消费者对商品或服务的需求信息。这两方面综合为市场的供求动态信息。市场信息唯有动态化才能有效地传播。因为商品本身是不会"说话"的,消费者需求及市场供求变化唯有整合为一定的物化形态,才具有信息的转译与理解的现实可能性。广告文化正好为复杂的市场信息提供了形象化的载体,使市场信息形象化,通过各种各样匠心独具的广告创意,借助于艺术想象赋予了商品服务信息以生动的形象。

广告文化交融于市场文化之中,便促进了市场信息在更多方面走形象化之路,如重视商品的外观造型,重视商品的形象和企业形象。对于形象性的强调,经由现代广告文化的交融,已成为市场文化的一个重要标志。

◆ 促进市场交流广泛化。随着市场经济的发展,商品市场愈来愈广阔。从城市到乡村,从社会到家庭,无处不看到市场经济的影响,市场愈广阔,进行广泛的充分的市场交流也就愈困难。这样广告文化对于市场文化的交融就显得十分重要了。通过广告信息将市场的外延极大地延伸,可以说广告流荡到哪里市场就会扩展到哪里。国内外的一些名牌产品,如长虹电视、海尔冰箱、可口可乐、松下电器等拥有稳定广阔的市场就是凭借广告文化实现的。现代广告文化,正在进入高科技阶段,市场信息与计算机储备与分析,电脑动画技术在广告制作中的运用,广告的卫星传播,广告信息进入计算机网络等,都使现代广告文化具有了前所未有的市场对应广度。可以这样说,没有现代广告文化的活跃和蓬勃发展,就不会有真正意义上的现代市场文化。

◆ 促进市场竞争活跃化。市场竞争虽然古已有之,但是真正的大规模的跨越地域和全方位的市场竞争,唯有在现代市场中才有。市场竞争在现代社会中无处不在,市场竞争的全方位性使得每一种产品或每一个企业都面对着方方面面的竞争对手。任何一种商品要想挤入市场都要进行一番经营;要想占领市场都要经过一番较量;要想保住市场都要经过一番苦斗;要想不被淘汰出市场都要经过一番挣扎。我们

所面对的竞争,可以在商品形象上展开,也可以在销售服务上展开,也可以在信誉度和美誉度上展开。不过无论是哪方面的竞争,如果只靠与消费者面对面的直销形式去进行肯定是不够的,我们的竞争必须具有某种超时间和超空间的性质,这就只有依靠现代广告文化才能办到。

通过我们的观察,有名气的一些名牌产品的竞争优势就是在这种超时空的信息竞争优势中实现的。比如我国一些大中城市的消费者在没有见到皮尔·卡丹的西服、金利来的领带、蓝带啤酒、XO马爹利的商品时,通过广告已经知晓了。这些商品通过现代广告信息已经进入了消费者的视野,对它们的认知并非直接来自销售者而是来自广告信息。由于这种超距离的名牌信息的关系,所以它们较之那些非名牌产品更能引起消费者的关注和求购冲动,因此更具竞争优势。据统计,在一些发达国家,消费中超距离信息引导率已经超过85%的水平。

超距离信息传递需要超距离的信息载体。在市场信息的超距离传递中,最富有活力最具有普遍性有效性的,非广告莫属。在一定程度上说,广告是商品的市场代言人,它通过丰富的具有冲击力的广告形象,把商品和服务信息跨越千山万水、"先声夺人"地传递给消费者。所以,现代市场的竞争态势,正朝着愈来愈超距离信息化的方向发展。在这方面,现代广告文化起着不可替代的越来越重要的作用。

2. 现代广告文化对民族文化的促进

民族文化的突出特征在于它的继承性和稳定性,因而民族文化造就了相对稳定的民族性格、民族心态以及民族性的物质生活。任何一个人都是生活在一定的民族中的,任何一个伟大的人物,他首先是民族的然后才能是世界的。但是随着市场经济和科学技术的高度发展,民族文化的稳定性正受到越来越强烈的冲击。任何民族性的文化形态在现实条件下只有更具有开放性,更自觉地和世界文化发展的大趋势相融合相协调才能具有生存的活力,并在世界文明中占有一席之地。自我封闭只能更加落后,从而被淘汰,成为一种历史遗迹。

在建立开放性、创造性、富有活力的民族文化过程中,现代广告文化具有难以估量的巨大作用。究其原因来说,现代广告文化是现代文化中最具活力的一部分。现代广告文化最具有现代文化中的竞争性、流变性、普遍渗透性,而且,现代广告文化以其信息传播的本质属性,十分活跃地实现着现代文化的上述性质。

现代广告文化增强着人们民族文化观念中的市场意识。现代广告把十分活跃的市场信息传递给人们,激活人们的市场需求。这对我国以小生产为根基的封闭式的民族文化心态无疑构成了强大的震撼和冲击,致使我国民族文化心态实现了跨越历史的飞跃。消费者已经走出了"清心寡欲"的清教徒式的生活误区,生产者已经跳出了保守的小生产的樊篱,或者说摆脱了完全听命行政命令的角色,愈来愈关心瞬息变化的市场。现代广告文化丰富着人们的生活视野,改变着人们的生活观念。现代广告文化把丰富多彩的现代生活,把生活中富于现代气息的内容形象化到广告中来。人们再通过广告这个市场之窗和生活之窗来感受波澜起伏、五光十色的现代生活,获得渴求的科技信息、公关信息、生活美学信息,然后热情地投身于现代生活的创造中去,从而使现代广告文化实现了对民族传统文化中狭隘、保守、僵化的劣根性的冲击和洗濯。

现代广告文化也积极地影响着人们的审美观念。现代广告把广告信息和艺术形式完美地结合在一起,把富有艺术品位和审美意蕴的广告展现到民族成员面前,通过艺术的熏陶和浸染,从而提高和丰富民族的审美趣味,完善民族的艺术人格。

3. 现代广告人对人类文化的促进

人类文化在现代世界性的市场经济的一体化的过程中演变着。在这个过程中人们会强烈地感受到文化断裂、文化嬗变所带来的阵痛,但是不容质疑的是,文化推动着人类由愚昧、野蛮到文明的进程。

在这个人类文化不断发展过程中,必然伴随着科技进步、经济发展和社会伦理道德水平的提高,同时也伴随着各民族文化的交融。在这个过程中现代广告文化作为社会整体文化前沿中富有活力的一部分,起着非常重要的作用,人们可以通过广告去聆听大洋彼岸的涛声,去欣赏乃至享受远隔重洋的国家的人民的物质创造,去领略异国情调,他国风情。

我们详细地阐述了广告文化的积极作用的同时,在此我们所要提醒的是,任何事物都是一把双刃刀。

在理解现代广告文化正面作用的同时,我们切不可忘记"广告的隐忧"中所论及的那些消极的负面影响。另外,我们格外需要提及的是,在充分理解广告文化的作用时,一定要摆正经济和文化的辩证关系,切不可犯文化决定论的错误。时下有一种庸俗的文化决定论、文化至上论的偏见,它夸大了文化的作用,将一切归咎于文化,一切由文化决定,开口闭口是文化,酒杯里、筷子头上、厕所中都是文化。把文化当作筐,一切都往里面装。

从逻辑上讲,文化决定论的判断点,前者认为文化包括一切,后者认为文化改造一切组成。这样前后两者便自我矛盾起来,形成一个怪圈。包括一切便包括了改造者,改造一切使改造者自己被改造。如果不包括改造者,那么改造一切便是空话。我们观照文化的作用不是去寻觅"原因链的终结一环",当你企图寻找那个最终原因之时,特定事物的原因便在一级一级地寻找中稀释贻尽,直至稀释为零。

尼·胡克在《含糊的历史遗产》中打了个比喻。说街上有一酗酒肇事的司机,被一个警察抓住,他不去问罪司机,却听信辩护律师的深刻辩词,去追捕酒店老板,追捕酿酒的厂商,直至追捕一千年前第一个发明酿酒的人。这个比喻揭示了一个深刻的道理,即文化批判越深刻,也越有悖于常理,如果对文化意义夸大到绝对化的地步,实际上就是对文化意义的一种稀释、一种否定。

第四节 现代广告文化研究的新思维

在现代广告文化学的研究中,传统的研究方法是应该坚持的,因为它为现代广告文化学体系的建构提供了基本框架,揭示了现代广告文化学的主要内容,指明了现代广告文化学的研究方向。但是现代广告文化在当今的发展十分迅速,研究的重点、对象、结论都飞快地变幻着、发展着,这就要求现代广告文化学与时俱进,不断地提出新思路,总结新经验,进入新领域,使之真正成为一门动态的开放的实用的科学。现代广告文化学的研究有几个新的思路和方向应该引起高度重视,它的研究成果一定能极大地推动广告实践的发展。

一、把经济学渗透进现代广告文化学

把经济学渗透到现代广告文化学的研究是一次大胆、重要而且有意义的尝试。无论是从泰勒对文化的界定还是从现代广告文化的体系架构来看,这种渗透都是无可厚非的,问题不在于能不能渗透,而是在于怎样渗透。弄清经济背景、明确研究方向、把握重点课题、分析理论模式是丰富现代广告文化学体系的一项重要任务。

利益重心外移是当前大多数本土广告公司必须直面的现实,用"利益重心外移"来描述中国本土广告公司的生存背景是再恰切不过了。近些年来,很多广告公司都感受到了极大的生存困难,利润下滑,市场份额下降,总之是钱越来越难挣了。究其原因,是经济背景和经济环境发生了太大的变化,这些变化大致可以概括为以下几个方面:

第一,全球经济一体化的进程正在加快,世界的主要经济体和经济组织以及国家的经济联系不断加强,不可避免地彼此之间的竞争也在加剧,跨国公司的恶意并购、以反倾销为名义的贸易保护主义愈演愈烈。

第二,中国在世界经济中的地位日益凸显,磁石效应正在加强和扩散。自2001年12月11日中国加入世界经贸组织(WTO)至今已经五年多了,我们已经走过了过渡期,兑现了包括开放金融市场在内的所有承诺,中国呈现出对外全面开放的格局。令人自豪的是我们完全经受住了挑战和考验。

中央电视台在回顾中国加入世贸组织五周年的纪念活动中,通用汽车全球副总裁罗瑞立(美国)风趣地说,中国加入世贸组织那年的一部中国电影《卧虎藏龙》(李安执导)获奥斯卡金像奖,那时是中国担心外国虎,外国也担心中国龙。五年过后,这种担心消除了,双方都更强了,现在是世界需要中国在世贸组织中发挥领导作用。

第三,经过中国改革开放近三十年、加入世贸组织五年的历程,中国本土企业正在做大做强,不仅实现了由粗放式经营向集约式经营的转变,而且很多企业走出了国门走向了世界。就拿中国的汽车工业来说,入世时是受到冲击最大的产业。但是由于我们勇于面对挑战,坚持对外开放和自主开发,在短短五年以后,中国汽车产业取得了三大成绩:一是在国内汽车销售前十名中民族品牌的销售额占17%;二是2006年汽车出口首次超过进口;三是中国的中档汽车开始进入安全、环保、法律门槛很高的欧洲。据华辰集团董事长郝玉民透露,他们已经在德国签署了在未来五年向欧盟22个国家出口中华汽车的协议。

这样的背景明确无误地揭示了一个不争的事实:企业的需要重心已经发生变化和转移,它们不仅需要一个标识,不仅需要活动策划,它们更需要战略策划、商务策划、公关策划和企业文化以及企业理念的策划。企业为向它提供的服务付钱,向优质服务付大价钱,而我们的大部分广告公司还停留在提供低端服务上。广告公司提供的服务的重要性在降低,所得自然也在减少。这就是我们所说的利益重心外移。

利益重心外移正是那些身陷困境、举步维艰的广告公司的原因所在。它们并非不努力,也许它们公司那十几个人"革命加拼命,拼命干革命"加班加点,可谓是殚精竭虑,但客户却愈加吝啬,公司的业绩一年不如一年。根本原因是这些公司只有小聪明,没有大智慧,不能真正做到"以策划为主体,以创意为灵魂",它们根本不了解当前的经济大背景,不了解经济发展的大趋势,不了解企业真正需要什么,自己应该做什么,完全漂移在企业利益链条的末端。这无可辩驳地说明,不懂经济,就不能真正懂得市场,就不能真正懂策划,就不能真正懂营销,就只能做点小把戏,搞点小伎俩,当然也就不能获得更多的利益,也就很难把企业做大做强,这就是中国大多数中小广告公司生存的严峻现实。

学习经济理论、提高策划水平是本土广告公司的当务之急。中国本土广告公司要能经受国际知名大广告公司登陆抢滩的挑战,要真正担负起为企业打造品牌的责任,就要学习经济理论,并深谙其道,我认为一家著名的大型广告公司中没有经济学家是一件不可思议的事。

经济学是一门研究社会如何利用稀缺的资源,以生产有价值的商品,并将它们分配给不同的个人的一门科学。经济学是一门最实用、最诱人、最富有挑战性的科学。

经济学给予广告人的智慧和启迪是多方面的,大致可以概括为以下三个方面:

1. 提高广告人敏锐的市场洞察力

经济学可以帮助我们准确地了解市场状态。这主要是因为经济学研究资源配置、收入分配、政府行为(财政、税收、预算等)、经济周期、贸易模式、经济增长等重大经济课题。如果我们为某一企业做广告策划,我们就可以借助经济学的经济发展周期理论来分析判断这个企业所处产品周期,通过对政府行为的分析可以了解该产品是会得到国家政策的鼓励还是限制,力度如何;通过收入分配来了解评估消费购买力水平;此外,还可以通过经济增长的理论预测该产品的发展前景。在经济理论的指导下,就可以大大提高广告人的市场洞察力,从而向企业提交一份高质量的策划方案。一般来说,企业委托广告公司做广告就是看中了广告公司的市场判断和把握的能力。应该说,企业对产品微观环境的了解和把握是任何一个广告公司都无法企及的,广告公司的优势在于对市场状态和发展趋势的深刻理解和准确把握,而做到这一点没有经济学的理论积淀和学养是做不到的。

2. 增强广告人艺术商业化的能力

广告是科学和艺术的结晶。广告既需要科学的思索,也需要天才的表达。所谓天才的表达就是艺术地表达。这样的广告创意思路是非常重要的。广告的艺术不是纯粹的艺术,广告是借助各种艺术形式更好地表达主题,传达商业信息,引导消费,促进销售,提高产品的市场占有率的一种商业行为。

但值得注意的是,如果我们能从经济学的角度看问题,就会发现广告艺术表现的渊源、广告艺术的流变、广告艺术的趋势,甚至发现广告艺术风格等等很个性化的东西都有其深层的经济原因。所以广告人要掌握经济理论才能更深刻地认识和理解广告这种艺术形式的本质和规律,从而坚定广告艺术商业化的道路,自觉提高广告艺术的表现水平和能力。广告、电影、动漫等本身就是国民经济的一个产业,为此国家还制定了文化创意产业"十一五"发展计划。广告人只有站在经济学的立场上,才能深刻认识自己的专业性质,坚定自己的正确方向。

3. 提升广告人的竞争力

广告本身就是市场竞争的产物,广告公司之间的竞争异常激烈,广告公司又作为某个企业的代理参与一个行业的竞争。广告公司可谓是处在竞争的前沿。物竞天择,优胜劣汰。广告人要在竞争中占得先机,取得优势,就要从经济学里汲取营养,增长智慧,谋得韬略。在当前,经济学理论的意义十分巨大,它对广告界人们笃信不疑的理论、观念和策略提出了挑战。

例如,在相当一部分广告人眼里,大凡广告策划都要实施差异化策略,他们认为只有与众不同,才能取得竞争优势。其实不然,竞争就是博弈。博弈有很多选择,差异化策略也是有条件的,并不是在什么情况下都可以实施的。就拿汽车的老三样捷达、富康、桑塔纳来说,在很长时期内它们之间采取的是均衡策略而非差异化策略。如果谁率先实施低价的差异化策略,那么很快就有另一家起而效尤,博弈的结果是一损俱损。

在1950—1953年间,约翰·纳什提出了非合作博弈均衡的存在,揭示了博弈均衡和经济均衡的联系,他也因此获得了1994年诺贝尔经济学奖。拿博弈论中的经典例子"囚徒博弈"来说,分别囚禁的两个犯人面对几种后果:两人都没交代,由于证据不足各判一年;一个交代,一个拒不交代,交代立功的释放,不交代的判20年;两人都交代各判10年。因为他们都是理性的,避免最坏的结果,都会选择交代,各获刑10年。博弈是为了取得占优策略,囚徒博弈的结果并不佳,其原因是信息不灵,信息不对称。这种类似囚徒博弈的例子在广告中也是屡见不鲜的。麦当劳和肯德基如果打广告战,两个都要增加成本减少利润;如果一个打广告,另一个不打,那么不打的就要吃大亏。实际上这两家为了自身的利益,也会导致均衡博弈。所以通过学习博弈论,分析经济活动中博弈的经典案例,我们可以增长博弈智慧和韬略。

学习经济理论,通过了解市场,我们能更精准地把握市场脉搏,提高竞争力,在激烈的竞争中不断壮大发展。

二、把人本主义和心理学融入现代广告文化学

把人本主义和心理学融入现代广告文化学是广告艺术自我认识的提升,是对广告艺术的一种哲学思考,它可以增强广告人对广告艺术的理解,提高广告人对自己历史使命的认识,使自己的行动始终坚持正确的方向。一则广告一经问世就会有影响,它的影响涉及经济、社会、心理三个层面,所以广告不仅要追求经济效益,更要注重社会效益和人文关怀。

当今的社会一方面是科技进步、物质丰富、社会发展;另一方面也有很多不尽如人意的地方,甚至一些问题已经构成社会危机,令人忧心忡忡。概括起来有三大紧张关系:一是人和自然的关系紧张,表现为环境污染、生态破坏、灾害频发;二是人和人的关系紧张,表现为贫富悬殊、南北差距拉大、犯罪率上升;三是人和自己的关系紧张,表现为内心矛盾困惑、精神抑郁、精神变态等等。只看经济利益、不顾社会影响、缺乏人文关怀的广告是没有品位、没有格调、没有责任、最终也没有前途(也是没有钱可图)的广告。

我曾经听一个策划人讲自己的策划案例:一个是鸭脖子招商广告,广告语是:"这年头做鸭比做鸡赚多了";另一个是改为小包装的蜂蜜广告,广告语是:"谁说老公不能泡小蜜,我家老公就能泡'小蜜'。"这类广告的格调就不高,凭这种广告要取得大成就是不可能的。

当代西方的哲学思潮大体上分为人本主义和科学主义两大潮流。所谓人本主义,就是以人为本的哲学思潮,其根本特点就是把人作为研究的核心、出发点和归宿。我觉得广告要接受这种哲学理论的指导,抑或说从中吸取智慧和营养,是十分必要的。纵观人本主义发展的历史,大致归为四大主线。

1. 象征主义和意象派

西方人本主义的起点是象征主义和意象派,它的代表人物是保尔·瓦莱里(1871—1945)。保尔 1894 年起定居巴黎,他的代表作是《象征主义的存在》。象征主义的的重要思想:第一,追求高于现实世界的丰富心灵世界及其内在生命力;第二,追求自由的艺术创新;第三,高度重视个性、个体的内心活动与反应。意象派的提出是在 20 世纪初,艾兹拉·庞德(1885—1972)出生于美国,其学术活动主要在欧洲。

意象派的核心概念就是"意象"。庞德说:"一个意象是在瞬间呈现的一个理性与感情的复合体。"[①]象征主义和意象派对广告艺术创作具有指导意义,它提倡自由的艺术创新,尊重个性,用意象去感动、感染人,而不是生硬地去推销,这就极大地拓展了广告艺术的表现空间,也体现了广告的人文关怀。绝对伏特加的绝对创意的广告堪称是象征主义和意象派的经典之作(见图 1-1、1-2)。绝对伏特加(ABSOLUT VODKA),来自瑞典的佳酿,凭借几百年瑞典的文化积累,反客为主,彻底置换了伏特加原有的俄罗斯文化背景;在进军美国伏特加市场之后不到十年,便成为美国最热销

---

① 庞德:《二十世纪文学评论》上册,上海译文出版社,1987 年版,第 108 页。

的伏特加酒之一,并在2002年福布斯奢侈品品牌排行榜上独占鳌头。短短几年,绝对伏特加销量大增,一跃成为全美最热销的伏特加酒与享誉世界的奢侈品品牌。此时的绝对伏特加已不仅仅是极品佳酿,而且成为品位与尊贵的象征,以绝对完美传播绝对个性。

绝对伏特加的创意是对象征和意象的完美注解,给人以唯美的享受,给人的浪漫激情以极大的张扬。

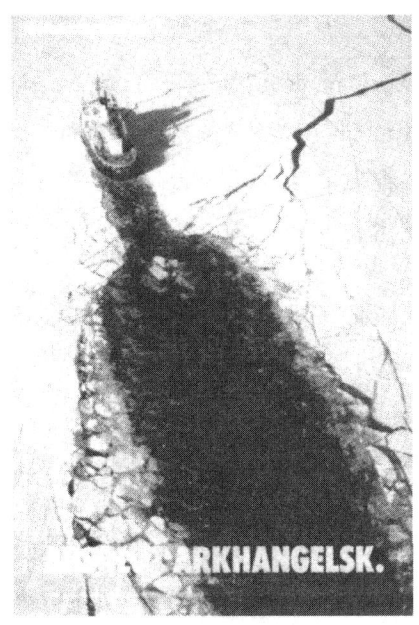
图1-1 绝对伏特加广告

图1-2 绝对伏特加广告

2. 表现主义和精神分析

当代人本主义的另一起点是克罗齐(1866—1952)提出了关于艺术是抒情的直觉的表现的理论;而以弗洛伊德(1856—1939)为代表的精神分析学派,则发现了"无意识"在人的心理活动中的重要地位,揭示了艺术创作与接受的重要心理特征。

克罗齐的表现主义为广告的艺术创作吹进一股清新的空气,他的直觉理论强调艺术感悟。他强调思想就是语言,当思想行诸语言它就得到了表现。他不同意"满腹经纶,却无从道起"的说辞。无疑,他的观点让我们懂得了平素的修养、积累、蕴含对广告的艺术表现有多么重要!

弗洛伊德的精神分析原本属于心理学范畴,但是由于他的精神分析学说是以无意识、梦、幻想、欲望等人类的精神活动为研究对象,因此其理论和观点超越了心理学的范畴,成了一种理解人的动机、人格和精神活动的科学,并在哲学及广泛的社会科学中产生了深远的影响。弗洛伊德的精神分析对广告的影响是极其深刻的。弗洛伊德以其独创的理论展示了人的心理的复杂性和层次性,尤其是无意识理论,它揭示了人的心理活动的基本动力。

弗洛伊德的精神分析理论可以指导我们更好地了解广告人自己,开发自己的潜能和智慧;也可以让广告人更深入地了解目标受众,让我们的诉求直抵他们的心灵,更有效地实现广告目标。

在消费者调查时,我们常常发现消费者的消费理念和想法与我们预想的有很大的不同,有时甚至是匪夷所思。并不像某广告语所说的"只选对的,不选贵的",一些都市白领会毫不犹豫地花1000多元买一小瓶香奈尔香水,花3000多元买一块爱马仕丝巾。这一切均可以在弗洛伊德那里找到答案。

3. 现象学和存在主义

现象学和存在主义出现在20世纪初和上半叶,这一时期西方精神文化面临全面危机,为重建西方精神文化的根基,德国哲学家胡塞尔(1859—1938)创立了现象学这种典型哲学的思维态度和方法。

以胡塞尔为代表的现象学文论对学术研究主要有三个方面的影响:其一是以科学的理性精神从事学术理论研究;其二是以现象学的思维和方法确立文学的研究对象;其三是把意识作为文学研究和批评的主要对象。现代广告文化学的理论需要从现象学中学习一种哲学精神,那就是尊重事实的严肃的态度和方法。现代广告理论研究的不够深入,学术研究的浓厚氛围没有形成,也是造成现代广告乱象纷呈的一个原因。

存在主义的始作俑者马丁·海德格尔(1889—1976)的存在主义文论将诗论和艺术论置于存在主义的视野之中,突破了近代文论的"美学视界",揭露了现代资本主义社会的严重异化和危机。而萨特(1905—1980)存在主义的核心概念是人的"自由",他认为"自由"是人的本质,萨特的存在主义可以说是一种"自由学说"。

现象学和存在主义的核心思想就是对人的尊敬、对人性的张扬。现实社会中那些低级庸俗、刻板守旧的广告,其实质就是对人性的亵渎、对人的尊严的冒犯。

4. 西方马克思主义文论和法兰克福学派

在20世纪西方的文艺理论家中,涌现了一批有别于传统马克思主义的文艺理论家,如卢卡契、萨特、葛兰西、马尔库塞、阿多诺等一大批有世界影响的人物。应该指出,西方马克思主义文论和法兰克福学派并不是一个严密的理论流派,他们往往是用他们所理解的马克思主义的观点来分析文艺理论的基本问题,以此来作为它们的哲学和社会理论的延伸和补充。所以他们的观点并不一致,但他们的共同点是打出"重新研究"、"重新发现"、"重新创造"马克思主义的旗号,实际上他们有意无意地偏离了马克思主义的基本原理,但是在他们庞杂的理论中也包含着许多富有智慧和新意的理论观点。

比如,卢卡契(1885—1971)就是一个杰出的代表。他一生著述颇丰,涉猎哲学、美学、历史、文艺理论、文学史等诸多领域。他的理论具有鲜明的现实主义倾向,在西方马克思主义文论中独树一帜。美国文学史、文艺理论家韦勒克把他和克罗齐、瓦莱里、英伽登并称为20世纪西方四大批评家。卢卡契强调社会存在第一性的原则,把人的心理看成是第二性的。他还认为意识形态是对现实的反映,但这种反映是能动的反映。这种反映是一种超越,就拿审美反映来说,他认为:

第一,审美反映必然渗透着艺术家的主观成分。艺术家的审美趣味、思想情感伴随着整个审美过程,艺术家对现实的反映是主观和客观相结合的反映,因而这种反映就是对现实的超越。

第二,审美包含了主观辩证法,艺术家对现实的反映是一种有选择的反映,"在意识对现实的反映中就进行了一种决定人与周围环境之间相互关系的选择。也就是说,某些作为基本的要素得到了强调,而其余的则完全或者至少部分地被忽视、被排斥到背景中去"①。这是艺术家主观能动性的表现。

第三,审美反映是一种拟人化的反映,这种审美反映是以人为特征的。艺术作品是以人的世界为对象的,是人类自我意识的最高表现。卢卡契的现实主义的审美创作原则对认识广告作品的创作规律具有指导意义,他揭示了广告作品的创作既要从现实出发,又要充分发挥创作者的主观能动性的道理。

法兰克福学派最重要最著名的代表人物马尔库塞(1898—1979)的人本主义的社会批判哲学,他尖锐地批判了资本主义的"消费控制"把不属于人本性的物质需求无限度地刺激起来,使人把这种"虚假的需求"当作"真正的需求"去追逐。他还批判了资本主义对人的"爱欲"本性的压抑,继承了弗洛伊德的理论,把爱欲当成人的真正本质。马尔库塞的思想也能帮助我们深刻地认识现代商业广告的弊端——把物质

---

① 卢卡契:《审美特性》第1卷,中国社会科学出版社,1986年版,第299页。

需求渲染到极致,正是现代广告难以解脱的羁绊。

把人本主义的思想理论融入现代广告文化学,就使其对现代广告的关注多了一个视角,多了一份智慧,多了一种感悟,也使现代广告文化学增添了理论的力量。

思考题

1. "文化"一词的产生以及它的含义是什么?
2. 文化的本质是什么,功能有哪些?
3. 广告文化史的分类以及它的含义是什么?
4. 现代广告文化的作用有哪些?
5. 为什么要把经济学和人本主义融入到现代广告文化学?

第二章　广告符号

第一节　广告是一种独特的文化艺术符号

20世纪以来,在西方分析哲学、语文学和现代自然科学的影响下,符号学作为一门新兴的独立的科学得到了迅速的发展。1906年瑞士语言学家索绪尔在《普通语言学教程》一书中提出了要建立"一门研究符号活动的科学"。在索绪尔看来,语言是一种表达观念的符号和系统,它和文字、绘画、礼仪、军事信号等没有什么区别,所存在的差别仅仅是重要性不同而已。索绪尔从语言学出发而创立的符号学,可称为传统文化体系的一次革命。

一、符号学

从语言到音乐、舞蹈、雕塑,乃至到现代广告,从本质上看都是人和人之间的沟通和交际。文化和艺术是一种交际,这就意味着所有的艺术形式都是一种由符号构成的信息。很显然,符号化的思维和符号化的行为是人类的最显著的特征,是人和动物区别的标志。"符号学"理论的提出,使人们对符号的研究愈益重视,随之出现了许多独立的部门符号学科,如语言符号学、电影符号学、音乐符号学、绘画符号学等等,同时在许多其他科学中也程度不同地运用了符号学的分析方法。当今符号学已经成了当代哲学和许多文化理论关注的焦点。

尽管由于各种符号学理论赖以建立的理论基础和研究方向不同,而显示出不同的趋向,但是它们所遵循的基本原则是相同的,这就是在符号形式和表征意义的关系问题上持有相同的看法。索绪尔在"表达和意义"的关系问题上做了深入细致的探讨,并且提出了"能指"和"所指"这一对相互联系、相互区别的范畴。"能指"是言语的声音和知觉音像,"所指"是心理概念和意念。

比如说人的概念(所指)和作为词的人(能指)这两者的结构关系便构成了一个语言符号,它体现了符号和符号所指代的现实关系,如果人的概念当初用别的符号来代表也是天经地义、自然而然的事情。所以"能指"和"所指"之间的联系不是本质的联系而是语言习惯的约定俗成。尽管如此,人们研究符号及其意义、符号的功能,仍然不能孤立地研究个别符号,而应该研究这些符号之间的关系。正如索绪尔所言:"符号的功能完全依赖于这一符号与其他符号之间的关系,或是更确切地说,依赖于这一符号与其他符号之间的差异。"通过上述分析,我们明确地得出一个结论:即符号是任意的,但符号的差异和相互关系构成的符号系统,能确切地稳定地表现其指代的现实。

文化艺术又是由种种艺术形式构成的大符号系统。克罗齐曾经说过,艺术是人类最基本的语言形态。苏珊·朗格也提出过"艺术是情感符号"的有趣命题。毫无疑问,我们可以得出艺术是表达思想的符号体系的结论。艺术的符号,在音乐中由音调和旋律构成;在绘画中由线条和色彩构成;在影视中由光和影构成;在文学中由文字和语言构成。以中国书法为例,在一幅书法作品中,墨色和线条是表现的符号。通过浓淡、刚柔、粗细的线条表现出疾徐的动态、抑扬的韵律和节奏,并通过动态、韵律和节奏的统一,进而表现出作者的情感、心绪或意志。

例如我国唐代书法艺术大师张旭,他和张芝成为我国书法史上的草圣,备受唐代大诗人杜甫的推崇,杜甫在诗中写道:"张旭三杯草圣传,脱帽露顶王公前,挥毫落纸如云烟。"张旭把书法艺术升华到用抽象的点、线条去表现思想情感的高度艺术境界。他的字有音乐的旋律、诗的激情、绘画的韵味,他把形象思维运用得极为充分。他说自己见公主与担夫争道而得其意,又见公孙大娘舞剑器而得其神。我们再看看梵·高那幅著名的《向日葵》。作家张承志对这幅名作大为感慨:

这是一幅简洁而干脆的选择。在对向日葵所带有的宗教意义认识清楚并燃起了疯狂的、处子献身般的热情以后……梵·高迅速地涂上了黄色。这是他色彩选择最彻底的一次。因为它以狂野的不协调造成了乱调;这种乱调之感纵使在今天看来也依然是灼伤人目。然而是十三朵丰满的花盘成了花束,满幅爆炸般的鲜花、浓黄、金黄在棕色的晕托中使渴望坚强地呈现。爱冲刺到圣域。……

能够亲眼看见一片黄金般的色彩在自己眼前开放;能够看见它们从肉欲到热情,从狂热到失去理性,从献身渴望到真正的欢悦,最后看见人的精神和爱情能达到如此纯洁,是幸福的。

我从丁亚平《文化学》著作中看到他引述的这段评论,感慨不已。画家用燃烧着的流淌着的跳跃着的彩色表现了一种多么瑰丽、多么酷烈和多么炽热的生命和爱的赞歌。悲哀的是,这幅惊世之作在画家生前其艺术价值并没有得到人们的承认,也没有给穷困潦倒的画家带来分文财富,而在画家身后又蒙受金钱的亵渎。要不是法国政府的干预,这幅画差点以几千万元美金的身价成为日本一个大公司的囊中之物。

我们再来简要分析一下音乐。尽管音乐较之书法、绘画、建筑、雕塑等更为抽象,但它同样是孕育着人类情感和意志的印记。音乐表现较之有形的符号表现更具有抽象的普遍性。正如汉斯立克所说,音乐是"音响运动的形式",它以独特的分节音乐构成表达高低情绪交错的节奏与曲式,它所产生的饱满情绪气氛是其他符号语言无法说尽的。

二、广告是一种特殊的艺术符号

广告是一种特殊的艺术符号这一命题,是从卡西尔—朗格的"泛符号认识论"的哲学文化学的研究倾向引申而来。卡西尔从"人是符号的动物"这一文化哲学观出发,把艺术理解为解释人类经验的特殊符号形式。苏珊·朗格深受卡西尔哲学和美学思想影响,认为"艺术是人类情感的符号形式之创造"①。广告是艺术的一种形式,如果用符号学的观点来看,它当然是一种特殊的艺术符号。

广告作为艺术符号具有两大要素:一是表现(也可称之为符号形式)——形式、形象、现象;二是内涵——情感、意义、价值。在中国广告中常借用民族传统中的一些符号来表现某种观念和意蕴。譬如用牡丹表示富贵,红鲤鱼表示丰收,先秦时期也常用杨柳来表示情爱和性爱。这些符号形式在港台的一些广告作品得到广泛的运用。艺术符号的要素是索绪尔在其语言理论中指出的。索尔绪把表现称之为"能指",把蕴涵称之为"所指"。在这里需要特别指出的是,我们不能把表现(符号)和蕴涵看成是词和事物的联系。索绪尔指出"语言符号联结的不是事物的名称,而是概念和音响形象"。由此形成了奥登(C. Ogden)和理查兹(I. A. Rchards)所提出的语意三角形(见图2-1):

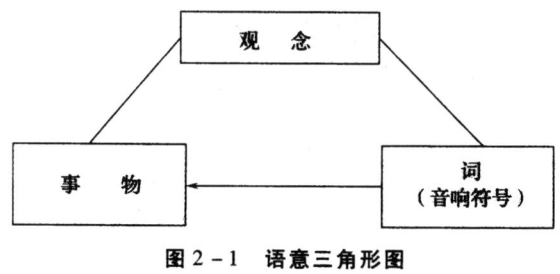

图 2-1 语意三角形图

---

① 苏珊·朗格:《情感与形式》,中国社会科学出版社,1985年版,第124页。

这个语义三角形揭示了能指(符号)和所指(意义等)关系的三度空间。人们首先对事物形成一种观念,这就是"所指",而表现这个观念的音响形象(符号)就是能指。这个结论对揭示广告的创作和形成过程极有意义。广告在推销商品和服务的过程中,并不是对商品本身和服务本身的"写实",而是通过广告特定的表现形式(符号)对人们生活中形成的一种观念(经验)的反映。广告同语言艺术符号形成过程的模型是一样的(见图2-2):

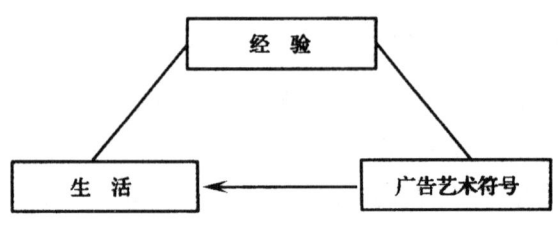

图2-2 语言艺术符号形成模型

广告的艺术创作活动,就是从人们的生活中所得到的经验出发,寻找(或曰创作)出恰当的艺术符号(广告作品),然后作用于人们的经验,使人们达到对现实事物(商品、服务)的一种认知和接受,并达到一种审美的心理体验。

三、广告艺术符号的作用

用马克思主义哲学的观点来看,世界上的万事万物都是处在普遍的联系和永恒的变化发展之中的。联系导致了事物的相互影响和作用,并进而推动了事物的变化和发展。所以我们要揭示广告艺术符号的作用,首先要找到广告符号所指涉的关系。语言符号学的创始人之一的 C.莫里斯在《符号、语言和行为》(1946年)一书中指出,符号涉及到三个方面的关系,即"对对象的关系、对人类的关系和符号对符号的关系"。他把对对象的关系称之为"存在意义",简称 ME;把对人类的关系称之为"实用意义",简称 MP;把对符号的存在称之为"形式意义"简称 MF。这样符号的意义就是三个方面的总和,即:M = ME + MP + MF。

与符号涉指的三个方面相对应,莫里斯把三个方面的研究分别称之为语义学、语用学和语形学(见图2-3所示):

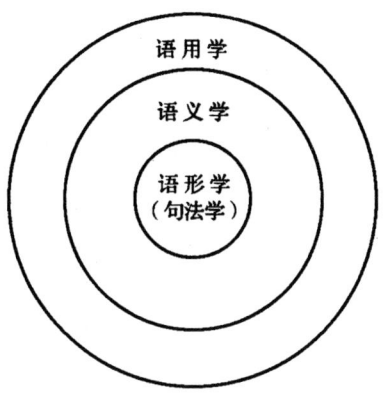

图 2-3　符号涉指的关系

语形学研究符号的组合,这属于形式美学的研究范围;语义学研究符号所表示的意义,属于心理美学的研究范围;而语用学研究符号的作用、功能和应用,属于社会美学(价值美学)的研究范围。这三个范围正好也就构成了美学的三个层次,那么也便构成了广告美学结构体系(见图 2-4):

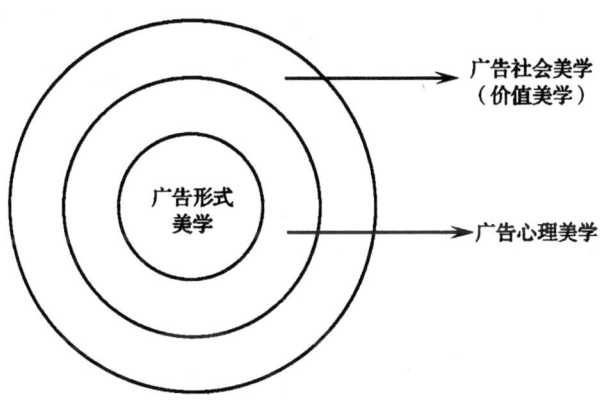

图 2-4　广告美学结构体系

1. 广告艺术符号系统既是传递信息的手段又是目的

广告构成了一种独特的符号形式。广告的创作仿佛编制一种谜语,欣赏广告是来破译谜底。在这种编制和破译的过程中是一种复杂的双向的信息交流,这种交流就其内涵来讲渗透到人的心理和社会价值层次。广告的策划、创意、制作、欣赏过程不是一种简单的游戏。从符号学的角度来看,广告主要担负着三种功能,即告知的、评价的和鼓励的功能。广告符号的告知功能,就是通过广告艺术符号,把符号本身

(符号系统)所含的目的、意义、诉求告之于符号对象(广告受众)。广告符号的意义是通过组成广告的各种符号要素的组合来实现的。广告的形式美学使符号组合达到和谐的境界,广告符号对象(广告受众)再通过自己的心理体验,来解释广告符号所传达的信息。

让我们来看一看日本富士胶卷的广告。图片上丰富的色彩,表现了富士要永远出色的追求,右侧的黑色相机传达的是商品的高质量。"重视颜面",绝不"丢脸"的广告语点明了广告的主题。这幅广告告知给受众的是不言而喻的。符号的这种告之作用由来已久(见图2-5)。

图2-5 日本富士胶卷广告

我们不妨再看一看古埃及人使用象形文字。

埃及的象形文字产生于公元前4000年左右。它同苏美尔文、古印度文以及中国的甲骨文一样,都是独立地从原始社会最简单的图画和花纹中产生出来的,但这种文字最初仅仅是一种图画文字,后来才发展成象形文字。

在埃及,最早的书面语言元素是可认知对象的图形。在这里应该提醒读者,也有人提出了埃及文字的另一个可能的起源。皮特里爵士(Sir Flinders Petrie)在前王朝时期的陶壶上搜集到一组直线符号(或称标志),并写道:"这群符号属于早期时代,那时绘画还很粗陋,而且绘画艺术中只发展了一些机械性技巧。因此……不可能设想它们具有图形起源。它们出现的时间,是在以粗糙的符号满足人们的心理即以符号表示预期的含义时,并且是在认为更精确的外形复制有必要之前很久。"

从考古学证据的角度看,很难接受这种假设——线性符号产生于图形的表现力尚处于初步发展的文化阶段。最早的类似于线性符号的形象，出现在旧石器时代所画的马斯德艾兹尔（法国）的卵石器上。但不论它们是否是文字，它们当然是与高度发展的平直的和圆形的图形表现能力处于同一时期。在晚得多的时期中，一种包含线性符号的文字的确在埃及发展起来，但它显然是从象形文字演化而来的，与皮特里的词汇没有任何关系。因此，这种埃及文字的双重起源理论是站不住脚的。

但是，早期埃及人的文字体系是自己发明的还是借鉴而来的？基什泥板上的几个图形符号显示出其与埃及象形文字惊人地相似。这种相似可能是偶然的，也可能是从属或模仿的结果。根据后一种观点的一个倡导者的说法："第一王朝初期出现的没有前身的文字决不是基本形式。事实上，它具有复杂的结构。它包括三种不同类型的符号：表意符号、表音符号和限定词。这与美索不达米亚在原始文明时期的先进阶段所达到的复杂性处于同一阶段。然而，人们从最早的泥板得知还有更原始的阶段，那个阶段只使用表意符号。因此，否认埃及和美索不达米亚文字体系间的相关性，就等于赞成其艺术和建筑均受到美索不达米亚影响，且美索不达米亚有一种极类似的文字体系刚刚从更原始阶段发展起来的当口儿，埃及却能独立地发明一种复杂的完全不一致的文字体系。"目前的证据表明，埃及体系对苏美尔体系有极大的依赖性，然而，这两种体系的发展方式却有着重要的差别（见图2-6）。

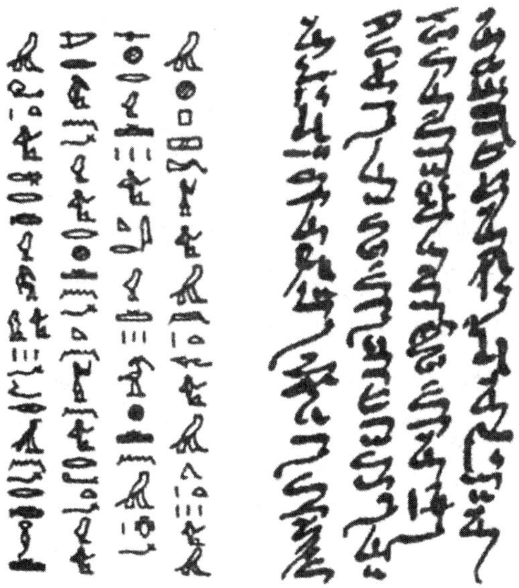

（注：整个图案是完美统一的，表达了一个完整的信息。它既是一个图画，又是一个语句。）

图2-6 象形文字和僧侣体书写的相同的段落

2. 广告符号的评价功能和鼓励功能

这要在符号之外的更为广阔的社会领域和更深层的思想观念领域去寻找。在前面我们已经论述过，人类生活的典型特征，就在于人发明创造出了各种符号，并由此构成了一个符号的世界。人类文化的各种形式——神话、宗教、艺术、科学、语言等等都是人类创造出来的符号产品，是人类本质的具体化和外化。因此可以说，在包括广告在内的各种文化形式中，每一种形式都向我们展示了人性的某一方面。各种艺术符号都有各自的"游戏"规则，具有不可置换的基本结构特点，但是，它们又是一个不可分割的有机整体。因此对每一种形式的评价必然涉及到其他相关形式。广告艺术符号的评价与揭示，必然与道德、法律、宗教、语言，甚至神话有关。

广告艺术符号的出现可以称为整个文化艺术主旋律的一个变奏曲。广告的评价并不是广告人自己本身的评价，它实际上是广告受众的评价，抑或说是社会的评价、历史的评价。广告人对自己作品的评价就其本质来讲是用社会的眼光，"他者"的眼光评价的，广告人不可能孤芳自赏。用社会的历史的眼光，广告人以其符号(作品)推销某种商品或服务，其实都是在塑造和传播一种观念和价值。他的符号一经炮制出来便会对社会和个人起着或积极或消极、或促进或促退，或鼓舞或颓唐的作用。研究广告艺术符号的意义，其实就是站在社会的历史过程中，厘清一切时髦思潮，把握艺术文化之道，健全生存语境，展现魅力，实践推动社会进步文明的价值功能。我以为这是评价广告以及一切艺术符号的准则。

广告符号的鼓动功能实质上是心理观念领域的事情，广告符号的这一功能是在艺术和审美上实现的。在艺术和审美中，人们的情感实现了一种对直接现实生活的超越。正如卡西尔所说："因为在这里我们不再生活在事物的直接的实在之中，而是生活在纯粹的感性形式的世界中。在这个世界，我们所有的感情在其本质和特征上都经历了某种质变过程。情感在本身解除了它们的物质重负，我们感受到的是它们的形式和它们的生命而不是它们带来的精神重负。"

但是，需要指出的是，那种真实的生命感受，那种充满活力的情感鼓动和澎湃是无法在平庸的艺术符号中实现的，它们只产生于优秀的艺术符号作品。在优秀的作品中，艺术形式与情感生活、艺术话语与大千世界之间达到了水乳般的交融。广告人应该站在这个角度去澄清那种不负责任的工匠式的认识，自觉地把广告符号这种社会心理功能担负起来。

我们难以寻觅到广告艺术杰作，究其深层原因，是广告人大多把广告看成是一种纯商业行为。他们在广告艺术的审美创造中，记熟了大师的教诲，"不要光把马儿领到河边,而不让马儿喝水",实际上他们根本就没有把马儿领到河边,他们往往是把马儿牵到充满污浊气味的泥塘。要知道马儿来到清澈甘甜的河水边总是会喝水的。

第二节 广告艺术符号的表现力

研究符号学的目的就是通过对广告符号的分析,揭示广告艺术符号的特征、类型,从而揭示广告艺术符号的密码和玄机,为增强广告艺术符号的表现力提供一种思路和方法。符号学在这方面有其独特的作用,也可以说独具魅力。

一、广告艺术符号的特征

优秀的广告艺术符号在本质上是具有个性的,拒绝平凡的,即追求卓越。优秀的广告艺术符号系统要具有情感性、指意性和本体性的特点。

1. 情感性

在优秀的广告艺术作品中,情感本身和符号系统已经和谐地交织在一起,情感已经成为作品的有机的构成部分。任何一个优秀的广告作品或其他艺术作品,不无例外地抽象地表现着或喜或悲、或静或动、或醒或眠、或激昂或沉默等等的情感主题。人是有情感的动物,符号是人的情感的外化和具象化。

我曾被一则优秀的公益影视广告所感动。这则广告的主题是"让我们献出爱心,捐助生活困难的残疾人"。这则广告以极其细腻的艺术笔触,记录了一个天生失去双臂的女青年的生活情景:从做鸡蛋食品到烤面包片和倒开水无不是用嘴去完成的。那艰难的常人难以想象的困难催人泪下,而残疾青年所表现出的顽强的生存意志更是令人敬佩不已。广告的结尾,女青年面部特写:年轻、漂亮,眼睛也分外迷人。只因她们身有残疾,她们就没有权力享受常人的幸福和生存的权力吗?当最后画面上映出"先生,您还觉得开一张支票有那么难吗?"的字幕是时,让人心里涌起的不是一种同情和怜悯,而是一种十分神圣的社会责任感。

无疑这是一则十分成功的广告,它的成功之处恰恰在于其符号形式中所凝聚着的情感因素。从音乐、绘画到建筑、雕塑等,无论是有形的,还是无形的艺术符号,它们无不凝聚着情感。音乐不仅是流淌着的飞扬的音符,更是律动着、跳跃着的情感。成功的广告就是要对人类情感作极细致的洞察和表现,并且赢得情感。

2. 指意性

语言与符号能力是人特有的文化本能。一旦人是文化的,那么人就必然具有了语言和符号能力;而一旦语言和符号进入一种人的能动的活动状态和过程(这个过程包括创作和欣赏两个方面),那么语言和符号就必然是指意的、文化的。马克思曾经说过,"语言是一种实践的、既为别人存在并因此也为自己存在的现实意识"。所以广告艺术符号就是要通过它的特定语言和符号形式,把个体的(商品个性及广告人个性)意识转成一种共同的文化的意识,沟通思维意识的桥梁,既达到一种显性的推销商品和服务的目的,又达到一种隐性的陶冶精神和塑造灵魂的境界。这两种显性和隐性的目的意义交织在一幅广告作品中,显性的目的是直观的、明确的、不变的;而隐性的意义则是隐蔽的、暗晦的和多变的。

让我们来欣赏一幅日本松下电灯泡广告。整个广告画面背景色调是暗灰色的,表现了暮色苍茫的夜景,画幅下面的五分之一版面,画有连绵起伏的群山,山麓下是深黑色的树木和亭阁的剪影,山峦上方是排成一字长阵的大雁飞向夜色苍茫的远方。画面上方的二分之一几乎被一个硕大无比的圆圆的如同一轮皎月的白炽灯泡占满。灯泡的下方,在画面的正中部分有一句"一个只卖280日元的小月亮"的广告语。

这幅广告作品的指意是非常直观的,它告知受众的是灯泡质量的上乘和价格的优惠。但其蕴含的指意却十分的丰富,并留给欣赏者很大的想象余地和再创作的空间。明月当空的夜色、振翅远飞的大雁、朦胧如黛的远山和沉在夜幕中的翠微亭阁,可能把你的思绪带到很远的地方。你可能会沉湎在昨日的良宵中,可能会沉醉于"明月几时有,把酒问青天"的感慨中,也可能会沉浸在"明月几时有,千里共婵娟"的思念中。

不容置疑,一个有意境的优秀的广告都会经过广告受众(欣赏者)的二度创造,这种创造因受众的经历、经验、知识、情感等等的不同而不同,但是只要拨动了他们的心弦,便对现实广告的目的不无好处。还需要特别指出的是,广告艺术符号的指意性只有在它所生存的总体语境中,才会显示出它的真正的含义。换句话说,就是广告的指意不是广告人的个人行为,而是一个文化社会的整体的行为。正如纳尔逊·古德曼所指出的,视觉符号中的每种符号都像乐谱中的一个音符或书写符号中的上下文联系那样具有因袭的性质。我们之所以能在一幅绘画中看到一个妇女的形象,一方面固然依赖于形象与妇女之间的自然关系,但另一方面这种感觉也只能在一种因袭的习惯中才能形成,以致才能使一幅画产生出似真的幻觉。

这种惯例在很大程度上还要依赖于特定的文化传统。对于一个处于某种文化传统之外的观察者而言,他在一幅绘画中决不会看到同样的指意和内含。显而易见,我们应该把广告符号的指意性放在个人的、社会的、惯例的、历史的、宗教的乃至神话的复杂的背景中去理解。

3. 本体性

广告符号和其他艺术符号一样,作为人的生命存在的基本活动形式,体现了文化的本质和人的本质。广告作品与其"社会背景"之间的关系是一种对话结构,本体与语境之间是一种互为问答的关系,两者构成了互为本体特征的复杂的社会形态。无疑,这就是我们对广告艺术符号的本质的描述。美国的斯蒂芬·格林布拉特指出:"艺术作品实际上是以下两者之间某种协商的产物,一方面是具有复杂而共同传统知识储备的创造者或创造者阶层,另一方面则是社会的体制与实践。"广告艺术符号无论是平面的、影视的还是三维动画的,实质都是在想象的范围内满足广告受众无意识的本能的欲望,即创作者是在有意识的范围内营造想象的氛围,接受者是在无意识的条件下得到本能的满足。所以广告艺术符号从本体上来看是主体和客体的整合结构,这种结构被包容在特殊的社会、生活、文化语境和权力结构之中。对广告艺术符号本体性的理解,只有通过考察对艺术本体世界所呈现的社会存在和社会存在中所包含着的艺术本体世界这双重关系中才能做到。我们在此提出广告艺术符号本体性特征来研究,其目的就是为广告人建构和解构广告符号提供理论指南,就是要使广告人懂得广告艺术符号,作为人所具有的一种基本的活动方式,作为人的本质的对象化,它是特定的社会结构的产物,离开了这一点我们便不能理解我们的创作,当然也就不能更好地创作。

二、广告艺术符号的类型

广告艺术符号是艺术符号王国中最独特的一种。广告决不属于纯艺术,它不是为艺术的艺术,它带有明确的功利性,它属于消费社会的文化。从表现手段来看,广告是以其他艺术的表现手段为自己的手段。因此,它较之于其他艺术形式更具有包容性,音乐、绘画、舞蹈、雕塑、诗歌、散文乃至影视和戏剧都可以被它信手拈来当作自己的艺术语言。这里举两个例子来说明:一个是美国哥伦比亚电视广告网在中国台湾地区所作的杂志广告:画面是一帧星斗闪烁的夜空图,图旁配有一段小诗:

夜晚带不走满怀的心情
仰望夜空
星星闪烁,透彻晶莹
回忆起点点滴滴就像 CBS HOUR 冷暖欢笑在心中

这幅广告借用诗歌的形式,极尽渲染之能事,营造了一个别具情致的意境,以此来塑造自身美好形象,借以激起人们对它的心理期待。

下面,我们再看看日本画家葛饰北斋(Katsushika Hokusai,1760—1849)的作品《富岳三十六景》。此画不仅是北斋的代表作,同时也是众多描绘富士山作品中的翘楚,享有浮世绘版画最高杰作的美誉。它与同一组版画中的《凯风快晴》、《山下白雨》并称为三大传世名作,更以"Great Wave"之名成为世界最著名的浮世绘。画面上被梵谷喻为"鹫爪"的惊涛骇浪激起飞沫,即将吞噬小舟。北斋把视点降低,仿佛自己在小舟中随波翻腾,仰望浪头及富士山,身历其境地捕捉住整个场面,将大自然排山倒海的逼人气势抒发得淋漓尽致,其绝妙之处,只可意会难以言传。然而这幅珍品并非一朝一夕完成,北斋于享和至文化年间(1800年左右)所发表的西洋风格版画中,有过类似的作品,换言之,前后共历经了30年漫长岁月,才将这意象逼真的画面完成(见图2-7)。

图2-7 〔日〕葛饰北斋 《富岳三十六景》

在《凯风快晴》一画中,富士山被描绘成一片橙黄,通称为"赤富士"。这是晚夏早秋之际,清晨时分,在朝阳映照下染红了的富士山的景象,版画捕捉住稍纵逝的那一瞬间,整座山似乎准备展开一天的燃烧,如同太阳般涨满了光热能源,巍然优雅地耸立着。蔚蓝的天空散布着卷积云,仿佛在传达寂静的一天即将开幕之讯息,并许下终日晴和的约定。简洁精美的构图,以最低限色彩发挥其至高效果,山顶至山麓间呈现的色调层次感,以白描手法表现云朵、用斑点意写山脚原野的形态之趣味性,木版画特有纹理所偶发的美感等等。此画看似单纯,却可以发掘出无穷的绘画要素。

图2-8 〔日〕葛饰北斋 《凯风快晴》

从上述两个例子可以看出,广告能够跨越与其他艺术形式之间的距离,可以轻而易举地利用其他艺术形式作为自己的表现形式,这个认识是我们划分广告艺术符号类型的重要基础和方法论的指导。由此,我们完全可以借鉴总体艺术分类的方法,不过广告艺术符号的分类不是对整体艺术语言的分类。在艺术分类上存在着古典分类法和现代分类法。

1. 古典分类法

古典分类法是按空间艺术和时间艺术法进行分类。这种方法把三种造型艺术(建筑、雕刻和绘画)视为空间艺术,把三种节奏艺术(舞蹈、音乐和诗歌)视为时间艺术。这些艺术的登峰造极便是电影,被冠之以"第七种艺术"。用古典分类法我们可以把广告称为"第八种艺术"。这第八种艺术和电影艺术一样,既包含着空间艺术也包含着时间艺术,是一种高度综合的特殊的艺术形态。

古典分类法的缺陷是把文学、戏剧和小说摒弃在艺术之外,其最大的问题还不仅在于它的片面性,更在于它在艺术形式中割裂了时间和空间的联系。用辩证的观点来看,空间上的造型艺术也蕴含着时间,时间上的节奏艺术也蕴含着空间。就拿梵·高的画来说,他的《向日葵》和他自杀前创作的最后一幅画总给人一种急躁的咄咄逼人的时间感;而中国传统的文人画,那种闲情雅致似乎放缓了时间的节奏(见图2-9)。

图 2-9　元·倪瓒　《雨后空林图》

另外,作为节奏艺术的舞蹈,都是在一定空间中的律动,就连诗歌的排版格式、字里行间的留白这些非形象性的图画,对于诗歌所指代的意义也是重要的。例如毛主席手书的诗词,豪迈遒劲的字迹格式,更淋漓尽致地表现了那气吞山河、叱咤风云的气势(见图 2-10、图 2-11)。

因为传统的艺术类型的分类方法本身的缺点,现在很多学者进而提出了许多有见地的分类标准和类型。值得提及的有两大类:一类是以艺术家和作品之间的关系为依据划分的自然分类法;另一类是从心理学出发提出的心理结构分类法。

2. 自然分类法

自然分类法把舞蹈和首饰列为第一种艺术;诗歌和雄辩术列为第二种艺术;音乐列为第三种艺术;戏剧列为第四种艺术;建筑列为第五种艺术;雕刻列为第六种艺术;绘画和素描列为第七种艺术;散文列为第八种艺术。

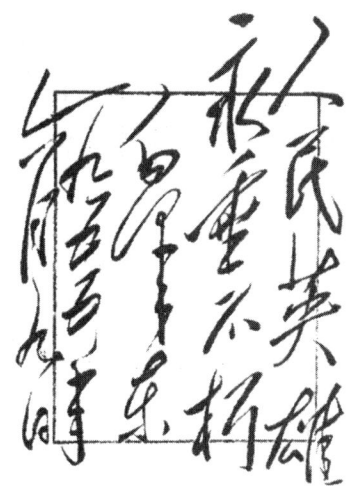

图 2-10　毛泽东题词　　　　　图 2-11　毛泽东诗词

3. 心理结构分类法

心理结构分类法把艺术划分为七种主导性的超结构形式:第一种是听力结构和超结构,包括管弦乐、合唱音乐、独奏或独唱;第二种是视力结构和超结构,包括绘画、素描、版画等;第三种是运动结构和超结构,包括舞蹈、杂技、民间舞,还包括外界的喷泉和瀑布等;第四种是行为的结构和超结构,包括戏剧、无声电影、动画片、歌舞、滑稽戏、轻歌剧等;第五种是建筑的工艺结构和超结构,包括建筑、雕刻和园艺;第六种是语言的结构和超结构,包括诗歌、散文、散文诗等;第七种是肉感的结构和超结构,包括爱的艺术和美食学和香料学等。现代艺术分类方法要比古典的分类方法更复杂、更精确,但显而易见它是难以避免主观随意性的。

对广告和其他艺术创作具有重要意义的不仅是对艺术类型进行分类,更为重要的是揭示各种艺术类型之间的关联,以利于创作活动过程中相互学习和借鉴。在这方面,我们需要提到埃蒂安·索里尤在《艺术与真实》一文中所提出的关于艺术关联的独到见解。他按照艺术的基本构成要素——线条、体积、色彩、光亮、运动、声韵、乐声分类,并把艺术分为不同的等级。埃蒂安·索里尤在这里并没有提到广告,但是我们可以发挥和延伸他的想法,把广告这一涵盖面极广的特殊的艺术形式一起汇入艺术形式的关联图中(见图 2-12)。

图2-12　广告艺术的基本构成要素

这幅关联图揭示了各种艺术形式派生的七种要素,同时也揭示了各种艺术形式的相关性。广告作为一种独特的艺术符号系统,从这里找到了自己的位置,找到了自己赖以生存的基础和可借鉴的艺术形式。广告处在艺术类型的"外层空间",它有极大的自由空间,但它也必须清楚一个道理:越是自由的便越是难以驾驭的。

三、广告艺术符号表现力

广告艺术符号表现力这个问题,其重要性是不言而喻的。因为在广告艺术中任何独到的、有创见的创意和制作都是有表现力的,有表现力才有效,凡是创造的都应是有效的。所以,如何增强广告艺术符号的表现力,是最值得研究和探讨的重要问题。

广告艺术符号系统实际上是一种独特的语言表现方式。这个艺术符号系统由广告市场调查、广告策划、广告创意、广告制作、广告媒体选择和广告效果评估等一系列环节构成。广告的功能是传达商品信息,推销商品和服务。从这个角度看,广告是再现性的艺术符号。但广告的本质功能并不是再现事物形象而是表现事物情感,所以广告和其他艺术形式一样,是表现感情的艺术。

苏珊·朗格在《艺术问题》一书中指出,"通常,人们总以为艺术是再现某种事物的,因此总认为它的符号作用就是再现。然而,这种看法恰恰是我们不同意的⋯⋯任何作品,如果它是美的,就必须是富有表现性的,它所表现的东西不是关于另外一些事物的概念,而是某种感情的概念。当然,同样的道理也适合于再现性的艺术。……优秀的再现艺术品,其符号功能并不限于再现,而是具有再现和表现两种功能。所谓艺术表现,就是对情感概念的显现或呈现。"苏珊·朗格这一精辟见解,告诉我们的是要提高艺术作品(当然在这里谈的是广告作品)的表现力,就要着重去表现情感而不是对事物的直接再现,所以,把广告艺术符号看成是表现情感的艺术是提高表现力的原则和指导思想。

1. 艺术符号的构造法则

要增强广告艺术的表现力,还要进一步探讨在上述原则指导下,具体艺术符号的构造法则,因为艺术符号的创作,说到底还是一种构造法则或曰设计方法。为了创造出某种可称之为"幻象"的东西,赋予作品强大的生命活力,充分将情感表达出来,就要深入地探讨和把握符号的构造法则。我们在这里谈的符号实际上是符号中的符号,即不是作品本身符号而是构成作品的符号。各种符号是作品表现手段的符号,纵然它们本身也很复杂——从最简单的直接符号到最复杂的间接符号;从单一的符号到相互间纵横交织的混合符号;从透明清晰的符号到模糊的符号。各种符号都是具有一定意义的,在语义学中对此给予了充分的肯定。这些符号的作用就是构造艺术品或者说是构造表现性的形式。

我们广告人的作用,就是通过我们深刻的领悟,创造性地将这些丰富的符号组织起来去创造出一种充满情感、生命和富有个性的意象,一种诉诸于感受的活的东西,我们把它称之为优秀的广告作品。

各艺术门类对符号的构造法则都作出了深入的探讨和实践。就绘画来讲,有古典写实的,有现代印象派抽象的,有重在用点和线条的(如中国画),有重在色彩的(如西方油画)等等。音乐中有全音阶和谐法,也有无调性的音乐等等。诗歌中有讲究韵律的,也有自由体的等等。

2. 广告艺术符号的基本要素

关于各种艺术门类的创作法则和表现手法,都是广告人应好好研究揣摩的。限于篇幅,更限于本书的主旨和体例,本文在此不作深入的讨论,我们主要从构成广告艺术符号的最基本要素,即线条、体积、色彩、光亮、运动、声韵和乐声这七个方面作些简要的诠释。

这七种要素中前五种可以称之为视觉艺术要素,后两种可以称之为听觉艺术要素。我们的思路不妨就从视觉艺术、听觉艺术和视听结合的艺术这三个层面去拓展。当然这三个方面就其内涵之丰富、形式之多样恐怕也不是三言两语能说清的。在视听这两种艺术形式中,广告受众接受广告信息,90%以上的广告信息来自视觉,因此我们对视觉艺术阐述多些,听觉艺术稍有提及。

视觉艺术的重要性是每个人的生活经历都切身体会到的。人们观看任何艺术品时,总是先通过语言。比如儿童学说话,先观看,后辨认,再说话。但是观看先是语言,还有另一层意思。正是观看才确立了我们在周围世界的地位;我们用语言解释那个世界,可是语言并不能抹煞我们处于该世界包围之中这一事实。我们见到的与我们知道的,从未出现过一致。譬如,每天傍晚,我们见到太阳落山,我们知道这是由于地球的转动造成的。然而,这种了解和解释,与我们见到的这一景观的感觉大相径庭。看到这大如巨轮、红艳耀目的落日,也许我们心中会涌起一种幸福和温馨;也许涌起一种"关山如海,残阳如血"的悲壮;也许涌起一种无可奈何的落寞惆怅。因为观看受知识、信仰和情绪的影响。比如,一个人坠入爱河,他(她)的目光含情脉脉,纵有千言万语也难释爱意。此刻他(她)所看到的世界不是常人所看到的世界。

观看和语言之间存在着一道难愈越的鸿沟。语言很难解释清楚人们的观看。人们通过视觉所看到的影像,都是人为的一种创造。约翰·伯杰说:"影像是重造复制的景观。这是一种表象或一整套表象,已脱离了当初出现并得以保存的时间和空间,……每一影像都体现着一种观看方法。"他的这样一种认识应该成为广告人视觉艺术创作中的一种见识。它告诉我们广告人所画的广告画、所拍摄的广告摄影作品及影视作品,所告知人们的不是某种商品的复制,而是一种重造的景观,这种景观在广告受众那里要经过他们的二度创造。这种思想有利于广告人开阔广告创作思路,跳出狭隘的写实的思维模式,深刻领悟广告是一种表现情感的艺术符号的真谛,自由地创造性地发挥创作灵感,创作出表现力丰厚的广告艺术作品。

下面我们再看两幅图(图2-13、图2-14):

 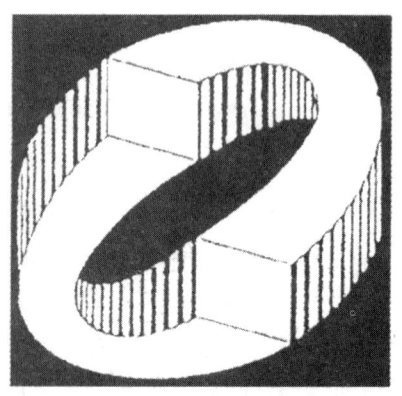

图2-13 埃舍尔视觉空间图(1)　　图2-14 埃舍尔视觉空间图(2)

如果说透视学是由人们对空间状态的实际体验得来的,是根据距离、大小、方向等因素来判断的,在视觉造型的表达过程中,利用构形手段来表现或者真实地模拟人的视觉对空间物象的认知,并为人们提供了近大远小等空间规律,同时还确定了人们对同一视觉对象中所存在的空间观念的单一性概念,那么,如果当这种透视不是被用来表现现实的空间感,而是被利用于强化某种特殊意义的时候,就可以对其进行自由的创造和组合。这样,新的视觉形象所表现出来的物象空间就会变得陌生和不易确定。违反正常空间观念的组合,便可产生似是而非的矛盾空间印象,新的形态、观念也随之产生了。这也就是利用视觉差异创造新空间的目的。

荷兰画家埃舍尔利用三维视觉空间在平面表现上特定的限制,在构形过程中创造出了矛盾空间的另一种具有循环往复性的结构。瀑布从建筑物顶端飞泻下来,又沿着水渠向下流去,但在拐了几道弯之后,竟然又回到了建筑物顶端的瀑布口;一行人沿着楼梯向上走,另一行人沿着楼梯向下走,在拐了四次之后却又都回到了各自的出发点。人们所生活的空间使视觉判断方向和空间感的相互关系形成一定固定的模式和经验,大家已经习惯于空间上的单向性判断;而视觉形象在平面表现上的一体性和三维空间单性的延展,在创造性思维方式与直觉想象的驱使下,产生了空间循环往复的结构,这种结构在超越现实的无限延续过程中导致了空间的矛盾变化,体现了违反常规的逻辑原理(见图2-15)。

图2-15 埃舍尔视觉空间图(3)

从上述分析中，我们得出明确无误的结论，即我们在运用构成广告艺术符号的元素去创意或制作时，一定要辩证地看问题，在把握一种元素的共性特征时也要把握其个性特征。我们的正确指导原则是在共性中把握个性，并通过个性去认识共性。

日本武藏野美术大学教授千千岩英彰领导一个调查组对世界25个国家和地区的大约5500名年轻人进行了调查，在让他们看了47种颜色（包括金和银在内）之后，所有各种回答中，蓝色和红色任何国家都喜欢。再深一层去看，日本、德国和意大利喜欢红和黄的鲜艳色彩，中国和印度喜欢白色和亮丽的浅色，荷兰、法国、美国和澳大利亚等则喜欢褐色和深紫色。再仔细分析，可以按各种因素将20个国家和地区分成三大组。一组是日本、韩国和中国，一组是新加坡、老挝和印度，再一组就是欧美和大洋洲。如果再按城市间人们心理上的距离来看待同样一件事的话，那么，离东京和大阪最近的是首尔和台北，其次是上海和北京，再其次就是圣保罗和里斯本，最远的是莫斯科。欧美与日本的距离，反映在头发和眼睛的颜色以及土壤、沙漠和湖泊的颜色等所谓自然物色彩的差别，对于艳丽或朴素等色彩的印象差别以及由"幸福"、"幽雅"、"献身"等词句联想到的色彩的差别上。经过世界规模的调查之后，得出的结论是："70%的人的色彩感是一致的，30%具有特殊性。"这个调查结果对广告色彩的运用和产品的设计包装都具有重要的参考价值。

我们再来分析运动形式。运动所构成的最典型、最集中的形式就是舞蹈。我们不但在舞台上，而且可以从电影里（例如舞蹈艺术片《雨中情》）看到舞蹈这种艺术形式，现在这种艺术形式更多地运用到影视广告中了。舞蹈是由演员创造的一种活跃的力的形象，或者说是一种动态的形象。舞蹈是一种抽象的艺术，我们从一个完美的舞蹈艺术中听或感觉到的应该是一些虚的实体，是使舞蹈活跃起来的力，是从形象的中心向四周发射的力或从四周向这个中心聚集的力，是这些力的相互冲突和解决，是这些力的起落和节奏变化，所有这一切都是在创造形象。舞蹈所创造的形象和其他艺术作品一样，是一种可感知的艺术形式，它表现了或具备了人类情感的种种特征，表现了人们"内在生活"所具有的节奏、联系、转折、中断及丰富性、复杂性等等特征。

另外，舞蹈还表现一种概念，是标示感情、情绪产生、发展、消失的过程，是再现我们的"内心生活"的统一性、个性和复杂性。我们在这里谈到的"内心生活"是指一个人对其自身历史发展的内心写照，是他对世界生活形式的内在感受。舞蹈和其他艺术形式的区别，就是构成的形象和表现的材料不同。一幅绘画是由虚的空间构成的，一首乐曲是由在时间中运动和发展的音乐构成的，而舞蹈所创造的却是一个力的世界，这个力的世界通过一系列姿势的连续而显示出来。广告人在借用舞蹈运动符号时必须对这种艺术符号形式的性质有深刻的领悟。

声韵、乐声这两种基本要素构成了音乐。音乐揭示的是一种由声音创造出来的虚幻的时间,它本质上是一种直接作用于听觉的运动形式。这个虚幻的时间并不是由时钟标示的时间,而是由生命活动本身标示的时间。这个时间是音乐的基本幻象,在这个幻象中,乐曲在进行,和谐在生成,节奏在延续。例如,一首《二泉映月》的二胡独奏和一首《十面埋伏》的琵琶曲,它们是用那抑扬的旋律在描绘着生命在时间维向上的流动,或急或缓,或断或续,或哀怨或壮烈地唱着生命之歌。

迄今为止,人类创造出的最令人震撼的一种符号设计便是语言。运用语言可以表达不可触摸的和无形的东西,即观念的东西,还可以表达出我们知觉中那最隐秘最纤细的感觉。正是因为有了语言,我们才能够经过思维、想象从而表达出事物的形象,描绘事物、再现事物的关系;才能进行预言和推理。语言这种符号形式与其他符号形式有本质的不同,语言是"推论式的形式",而其他符号(绘画、音乐、舞蹈等)是"表现性的形式"。语言这种形式的交流诉诸于逻辑思维,而其他形式主要诉诸于形象的思维。

语言形式的局限性是它不可能表现那些只"可意会,不可言传"的经验,而在复杂的生命中,这种看似无意义、无形式的经验,感觉却是非常丰富的。在我们人类的所有感觉中,有的可以说出名字,进入了语言的逻辑推理范畴,还有大量的感觉仅仅可以称得上是一种"情绪",还不能用语言所表达。语言通过"隐喻"的办法,即只说一件事物而暗指是另一件事物的办法把那些我们不能表达的经验中的一些事物变成一种概念,从而使之进入语言的逻辑推理范畴中来。但是,"内在生活"的体验就像无边的地平线一样,语言不断地追逐着它,而它不断地向远方推移着。

第三节　多样现代广告符号的利器——光影和语言

现代广告符号的表现力是由科学技术的发展水平决定的。随着电子技术的飞速发展,影像艺术以其视听结合,声、形、色兼备的优势横空出世,成为最有力的表现手段,它因此也成为现代广告艺术研究的焦点。

一、图像的王国

当代的广告是光和影所营造的图像的王国和迷宫。古人所讲的"工欲善其事,必先利其器"的道理,对于现代广告人来说就是要掌握驾驭光和影的能力。

俗话说"耳听为虚,眼见为实",直接获得的信息比间接获得的信息更可靠。把"眼见"当做可靠信息的主要来源,是古老的"以看求知"观念的反映。图像和音响是符号的一般显现形式。由于科技的进步,以摄影、电视、电影为文化信息传播媒体的发展,使光影和音响所构建的图像符号得以在全球蔓延开来。这种视觉符号化的结果使得大众文化中的视觉活动不再是单纯的生理、物理意义上的"看",而变成了一种信息交流活动。"看"变成了符号解读。这一切体现了文化向泛视觉化方向的发展和汇集。

1. 文化的泛视觉化

能够体现当代大众文化向泛视觉化发展的一个重要现象,就是摄影文化的兴起。摄影本身就是视觉文化。作为高雅摄影画廊的艺术摄影在现实中的地位微乎其微,真正的大众摄影文化的主流是商业性摄影和群众性摄影这两个方面。商业性摄影主要包括广告摄影和作为商品的摄影作品,如挂历、壁画、画册及营利性的人像摄影等。包括广告摄影在内的商业摄影为了商业目的必然要求尽可能大的接受面,所以它不可能走"纯艺术"的道路。它的商业目的要求并制约着它不能是对现实(包括商品)的通俗易懂的摹写,而必须有标新立异的构思、简洁而表现力强的构图、官能刺激强烈的色调和题材等等,它必须以其自身的魅力开出一片天地,使大众的兴趣向摄影视觉方向聚焦。摄影不是简单地复制现实,只要随意去翻翻自己或别人的家庭像册就会发现,人们自然地寻找一处美丽的背景,凝眉巧笑,摆个潇洒的姿态,实际上是用图像为自己表现超越性的心理经验和心理期待。

视觉化倾向的真正核心是"后现代"文明的电视。过去人们喜欢把电视叫做小电影,从文化学的角度上说这是个误解。电视不是电影的衍生物,而是传播技术发展带来的崭新成果,从传播学的角度看,毋宁说是广播的衍生物。电视的出现使大众传播的性质发生了根本性的变化。电视以前的大众传播工具(报纸、杂志和广播)提供的是语言化了的信息。传统传播方式提供的信息是概念化的,它只能借助于受众的文化素养和生活经验去理解和接受,因而这种接受是间接性的。电视打破了这种间接性,使大众传播变成了直观的视觉经验,从而影响了大众文化。另外,电视由于其视觉特性而将大众文化的许多视觉方面贯通、维系起来,一起进入大众传播系统,使视觉向社会的各个领域渗透,使当代文化变成了由电视经验编织的大网。图像符号由于电视的出现,直接插入了人的视觉经验,从而进入了人的认识活动的前景。电视图像符号的出现,极大地压缩了人与物质世界之间的距离,人们可以通过电视亲眼看到非洲的饥饿、伊拉克的战乱,也可以通过电视,亿万人共同目睹一次奥运会开幕式的盛况。

2. 现代图像文化的特点

从摄影、电影到电视,这些由科技进步带来的现代图像文化的突出特点,就是逼真性,但是这种逼真不等于物质的真实。观众直接面对的是非实在的图像,观众通过电视广告所孜孜以求的是什么呢?豪华的别墅、考究的家具、高级视听系统、高档时装、昂贵首饰、新潮的汽车……在这一长串消费中,其实很大一部分是图像的消费,而且越是追求高消费,消费的方式越是图像化。

随着现代文明的进展,艺术的门类日益多样化,当代艺术变得越来越多样化和复杂化似乎就是证明。但另一方面,当代艺术又有一种统一的趋向,即越来越趋向于视觉化。这种艺术的泛视觉对大众审美心理的影响向两个不同方向发展:一方面,人们的视觉经验越来越丰富,对视觉符号的表征的悟性日益提高;另一方面当代大众的审美感受力钝化,同看电视相比读书便成了一件费力的事情,形象、直观、清晰的画面挤掉了人的抽象的想象力和感受力。有大师说:"有一千个读者,就有一千个哈姆雷特",但是好莱坞的"哈姆雷特"问世后,千百万观众的心目中大概就只有一个活跃在眼前的哈姆雷特了。

电视广告作品通过瑰丽的图像在屏幕上留给观众的信息不是一种真实的物象,它使观众所获得的仅仅是一个片面的视觉信息,因为它反映的影像通常无法使人感到一个三维的投影,于是三维动画便设计出来。让我们获得空间三维知觉的一个基本方式是通过双眼视觉差实现的。

在这种认识的基础上又发展起一门新的视觉技术,叫"全息技术",它的基本原理就是通过一束反射光和一束参考光的迭加而产生出图样"全息图",在这"全息图"中,同时包含着反射光的强度和位相,即"全部反射信息",用一束激光透射这个"全息图"便能再现出被照射物体的空间特征。电视具备了声音、画面和运动等多种维度的信息,从而使电视广告和节目表现出全息化的身临其境的感觉。

当代电视广告的一个突出特点是反复刺激。任何一种商品广告都要求反复出现。很多怪诞不经的广告在反复刺激的作用下,使人们见怪不怪习以为常起来。反复刺激造成了感觉的麻木,剥夺了人们的排斥反应。因此,即使是卑劣的广告作品,通过反复刺激,也能强化其在受众心中的印象,逼迫受众接受,这当然是不道德的。色彩鲜艳、形象逼真、情愫感人的广告作品通过反复刺激,给受众的印象更是经久难忘的。

令广告人深思的是,这种反复刺激是不是越持久越好呢?事情并不尽然,因为反复刺激效应的深层意义是消除接受者的时间感觉,它使受众程式化地接受,到时打开电视看到某一广告,心中留下这样或那样的感觉,到时又打开电视又看到那则广告,又循环地接受了一遍,久而久之在这种程式化的接受中失落感消褪,就连最初期待的兴奋也同样会消褪。时间感的消失类似一种催眠状态。据一些学者考证,人们一打开电视机,过了 20 分钟,大部分人的脑电波中就会出现"α 波"(睡眠状态),也有人会呈现出锯齿状的兴奋波。即使后一种状态的人在反复刺激下,一打开电视机,脑电波也会变得缓慢。这种每天定时产生的催眠效应不仅仅影响个人的心理状态,而且,会对日常生活中人们的一般行为产生微妙的影响,从而导致社会心理学家所说的"社会性格"的变化。

广告人要掌握和认识图像王国的这些特点,在广告活动中趋利避害,以积极的人生观和价值观去引导广告受众。一个社会的发展进步离不开积极向上、文明进步的意识形态和价值体系,也就是说离不开美好的社会形象和健康的人格模式。要做到这一点,就需要引导,这是广告人义不容辞的社会责任和历史使命。

二、语言——最重要的符号系统

首先需要指出的是,我们这里所说的语言是文字的和声音的一般意义的语言,而不是特殊的语言。从一定角度去看所有的符号,色彩、线条、光影和运动都是语言符号。前者我们称之为语言符号系统,后者我们称之为非语言符号系统。

语言的重要性是不言而喻的。语言是思想的载体,是思想的外壳,是人与人沟通的桥梁和纽带。语言是人特有的生存语境,可以说,人是以语言的方式拥有世界的。

在以图像标志为特征的广告世界中,语言——文字的语言和声音的语言仍然是最主要的表现符号。要增强广告作品的表现力,非得有驾驭语言的能力不可。我们所看到的那些震撼人心的广告作品,无不是具有独特魅力的语言。我国著名的联想集团的"只要你想"和青岛海尔集团的"真诚到永远"以及伊利的"为梦想创造可能"的广告语,无不让人感到一种令人心潮澎湃的力量。

那些外国大公司的优秀广告语更是让人过目不忘。如麦当劳的"我就喜欢"早已成为耳熟能详的企业品牌标志。还有耐克的"Just do it"也已成为年轻人当中先锋的代表。这些广告语除了自身的宣传功能外,均包含着巨大的语言魅力。

1. 广告语的隐喻

摒弃对语言的泛泛议论,就广告语言来说,构成特定语言范式的要素一是隐喻,二是韵律。隐喻就是广告语所指的意义。语言符号的诞生在本质上并不是为了表达某种东西,而是为了表达某种存在。这种存在决不仅仅包括人的感觉所感知的某种实物,而且还包括不可见的事物,包括事物间的不可见的"关系"。语言成为隐喻,就使语言摆脱了实在之物的束缚,进入本质性的、语境性的意义领域。广告语中如果陈述的是:"我推荐给你的是香皂,是汽车,是×××"等等,那就毫无意义。广告语就是隐喻,就是一种"关系"的揭示,一种"意义"的表现,一种"哲理"的探寻。现在我们要问一问广告词是怎样完成这个过程的。单个的词是孤立的、沉默的,只有当它被另一个词所呼唤的时候,它们才共同去完成一个意义的觉醒过程。也就是说词和词要经过词序,索绪尔将词序称为"无可争辩的抽象实体",词序是一个关系和意义的结构,词序也就完成了我们所诘问的那个过程。

广告语的隐喻的释义于广告人非常重要。广告人所撰写的广告词、广告文案(语言部分)实际是运用隐喻的表达。这个隐喻是以词序来实现的。就拿"太阳最红,长虹更新"这句广告语来说,它把"太阳"、"长虹"、"红"、"新"放在一定的词序结构中,它隐喻出多重意义:直观意义是红红的太阳、美丽的彩虹;隐喻长虹彩电不断进行技术更新,不断推出新的高质量的新品牌彩电,更隐喻长虹集团公司、长虹人具有孜孜进取不断创新的精神。

青岛海尔集团的"真诚到永远"的广告词,一是隐喻真诚为用户服务是企业的理念和追求,二是隐喻真诚是一种境界,是人与人之间关系的极致。"没有最好,只有更好,"则把澳柯玛虚怀若谷孜孜追求的精神表现得淋漓尽致。由此看来,广告语言就是一个"近取诸身,远取诸物"的隐喻系统。隐喻包藏着诗、哲理和美。

2. 广告语的韵律

广告语言的另一个要素是韵律。韵律是声音的抑扬顿挫的节奏和音响。语言从空间上看是一种结构,从时间上看是韵律和节奏。空间语言所揭示的看不见的关系,要经历一个或急或缓、或长或短的时间过程,这就是我们为什么能从"采菊东篱下,悠然见南山"的诗句中感觉到一种时间的散慢,而能从"奔腾急,万马战犹酣"中感觉到时间的紧迫的缘由。广告语言就是通过响亮的节奏的字眼表现出某种意义来,这种意义可以从抽象的理解和带韵律的朗诵中表现出来。因此,广告人在用诗的语言展示广告的音韵的时候,必须懂得音律的知识和押韵的技巧。

我们在此详细地介绍一下广告文案设计中的"押韵"技巧,这对我们增强广告的表现力有所裨益。"押韵"可以在广告词的设计中突出广告词的节奏感,使读音和谐、响亮、悦耳、流畅,有一种音乐美感,更强烈地渲染和烘托出广告所要表现的意义。

什么叫"押韵"呢?我们知道,语言的节奏是由音色、音量、音高和音长四个要素构成的。由音色造成的节奏主要表现在押韵上。简单地说押韵就是在汉语句子的每句或间句末尾使用同韵的字。例如下面这则征婚广告：

年方三八，
面如桃花(hua)。
大学毕业，
家在天涯(ya)。
擅长写作，
不图虚华(hua)。
情系鸿雁，
附照最佳(jia)。

这则广告句末都押了"发、花"韵。押韵的字称为"韵脚"，所以广告中的"花"、"涯"、"华"就是韵脚。汉字中的韵母是由三个音素组成的，即韵头、韵腹、韵尾。如"凰"(huang)字，韵头为u，韵腹为a，韵尾为ng。

押韵在韵母的同韵方面有两种方式：一是韵头、韵腹、韵尾三因素完全相同，二是韵头不同而韵腹韵尾相同也构成押韵。如"年(nian)"、"悬(xuan)"两个字，韵头分别是i、u，不相同，但是韵腹、韵尾都是a和n，故也属押韵。

韵母的种类很多，需要分类，常见的有"十八韵"和"十三辙"两种划分方法。"十八韵"是"五四"运动以来以北京语言为标准，根据新诗的实际用韵归纳出的十八个韵部。这十八个韵部是"麻"、"歌"、"皆"、"支"、"儿"、"齐"、"微"、"开"、"模"、"鱼"、"候"、"豪"、"寒"、"痕"、"唐"、"庚"、"东"。另外，明清至新中国成立前的民间说唱文学把"押韵"称为"合辙"。"十三辙"就是明清以来北方艺人在北京音系的韵母里归纳出来的十三个大致相近的韵部。"十三辙"比"十八韵"简明、方便，影响也大，因此下面我们运用"十三辙"的分法，来举例谈押韵技巧在广告文案中的运用。押韵技巧在广告中应注意以下几个方面：

第一，利用"排韵"技法，设计简洁明快的广告语。"排韵"就是每一行都要押韵。广告语中采用"排韵"，可以达到节奏有力、韵律和谐、语气贯通、朗朗上口的效果。例如舒服佳的广告语："爱心护全家(jia)！尽在舒服佳(jia)！"阿里巴巴网站的广告语："网上贸易(yi)，创造奇迹(ji)！"戴比尔斯钻石的广告语："钻石恒久远，(yuan)，一颗永流传(chuan)"。

第二,掌握"隔行韵"技巧,可以帮助写好文字较长的广告词。隔行韵在第一行文字末将韵母点出,故称"起韵",然后在第二、四、六、八行尾字韵母与它相押。这种技法,使得广告语文通字畅、音韵和谐、自然感人。

例如三洋电机广告语：

新的起点(dian),
去年这一天(tian),
有只可爱的火鸟,
把三洋的问候带到您的身边(bian),
而您的友爱与鼓励
使我们跨越365里路时时充满温暖(nuan)。
在钟声又起的辉煌一刻
请接受三洋最新的祝愿(yuan),
让我们以今天作为新的起点(dian),
一齐开启希望的风帆(fan),
驶向新的一年(nian)。

三洋电机广告语前半部分用的是隔行韵,结尾部分用得是排韵,广告语让人感到自然流畅而又有情真意切的力度。

《健康》杂志广告：

乘一叶小舟(zhou),
沿生命溪流(liu)(汉语拼音规定可写为 iiu)
采健康浪花,
寻健康源头(tou)。

第三,运用"转韵"技巧,写出有韵味的广告歌谣。转韵是在诗歌、韵文分节或分段时换用几个韵辙的一种方法。

妇孺皆知的"蓝天六必治"牙膏的广告语,就运用了"转韵"的技巧：

牙好(hao)，胃口就好(hao)，(转韵)
身体倍儿棒(bang)，吃嘛嘛香(xiang)，(转韵)
您看准(zhun)了(le)，蓝天六必治(zhi)！

第四，利用押韵技巧写好广告诗。诗词是广告应该注意运用的极好的表现手法。如果能将广告诗写得对仗工整、节拍匀称、音韵和谐，一定能为广告大大增色。中国的传统诗词的对仗和平仄要求极为严格，现代广告诗则相对宽松得多。但若注重对仗和平仄则会增强广告诗的文化底蕴，使广告诗更有韵致、更感人。

我们来欣赏李白的一首诗。从现代广告的角度看，他的这首咏兰陵美酒的诗就是一首十分光彩的广告诗。

兰陵美酒郁金香(xiang)，
玉碗盛来琥珀光(guang)。
但使主人能醉客，
不知何处是他乡(xiang)。

李白在这首诗中押得是"江阳"韵，把兰陵美酒芬芳醇美和主人的盛情好客渲染描绘得淋漓尽致。

第五，运用"重言"和"重复"技巧，增强广告语的气势和表现力。重言也叫迭字。例如古诗中，"离离原上草，一岁一枯荣"诗句中，"离离"就是迭字。"迭字"是在广告语中反复使用同一字的韵音做韵脚，如雕牌洗衣粉的广告语：

不选贵的，只选对的。

福满多方便面的广告语：

福气多多，满意多多。

这样重复使用一个字做韵脚的广告就大大加强了语气，从而也扩展了广告语的表现力。

第四节　现代社会的图腾符号——企业形象

"企业形象是现代社会的图腾"是我提出的一个有意义的命题。中国广告业存在的价值就是要打造中国的企业形象和知名品牌,其中的原由和道理需要我们细心揣摩深长思之。

一、古代图腾的启示

摩尔根曾经指出,图腾"意指一个氏族的标志或图徽"。图腾的实质是某种动物、植物、无生物或某种自然现象。人类古代各民族都有各自的崇拜物,并且有各自的称呼。北美印第安阿尔衮琴部落的奥吉布瓦方言,将自己的崇拜物称谓"图腾"(totem),此后这个词在欧洲学术著作中被固定下来,将古代民族所有崇拜的物象统称为"图腾"。

综观世界上各民族历史上的图腾物象,可谓种类繁多。图腾的选择很大程度上依赖于该地区的动物群和植物群。最早的图腾是动物。在动物图腾中,最早的又可能是哺乳动物,因为哺乳动物的外貌、生理特征和行为与人类较为接近,较容易被人认为是同类。至于其他动物和植物,可能是在万物有灵的观念产生之后出现的。无生物和自然现象图腾大概是在图腾文化晚期产生的,以自然现象为图腾的主要有太阳、月亮、闪电、星星、雷、风、云等等。

中国图腾文化发现比较早的是仰韶文化时代的人面鱼纹彩陶盆(见图2-16)。

图2-16　人面鱼纹彩陶盆

从中国古籍中也可以发现我国古代的图腾文化现象。

龙是中华民族共同的图腾神,没有地域之分,没有民族之别。数千年来,各民族人民把它视为神灵,虔诚地崇拜、祭祀。它是中华民族的标志和象征,也是至高无上的皇权的象征。龙的崇拜之所以绵延数千年而不绝,一是因为统治者的需要,二是因为中国是个农业国,雨水是其命脉,而龙又是呼风唤雨的神,为了风调雨顺,五谷丰登,中国人民世世代代地崇拜着龙(见图2-17)。

图2-17 九龙壁

从古代图腾现象我们可以得出以下几点结论:

第一,图腾是一种特殊的古代文化形态。图腾是以具体的形象的物象来体现古代氏族成员的共同意识,从而成为维系和联结氏族成员的精神支柱,成为勾连氏族成员的心灵纽带。

第二,图腾文化是一种宗教崇拜。正如苏联学者A.M.佐洛塔廖夫所说:"图腾信仰是识别血亲关系的最早的宗教意识形态。"

第三,图腾文化是一种社会组织制度和文化制度。

从分析总结古代图腾,我们得到的最重要的启示就是,图腾是一种将人们的关系(血缘的)、意识形态和社会制度具象化为一种形象的符号系统。人们的关系也好,宗教意识崇拜也好,王权统治下的社会制度也罢,这些都是抽象的内隐性的存在,只有图腾是具象的外显的形象。在蛮荒混沌未开的远古,人们还没有书籍去阐述人们的原始意识,还没有法典记载人们必须遵从的法规和制度,于是人们"聪明地"把这一切物化在形象的符号(图腾)上。图腾表面上只是一种物象,实质是包含内容广泛、意义重大的存在——一种文化的存在。它包括图腾标志、图腾名称、图腾禁忌、图腾仪式、图腾生育、图腾圣地和图腾神话等色彩斑斓、诡奇迷离的内容。

图腾应该是广告创意人员在广告设计中最为注意的地方。如果运用不当，也会适得其反。例如，《国际广告》曾刊登了一则立邦漆《龙篇》广告，画面上亭子的两根立柱上各盘着一条龙。左边的立柱色彩暗淡，龙紧紧地攀附在柱子上；而右边的立柱色彩光鲜，龙却滑落下来……此广告却荣获某国际权威广告评选机构的高度评价（见图2-18）。

图2-18 立邦漆广告《龙篇》

再如，《汽车之友》杂志2003年第12期，刊登的一则日本丰田公司的"霸道"广告（见图2-19、2-20）：一辆"霸道"汽车停在两只石狮之前，一只石狮抬起右爪做敬礼状，另一只石狮向下俯首，配图广告语为"霸道，你不得不尊敬"。其二为"丰田陆地巡洋舰"广告：该汽车在雪山高原上以钢索拖拉一辆绿色国产大卡车，拍摄地址在可可西里。上述几则广告一经刊出，就引起了社会各界的争议。

为什么一则广告会引发如此激烈的争议呢？为什么在广告的初衷和客观反响之间会形成那么大的裂痕？我们都知道，广告是对生活的一种戏剧化"讲述"，它通过一些符号的组合，启发受众进行联想，从而达到推销商品的目的。龙是中国人（包括海外华人）所崇拜的图腾，中国人把自己视为龙的传人。龙在中国人心目中是神圣的，不可亵渎，不可侵犯的。无论这则广告的创意的出发点如何，它都会伤害中国人民的感情和尊严。"盘龙滑落"的寓意很容易引起人们愤怒的联想。"霸道"的广告也是这样做的。它通过戏剧性的、夸张的手法，让石狮子向丰田汽车致敬，强化了

"霸道"这个品牌的霸气,试图塑造一个强势的产品形象。遗憾的是,这个意图并没有在受众群体中实现,恰恰相反,它引发了另外一种不愉快的联想:而石狮子是中国传统文化的一个古老符号,让石狮子向日本的汽车致敬,意味着要中国文化向日本的商业文明俯首称臣!而石狮子又很容易让人想到卢沟桥的石狮。对于中国人民来说,1937年卢沟桥事变是中国人民心中永远抹不平的伤痛。

图2-19　日本丰田"霸道"广告　　　图2-20　丰田陆地巡洋舰广告

二、当代图腾——品牌与形象

从古代图腾的分析中,我们已知图腾绝不是简单的物象崇拜。在这种崇拜的背后蕴含着丰富的内容,即它是古代氏族伦理、道德、法律、制度、宗教等等的象征。在这里巧妙地将抽象变为具象,将无形化为有形。从这个角度去看,当代商品经济社会的商品品牌和企业形象,与古代图腾有着极其相似之处。因为品牌形象就是企业理念、企业行为和企业视觉形象的结合,是将无形的思想理念和行为形象化的过程。所以,我们在这里不妨把品牌与形象视作当代的图腾。

现代社会依然需要"图腾"崇拜。从消费者或广告受众的角度来说,他们一般情况下没有足够的时间,也没有耐心去详细了解一种商品的性能、品质和生产过程,没有兴趣去了解一个企业的理念、制度、管理和生产的全过程。但是他们在购买商品时确实需要了解与信任这种商品和这个企业,于是他们便从品牌和形象中去寻觅佐证。经过市场多次检验,那些值得信赖、给他们带来某种实惠、某种享受的商品的品牌和形象便成了他们心目中的"图腾"。

对生产者或者从广告主来说,消费者是他们的上帝,是他们的衣食父母。但是他们不可能去通过国情咨文、施政报告和企业报告或会计统计去说服"上帝",他们只能将他们想告给消费者的,经过苦心经营和精心设计,将其凝聚在商品品牌和企业形象上。也就是说,他们需要给"上帝"创造"图腾",诱导"上帝"的慷慨和给予。所以"图腾"的出现是消费者和生产者的不谋之合,或者说是一拍即合。

在商品经济高度发展、商品数量急剧增加的今天,这种"图腾"现象更为普遍。难怪在当代世界上商家厂商们的竞争已经由商品品质、信息之争渐渐演变成商品品牌和企业形象之争了。品牌和形象之争是当今世界经济竞争的最高序列。

品牌和形象之所以能成为当今社会的一种"图腾"崇拜,正是因为这种"图腾"的价值。我们来看看世界上驰名的商品品牌的价值排序情况。跨国营销研究机构 Millward Brown 运用独特的评估方法,首次将对消费者的调查与公开的财务数据结合在一起,以消费者对企业当前的发展趋势和对未来发展前景的认知为标准,对最新全球品牌进行了排榜,排出了 2005 年世界上 10 种最有价值的商标品牌。其中,微软公司以 620.39 亿美元雄踞榜首,通用电气公司以 558.34 亿美元次之,可口可乐公司由 10 年前的 390.5 亿美元增长到现今的 414.06 亿美元,其排名虽有所下降,但仍是极具竞争力和发展潜力的世界品牌。

中国移动电信公司更以 391.68 亿美元的实力排名第四,这也体现了国内企业的进步和飞跃。此外,菲利蒲·莫里斯公司旗下的著名品牌万宝路名列第五,价值是 385 亿美元。可见,无论是国内还是国际的著名品牌,它们都不是天生就是名牌,它们都经历了一个从丑小鸭到白天鹅的嬗变过程。

我们以万宝路为例,来窥探一下名牌的成功之路。一提起万宝路,简直是妇孺皆知,"万宝路"这一声音几乎响彻世界的每个角落。其实万宝路只是菲利普·莫里斯公司众多香烟中的一种。公司创始人菲利普·莫里斯是英国人,1919 年在美国纽约设立公司,此后一直到上世纪 50 年代之前,他的公司都是一家不起眼的小型公司。当时美国烟草市场被以美国烟草公司为首的三家公司霸占着。自 20 世纪 60 年代起,菲利普·莫里斯打入美国前 200 家公司的行列,70 年代中期以后又超过了美国标准公司(即原美国烟草公司),跻身第二位,到了 1983 年它终于取代雷诺公司,坐上美国烟草行业的第一把交椅。从 1955 年到 1985 的 30 年间,该公司的销售额几乎以每年 25% 的速度增长。

菲利普·莫里斯公司之所以取得如此大的成功,是和万宝路别出新裁的广告创意分不开的。30 多年来,公司共花费了上百亿美元在广告上大做文章。万宝路那著名的广告词:"哪里有男人,哪里就有万宝路",是一种极富魅力的浪漫情调的代用语。

图 2-21 万宝路广告

万宝路英文一词（MARLBORO）是 Man Always Remember Love Because Of Romantic Only.（男人永远记得爱,只因罗漫蒂克）这种诱人的浪漫情调,配之以英俊潇洒的西部牛仔和骠悍勇武的骏马形象,给人印象强烈而又深刻。万宝路的成功最雄辩地说明,现代人仍然继承了古代人图腾崇拜的密码。谁在消费者的心中矗立起一个令他们顶礼膜拜的"图腾"形象,谁就会取得巨大的成功。

三、"图腾"创制——企业形象塑造

现代社会的"图腾"——品牌和形象是怎样确立的呢？从纯技术角度看"图腾"（企业、商品形象标志）,是通过画笔、摄影镜头或是通过电脑绘画而制作出来的。实际上远远不是这么简单的事情,而是一个复杂的酝酿、思索、探寻和实践的过程,其中

必然伴随着理念的升华、观念的变革和实践的拓展。可以说,一个美好的形象必然要经历一个千锤百炼的锻造过程。

品牌是企业产品的名称或标志,好的品牌久而久之也便成为了企业形象的标志。所以,从这个意义上讲品牌和形象具有一致性,肯定了这一点,我们便可以集中来谈谈企业形象的塑造。

企业形象是社会公众对一个企业的全部看法和评价,抑或是个人或群体对企业的整套信息。在企业形象概念中,人们对企业的"认知"是基础,在这个基础上进而产生"信赖"和"好感"。因此良好的企业形象对内具有强大的凝聚力,对外具有强大的感召力和吸引力。从这个角度去看,"企业形象是人们对企业所具有的情感和意志的总和",这是一笔巨大的无形资产。

有句古语讲:"桃李不言,下自成蹊"。意思是说,桃李尽管不会说话,但欣赏它们的人仍会很多。但是这条古训在现代市场经济条件下却有极大的片面性。很多国外知名大企业,在提高产品质量的同时,格外注重塑造和树立商品的品牌和企业形象。因为在发达的商品经济社会中,市场日趋繁荣,商品越来越多,令消费者眼花缭乱、无所适从;另外,随着科学技术的进步,产品间技术含量的差异日益缩小,产品的性能、寿命、可靠性等方面的技术指标"大同小异";还有,随着人们生活水平的提高,满足生理需求的欲望随之降低,而满足心理需求的欲望日益增强,所以商品的品牌和企业的形象就显得尤为重要。一个企业所建立的良好形象一旦为消费者所信赖,那么消费者就会"爱屋及乌",不仅喜欢这个企业,而且喜欢这个企业所生产的商品和所提供的服务。

企业形象如此重要,但塑造形象却不是一蹴而就的简单事情。就像酿酒,只有经年老酒才愈发地芬芳醇美。这一方面是由于形象并不简单地是一个标志和具体的物象,它是良好的企业精神、理念和企业行为的外在表现;另一方面它被消费受众认知接受、产生兴趣、好感要经历一个时空过程。在经济领域的竞争和火并日益白热化的今天,企业间竞争的焦点已经发生了转移,由商品竞争、信息竞争、人才竞争发展到企业形象的竞争。所以商家、厂家以及大的跨国公司和跨国集团都十分重视企业形象竞争,不惜注入巨额财力参与竞争,想方设法运用各种方法去塑造企业的良好形象,以使自己立于不败之地。塑造企业良好形象是一个系统工程,它需要调动CI策划、公关策划、营销策划和广告策划等手段去整合完成。

企业形象广告策划在塑造企业形象中具有独特而重要的作用。如果我们细致入微地考察消费者对品牌和形象的生理和心理反应的话,就可以发现人们并不完全是理性的,甚至可以说人们在相当大的程度上是非理性的。之所以如此,是因为脱离了自然状态的人不仅需要实实在在的物质消费,而且更需要精神的消费。也就是说,人们不仅生活在物质的王国,而且生活在自己营造的虚幻的精神王国。比如说一个人饿了,他买个面包,或者再买点香肠,囫囵地吃下去,解决了问题,这可以说基本上是一种物质消费。但是他要请客,就不同了。他要选择一间豪华的包间,他要摆满一大桌子五颜六色的菜肴,其实他们根本就吃不了;他们还要开启饮料和美酒;宴会毕,主人还要向客人寒暄"吃好了没有?多有不周,请多见谅"之类的客套话。这种消费便不再是简单的物质消费,因为要吃饱吃好,并不需要这样奢华也能办到。在这里,人们追求和营造的是一种情绪场,追求一种虚幻的需求方式(一种消费方式)。

追求虚幻的生活,营造虚幻的生活王国可以说是人的本性,在佛教中虚幻的王国叫做"曼陀罗",因此,我们可以说人这种不同于动物的"动物",在本性上是需要"曼陀罗"的,无论贫富都是如此。孔乙己不是穷到了偷书欠帐的份儿上了吗?但他仍然要穿着破旧的长衫站着喝酒,要一碟茴香豆下酒,因为他也需要"曼陀罗"。正因为人性的这一方面,使塑造企业形象、品牌形象的广告可以大行其道。人们把美好生活、地位显赫以及财运亨通和著名品牌联系起来。人们对名牌及大的跨国公司的崇拜,近似于古代人的"图腾崇拜",究其原因,就是因为人们需要"曼陀罗"。

在塑造企业形象、营造人们的"曼陀罗"方面最具优势的就是广告。如果把广告策划和公关策划、营销策划、CI 策划比较一下,我们就会发现,它们都要遵循真实性原则,唯有广告可以在真实性的基础上,适度地夸张、适度地渲染。而虚幻的境界和虚幻的王国只有用夸张和渲染才能建造,因此制造"曼陀罗"非广告莫属。如中国台湾地区可丽柔公司的名牌产品"爱顾乳液",其广告语是"你并没有愈来愈老,你愈来愈娇!"这条广告语切中了一些女性"惜青春芳华逝去"的心理,满足了她们青春永驻的虚幻愿望。这条广告语和白丽香皂的"今年二十,明年十八"的广告语有异曲同工之妙。

还有一则洋参丸广告:一位职员因服用了洋参丸而身心素质大大增强,受到上司的擢升:"很好,美国分公司由你掌管。"这其中的真实性当然是不可究诘的,但是在商业崇拜的大众文化环境中,跨国公司的高级职员的身份当然是令人垂涎的。洋参丸不能保证让每个服用它的人都能当经理,但广告告诉我们经理喜欢吃它,有人吃了当上了经理(当然顾客并不会真信)。对于企慕经理职位的普通人来说,用一用洋参丸就不是毫无意义的了,似乎自己和电视里那个被擢升的"经理"之间有了一种神秘的联系,在自己服用那种小小丸药的一刻,多多少少觉得自己有点像"美国分公司"

的头儿了。

通过以上的例子和我们每个人的经验,不可否认,人们需要"曼陀罗",只是我们所营造的"曼陀罗"有积极意义和消极意义的分野。广告在营造"曼陀罗"时大有用武之地,广告人可以用迷人的色彩、有冲击力的图像和撩拨人心的语言去营造人们孜孜以求的"曼陀罗"王国。

需要提醒广告人注意的是,人们虽然需要广告为他们制造"曼陀罗",但广告人并不能随心所欲。真理向前跨越一步就是谬误,广告人在策划企业形象或产品形象时,要有所依据,要真正挖掘其本质、特质和优势,通过多种广告类型,坚持正确的广告运作原则,准确把握广告定位的整体性、哲学性、各异性、连贯性、情感性、文化性等要求,运用巧妙的广告语言和制作技巧,塑造出人们心中想念的崇拜的那个图腾形象,把人们领入他们想要进入的那个"曼陀罗"王国。

思考题

1. 谁最早提出要建立"一门研究符号活动科学"的主张?
2. 请结合实例解释"能指"和"所指"各自的含义?
3. 广告作为艺术符号的两大要素是什么?
4. 广告艺术符号的作用有哪些?
5. 广告艺术符号的特征是什么?

第三章 广告的文化语境

第一节 一种重要而真实的存在——广告生存语境

辩证唯物主义揭示,世界上的任何事物都是相互联系和运动发展着的,广告自然也是如此,它因市场的需要和技术的推动而诞生,也因市场需要的发展而发展,因技术的飞跃而花样翻新。无论从纵向还是从横向的角度看,广告都与市场、技术、政治、经济、文化等等发生着千丝万缕的联系。

一、科学的语境观

W. 伊泽尔在其《审美过程研究——阅读活动:审美响应理论》一书中,把"语境"理解为一定艺术现象具体存在时各种因素的总和。因此,我们可以将语境理解为一种与本体密切相关的环境和思想意识氛围。耗散结构理论告诉我们,任何一个客观事物都是一种事物本体加环境的存在。我们要认识和把握一个事物,不仅要观照这个事物,而且要观照这个事物赖以存在的环境,只有这样我们才能建立一个熵值小的具有自组织能力的耗散结构。

这里,熵指的是无序性,自组织能力言及的是该系统有效地从外界收集信息和能量并有序地组织起来并向外输出信息和能量的机制和能力。试想一下,广告人的活动不就是如此吗?我们的广告活动始于市场调查,然后进行市场细分化研究,找到目标市场和目标消费者,再然后根据所推销的商品和服务的性质与特性,准确地进行广告定位,进行创意和制作,并将我们所制作的具有冲击力和感染力的作品,通过媒体选择和组合输送出去,以图达到我们所预期的目的和理想的效果。

任何一个广告活动都不是一种孤立的存在。它和任何事物一样,与其生存语境血脉相连。广告作为一种文化形态的存在,离开了其生存语境也就失去了自身。所以广告人关注和研究广告的生存语境具有重要意义。通过语境的研究,可以了解是哪些因素滋养了它使其得以蓬勃发展;又是哪些因素会使其枝败叶落和消亡。研究广告生存语境,广告人得到的是观察问题的宏观视野,是对广告活动高屋建瓴的把握和驾驭广告活动的相对自由。

要准确把握广告的生存语境,就要有科学的语境观。这种科学的语境观的要点是把语境看成一种理解的存在。海德格尔在《存在与时间》一书中把理解不仅仅看作方法,而是看成对象得以存在的本质,看成是对事物本体存在的探询。所以我们说,广告生存语境并不是一种脱离了人的自然的存在,而是一种相对于人的理解的存在。也就是说广告语境是与人的一种对话性的存在。一件广告作品如果远离了广告受众的历史传统、风俗习惯和人文背景,那么其在广告受众的眼中岂不成了天外来客?岂不成了他们梦魇中的怪物?

当我们确立了存在是理解的存在的观念之后,我们应进而探询理解产生的原由。海德格尔认为理解发生的先决条件是"前理解"。他所说的"前理解"是由先行具有(历史、文化、传统在我们之前已经存在并占有了我们)、先行见到(理解所借助的语言、观念和运用语言的方式在我们之前已经存在)、先行掌握(理解之前已具备了观念、前提及假设等参照物)三个要素构成。海德格尔所说的"前理解"也叫"前结构"。这里所说的"前理解"或"前结构"包含了历史、传统、价值观念、风俗习惯、语言范式等等内容。现代人对客观事物,也包括对广告的认识都是在前结构基础上的理解的存在。

在海德格尔之后,当代德国哲学家伽达默尔在"前理解"论的基础上,提出了关于"审美偏见"的理论。由于人们的思想观念、历史传统和生活经验的差异,对事物的认识和理解便不同,即存在着"审美偏见"。所以,同一个事物在不同的人的眼里就变成了"不同的事物",这是由人们的认识差异造成的。

我国古代一位诗人在评论杜甫的诗作时说:"少年莫漫轻吟味,五十方能读杜诗。"也正好说明这个道理。我国现实主义的伟大诗人杜甫,亲身经历了那个社会动乱、战争不断、经济衰败、百姓民不聊生的时代,诗中凝聚着对荒淫残暴、鱼肉人民的统治阶级的刻骨仇恨和对下层饥寒交迫的庶民的深切同情,可以说他的诗是血与泪、恨与爱的结晶。没有经历过社会动荡、没有饱尝过生活艰辛的青少年是很难真正理解杜甫诗中所表达的思想感情和精神内涵的。

人们对诗的理解是这样,人们对广告和其他事物的认识和理解也是这样。广告人要从这样一个认知的角度去看待广告,要懂得广告受众的"理解"是不同的,因此我们的广告不可能逃避他们的"审美偏见",我们要设想他们会怎样重新"塑造"我们的作品。所以广告人必须研究广告受众所处的社会条件、地理环境以及他们所有的历史传统和价值观念,即要认真研究广告的生存语境,只有这样才能增强广告作品的针对性,取得良好的广告效果。

二、广告语境研究指向

广告生存语境是一个复杂的集合,头绪纷繁,斑驳杂陈。由于地域的不同、历史的不同、文化的不同,广告语境也会千差万别。所以,当我们深入地研究广告生存语境之始,当首先确定研究的维向和角度。从文化学的角度来看,广告语境的存在实际上是一种客观的文化存在,它包括丰富的内涵和众多的层次。广告生存语境大体可以划分为四个层次,即经济政治、人文地理、思想观念和风俗习惯。

1. 经济政治层次是广告最根本和重要的生存语境

对广告来说,经济政治语境的重要,一是因为经济政治是广告和现代广告产生、存在、发展乃至消亡的决定力量;二是因为经济政治又是广告的目的所在和价值指向。

经济是基础,政治是经济的集中体现。关于经济的基础作用,即关于经济对政治、文化、道德以及习俗的决定作用我们都有深刻的体会。譬如说,为什么中国"文化大革命"后的第二年展开了一场声势浩大的知识青年上山下乡的运动?是为了锻炼和造就千百万无产阶级革命的接班人?是为了"反修防修"的需要?从政治上讲是,但从更深层原因上看,还是因为经济上的原因。由于"文化大革命"的爆发,工厂停工停产,学生停课,高校不再招生,而一批又一批初高中毕业生待业在家无法安置,因此,必须把越来越多的城镇初高中毕业生分流出去,这便是广大知青到广阔天地"大炼红心"的经济背景。

"经济是基础"是一个涵盖广泛的命题,它不仅决定政治,而且决定文化、伦理道德,乃至人们的生活习惯等等。广告何尝不是由经济政治决定的呢。广告是商品经济的产物,广告的繁荣是商品经济繁荣发达的必然结果。当共和国的经济还很落后的时候,当相当部分的生活必需品尚供不应求,部分重要的商品极度匮乏而实行票证和配给的时候,当整个经济还是短缺经济、整个市场还处于卖方市场状态的时候,广告是多余的、没有必要的。

广告是由经济孕育和催生的,其发展水平、繁荣程度也是与经济息息相关的。当我们一页一页地翻阅中外广告史著作时,我们就会一遍遍地感受和体会到"经济是基础"这一具有普遍意义的真理。

在认识到经济决定广告的同时,我们也要充分认识广告对经济,也包括对政治的反作用,广告对经济和政治的反作用是多方面的。广告在促进商品流通、信息传递、管理水平的提高及政治的民主化等等方面都具有重要作用。可以说促进经济的繁荣和社会政治的进步是广告的根本目的和价值指向。

2. 人文地理是广告重要的生存语境

这里我们想到法国的丹纳和他的《艺术哲学》。在丹纳看来,艺术的东西同物质的东西一样取决于种族、环境、时代三大因素。丹纳的《艺术哲学》实际上就是一部艺术史。从种族、环境、时代这三个原则出发,丹纳指出艺术家及其所创作的艺术作品并不是孤立的,在艺术家背后有更广大的群众。

他说:"我们隔了几世纪只听到艺术家的声音;但在传到我们耳边来的响亮声音之下,还能辨别出群众的复杂而无穷无尽的歌声,在艺术家四周齐声合唱。只因为有了这一片和声,艺术家才成其伟大。"

丹纳的真知灼见说明一个艺术家必须适应社会的环境,满足社会的要求,否则就要折戟沉沙,成为社会的弃儿。广告人要深谙其中之道,把自己与自己活动的舞台——社会特定的环境水乳交融般地结合在一起,这是走向成功的必由之路。

人文地理环境是社会环境中极重要的部分,它包括人文和自然两部分。大凡一个社会群众的思想情感、道德宗教、政治法律、风俗人情、人文建筑、地形地貌都属于人文地理范畴,不同的人文地理环境影响在一定程度上决定了广告作品的精神内涵和艺术风格。广告作品的或庄或谐,或雅或俗,或浓或淡,或严肃或浪漫,无不都要顾及到它自己所处的人文地理环境。

广告人对于人文地理环境不是要去改造它,而是要去适应它。如果说广告对社会人文地理环境有某种改造的话,那么这种改造也是以适应为前提的,这应该成为广告人广告创作的一种指导思想。要贯彻这一指导思想,广告人就要研究自己所处的特定的人文地理环境,并把自己对此的把握作为自己创作的参照,以决定自己是表现"小桥流水"的秀丽,还是表现"长河落日"的雄浑。

3. 思想观念是广告生存语境的核心

任何一个社会的思想观念都是在一定经济政治基础上产生的,这是理解思想观念的生存语境的唯物主义前提。但是任何社会思想政治观念一经形成就会保持一定的相对稳定状态,在一个相当长的时间内处在一种渐进变化中。为什么说思想观念是广告人生存语境的核心呢?其主要原因在于思想观念指导人们的心理和行为,一方面它决定着广告人的创作理念、审美观点和道德规范,另一方面它也决定着消费者的消费观念、审美情趣和消费时尚。可以说,广告人创作水平的飞跃,最根本的是思想观念的提升,消费者消费行为的演进归根结底是其思想观念的变化。广告人研究思想观念这一生存语境,最重要的是把握思想观念语境所呈现的时代精神和核心价值观念。

时代精神实际上是一个特定社会的人民大众的一种进步的共同的思想观念的反映。广告人和广告受众共同处在某种特定的时代精神的荫庇下,这是双方沟通的基础。这种时代精神直接而现实地制约和影响着人们的行为。广告人研究和把握时代精神,有很重要的意义:一是可以找到和消费者(广告受众)的共同的社会精神的氛围,找到沟通的有效途径,防止出现创作中无的放矢的诉求;二是可以保证广告人正确的创作方向、健康的创作思想和创作理念,避免创作出虚假和有害的广告。

进入21世纪的中国社会经济长足发展、企业不断壮大,当中国的海尔集团把家电产品卖到北美、西欧市场时,也同时把"中国制造"的概念传遍了全球。联想集团在经过多年的发展后也成功地迈向了世界市场。现今,联想集团在全球个人电脑市场排名第三,公司年收入已达到130亿美元。联想的首席营销官Deep-akadvani说:"联想的目标就是成为世界最著名、最受尊重的品牌。"2006年4月30日,联想与IBM个人电脑部合并成立了一家新的技术公司——LENOVO。联想斥资1亿美元委托奥美广告公司发起一轮在全球近30个国家进行的强大的广告攻势。此次的广告创意为一个成功商业人士坐在一架挖掘机的吊臂上,膝上放着一台笔记本电脑,广告标题是"你如何创建新科技——从创建一个新科技公司开始"。广告中LENOVO的标志非常醒目。

从2006年5月11日起,美国各大主流媒体《纽约时报》、《华尔街日报》和《华盛顿邮报》等都在显著位置刊登了联想集团的整版广告。联想从战略的高度以品牌为重点,成功地宣传了企业自身的经营理念、企业形象和企业的产品。但在现实社会中,还有一些广告人缺乏战略眼光,大肆张扬享乐至上、金钱万能。如果任其泛滥,达到礼崩乐坏、物欲横流的程度,社会的进步、民族的振兴便将成为泡影。所以,广告人在竭力为客户推销商品和服务的时候,一定要坚持正确的消费导向,培养人们健康的生活方式和道德情操。像"××饭店一百名女服务生恭候您的光临,一片房间一片情"之类的广告语暗示的是怎样的东西呢?

除了时代精神之外,广告人应该格外重视思想观念中价值观念的研究。我们的语境观应将思想观念语境视为核心,我们在思想观念语境的研究中又将价值观念视为核心,这样价值观念便成了广告语境核心的核心。思想观念是人们行为的指导,人们的一切言行除下意识的行为都是在思想的支配下进行的。而构成人们思想观念的有价值观、道德观、审美观等等,这其中尤以价值观最为根本。价值观从本质上又体现了人们的道德观、审美观和荣辱观诸多方面,每一则广告在其深层次中都包含着广告人的价值判断,所以广告人要确立正确的价值观,唯有如此,广告人才具备了广告艺术创作的准绳。

4. 风俗习惯是广告创作语境中重要的组成部分

风俗习惯是广告创作语境中重要的组成部分,也是广告语境最直观、最具体和最形象的部分。每个民族有风俗,每个地域都有每个地域的习惯,每个国家每个民族都有自己的一幅风情画。风俗和习惯实际是民族的文化、思想和情感的物化,也是一个民族的历史和文化的积淀。风俗和习惯像一条纽带,把这个民族的人们紧紧地维系在一起。你想要深切了解一个民族的内涵,了解他们血液中流淌的东西,了解他们独具魅力的东西,那就必须从他们的风俗中去寻找。

广告人要把广告做到国门之外,就要了解其他民族的风情和风俗,尊重其他民族的风俗习惯,这是最基本的。然而更重要的是,当你深入了解一个民族的风俗的时候,你实际上找到了打开这个民族的心灵之门的钥匙。很多外国大公司,诸如摩托罗拉、可口可乐等在中国所做的广告之所以大行其道,就是因为抓住了中国人重家族本位和乡土情谊的风俗传统。所以广告人创作中不仅要尊重民族风俗,恪守传统习惯,还应主动地以风俗习惯为自己行之有效的创作和表现手段,更有效、更有针对性地运用情感诉求达到完满的广告宣传效果。因此,了解本国和别国的风俗是广告人扩充知识和丰富表现手法的一项重要任务。

第二节 现代广告文化的渊源

发展和繁荣本土广告文化就要厘清广告文化发展的历史,并以开阔的文化视野审视世界丰富的文化遗产,剔除糟粕,吸收精华。包容和扬弃不仅是中华文化的特点,而且是中国文化源远流长、长盛不衰的原由。

一、现代广告文化的诞生

国内的广告史著作在论及悠久历史时,都谈及沉淀在世界四大文明古国历史中的广告遗迹,以此来说明广告产生的历史渊源。但是,事物发展的逻辑常常是无情的。由于政治、经济和文化的种种沉疴,文明古国在近代衰落了,在西方工业革命中崛起的西方文明占了主导地位。现代广告是伴随着西方工业革命而产生的,是伴随着西方工业革命的发展而发展的,所以我们说现代广告的渊源在西方。中国的广告人要站在历史唯物主义的立场理解这一现实,以实现我们对广告的生存语境客观而清醒的认识和理解。

现代广告的渊源在西方,确切地说是在欧美。关于这个命题在这里无须展开了,感兴趣的人可以浏览一下广告史。重要的是对现代广告渊源这个命题加以延伸,如此就会引出另一个话题:现代广告和中华民族文化的关系。这个问题实际上是对中国现代广告生存语境的探寻。

就现代广告和中华民族文化的关系而言,我们可以得出四个方面的结论:

◆ 第一,现代广告不是中华民族文化本身所固有的一部分,它并不从属于中华民族的大文化。因为在中国社会发展过程中,农业在中国经济发展过程中长期占主导地位,以工业发达为依赖的现代广告文化融入中华民族文化是一个艰难的过程。

◆ 第二,现代中国广告不是以中国民族文化为基础产生的。广告是商品经济发展到一定阶段的产物。由于商品交换的发展,广告才逐渐产生和发展起来。在20世纪,西方世界工业化国家进入社会化大生产阶段,现代广告才蓬蓬勃勃地发展起来。

◆ 第三,中华民族文化不是广告的出发点和形态,因为广告的本质功能是经济的而非文化的。从它传递商品和服务信息,或者塑造产品品牌和企业形象来看,它的出发点和归宿都是经济性的,是为商品生产和商品交换服务的。中华民族文化中有现代广告可以汲取的养分,广告也可能在一定程度上起到继承和弘扬民族文化的作用,但这种作用始终是实现其经济目标的副产品。

◆ 第四,广告离不开中华民族文化。广告要向受众传递信息,达到其广告目的,就要适应受众的接受心理,而受众的心理是与民族文化紧密相连的。正因为如此,广告就必须适应目标受众的文化口味,符合目标受众的文化习惯,尊重他们的文化习俗。如可口可乐公司在中国传统新年前总要推出新包装的产品,大红色的外包装上添加了黄色、金色等迎合中国传统新年的色调,增加了喜庆祥和的气氛,再配上倒福、对联、鞭炮、生肖等要素,更突出了中国的文化传统习俗,这就使可口可乐的产品在新年的市场上更贴近消费者的心理需求,更容易激发他们的消费欲望,更利于促进消费者购买。而脑白金在这时新推出的广告,虽然是穿唐装的动漫模特,但依然是那句"今年过节不收礼,收礼就收脑白金"的广告语,其文化韵味大打折扣,民族传统也未凸显,这则广告缺失了很多的文化内涵。可见要使广告具有说服力,具有影响力和魅力,民族文化总是最有效的工具。

从现代广告产生和发展的文化背景的宏观视野出发,即从现代广告的大的生存语境背景来探讨民族文化和现代广告的关系,有助于我们明确现代广告的功能,并有助于我们把握现代广告的趋势和走向,而不至于使我们陷入一种误区,不至于扭曲本土文化和广告文化的关系。这样广告人就具备了一种世界性的思维,掌握了民族性的手段,从经济上着眼,从文化上着手,在广告的创意和表现中汲取丰富的营养,用源远流长而又光辉灿烂的中华民族文化滋养成长中的中国广告。

二、东西方文化的差异

我们研究广告的生存语境,应着重从东西方文化的角度去观照。之所以如此,一是因为现代广告是由西方创造并影响到东方的,而且从创意表现到媒体发布都给东方广告以强烈冲击和震撼;二是因为中国的现代广告毕竟是东方的,它植根在东方的社会环境中,它蕴含着东方文化的底蕴和精神。基于这两方面的理由,广告人要研究东西方文化的差异,要在现代广告这个载体中更好地实现东西方文化的相互跨越和融合,创作出既具有东方精神又有全球意识和时代精神的优秀的广告作品。

在中国近代史中,从"睁开眼睛看世界的第一人——林则徐"始,很多志士仁人怀着拯救中华的愿望将目光投向西方,主张高扬民主与科学的旗帜,积极汲取西方文化之精华,对中西方文化进行了深入的比较研究,发表了许多精辟的见解。中国台湾地区当代学者韦政通在其《中国文化概论》一书中,对清末以来诸多文人学者论及中西方文化的差异问题的观点作了概括,并把最流行的分法列表如下:

中西方文化差异的观点

序号	中国文化	西方文化
1	重主体	重客体
2	道德心	认知心
3	道德文化	科学文化
4	重直觉	重理智
5	重内心体验	重客观成就
6	圆而神	方以智
7	重文化之统	重文化别类

通过中西文化的比较,我们可以更准确地把握中国文化的个性特征。

1. 中国文化的特征

中国文化具有独创性、悠久性、包容性、统一性、保守性的特征。中国文化经历了几千年的历史,一直延续到现代,在中国文化中既有接受外来文化的部分,又有自己独创的部分,但中国文化始终以自己为主体。中国有统一的文字,而且一脉相承,绵延数千年之久。因此,特有的中国文化历经数千年陶冶了中国人的民族特性:

◆ 家族本位和乡土情谊。中国人长期生活在以家庭为基本单位的农业社会,以家族为社会活动中心,以致社会人际关系都家庭化了。所以中国很多政治制度和思维认识都与家庭意识有关。人和人的关系由家族宗法维系,长幼有别,尊卑有序,所以在中国家族宗法社会中,没有法律制度,没有民主、自由、平等的观念。

◆ 崇尚和平与遵从仁德。中国人受传统儒家思想的"忍"、"让"影响很深,把"谦让"作为政治上的崇高道德,所以重文轻武,不主动攻击他人。这种崇尚和平的思想,也和中国长期是以农业民族为主体有关。从历史上来看,农业民族往往不像游牧民族、商业民族那样好争斗,好攻击。中国人的文化精神中最重要的是重道德——儒家的道德"忠孝仁义"。这种道德是至高无上的"天理",如果人的本能与之冲突,则应"存天理,灭人欲"。中国传统的儒家道德观是一切文化的基础,它影响到政治、教育、法律、艺术、文学等个各领域。

◆ 政治、教育和多神信仰。中国人理性开发甚早,因而缺乏宗教观念。中国的宗教除儒教和道教是本土自生的以外,其余的来自异域,如佛教来自印度。中国文化中宗教内容有高度的复杂性。其主要特征是多神信仰、政指导教、轻超越重现世、宗教情绪不强烈。这样的特点决定了中国没有形成一种压倒一切的宗教力量,也决定了中国宗教文化的人间性。

中国的宗教概括起来主要有三种,即儒教、道教和佛教。儒教有三条:天地、祖先、君师。这三祭成了中国信仰生活的核心。道教是中国土生土长的宗教,虽然它以道教的创始人老子、庄子作为自己的始祖,但是它和作为哲学派别的道家并不是一回事。

佛教是外来的宗教,但给中国文化以极大影响。中国自魏晋南北朝以后,在思想意识形态、文学艺术领域和社会生活的方方面面,都曾受佛教的很大影响。中国除儒、道、佛三大宗教外,还有祖先、帝王、天地的崇拜信仰,它们也都对中国文化有很深的影响。

2. 西方文化的特征

西欧和美国的文化与中国文化有天壤之别。西方社会是以个人为本位的。从中世纪到近代到现代,西方世界始终在团体与个人之间进行着冲突和斗争。在西方,个人主义是近代文化的主流,它是集团生活下激起的反抗,它是生气勃勃的。整个社会弥漫着民主和尊重个人自由的气氛。但是个人主义也带来一些弊端,社会盲目地生产,经济陷入无政府状态,国内外民族矛盾激化等等。在这样的背景下,社会上也掀起了对个人主义的反动转向社会本位。以集团生活为主的西方近代国家,发展了政治和法律,出现了民主现象。

西欧经历了漫长的中世纪,宗教和神学长期主宰着社会的政治、经济和文化的方方面面,所以宗教观念在西方人的意识中是根深蒂固的。无论是在中世纪还是在启蒙时代,宗教都是文化意识形态中一个很重要的内容。统治阶级极力主张宗教为其利益服务,极力鼓吹认罪、悔罪,听命于神的思想观念。尽管世俗精神在启蒙时代得到长足的发展,人文主义精神得到极大的张扬,但是在封建主义和资本主义条件下,世俗的人文主义精神始终不能实现对宗教神学的彻底超越。这就是西方人的宗教观念比中国人的宗教观念要浓厚的一个重要原因。

西方文化中另一个特征就是西方人崇尚科学,"心物二分"强调征服自然。近代西方科学取得突飞猛进的发展,也把全人类带入到前所未有的科技文明时代。但是随着对自然的不断征服,许多负面效应也渐渐显露出来。

20世纪著名的思想家罗素非常精辟地总结了西方文化的来源,他说:"西欧和美国实际有着类似的精神生活,这精神生活可以追溯其三个来源:(1)希腊文化;(2)犹太宗教及其伦理;(3)现代工业主义——现代工业主义它是现代科学的一个成果。我们不妨可以将柏拉图、《旧约全书》、伽利略看作这三种要素的代表。它们至今依然各自独立地存在于世。从希腊人那里,我们得到文学和艺术,哲学和纯数学,以及许多社会生活中温文而雅的礼节。从犹太人那里我们学得了狂热的信念即所谓的"信仰",由善恶观念决定的道德热情、宗教偏见和某些民族主义的东西。从应用于工业的哲学中,我们学到了力量和力量的意识。……我认为,这三种要素能够对我们欧美精神做出基本的解释。"[①]

东西方文化由于处在不同的地域环境和人文环境中,所以形成了东西方不同的文化价值观和不同的心理结构。这种差异在广告中有突出的表现。

请看下面两则洗衣机的广告:

中国威力洗衣机广告创意:在一个偏远的小山村,由于经济的落后和眼界的闭塞,人们依然按照传统式的方式劳作和生活着。年迈的母亲和村里的妇女在村里的

---

① 《罗素文集》,改革出版社,1996版,第30页。

小河边浣洗衣裳。一辆小货车风驰电掣地拐过小坳,掠过路边的树木,向村里驶来。那是离开家乡到外面工作的儿子为辛勤的母亲买的洗衣机——也是全村第一台洗衣机。操劳大半生的母亲从溪边迎上公路,用衣裙揩干双手,看到洗衣机,也是看到儿子的一片孝心,露出了欣喜的笑容。广告语随之而起:"威力洗衣机,献给母亲的爱!"

美国皇后洗衣机广告:以领人目眩的画面展示洗衣机功能后,广告语响起:"最早和最好的,都是美国皇后。"

随手拈来的这两则广告岂不正好说明东西方不同的文化价值观和文化心理结构吗?一个重情感性格内倾,一个重表现性格外倾。一个纯厚朴实,充满"仁"、"孝"之心;一个自我炫耀,表现唯我独尊,充满咄咄逼人的攻击性。小小的两则广告,实际上是两种不同文化的缩影。

下面我们再举两则旅游广告:

一则是台湾东南春别墅广告。

广告词:

"中国人忘不掉江南风味,中国人应该享受最江南风味的生活。

一条清邃的小径,垂柳依依,唐式山水地形,随着中国古典大门徐徐转开,轻托出淡淡的山峦,江南风味扑面而来,我们仿佛回到故园的江南山水,二十四桥,苏杭西子湖……都在脑海涌现!"

另一则是美国游船公司广告。

广告词:

"你总有机会跟着人群到一般的旅游地,度过一个平常的假期,然而,你也可以乘坐传奇中的'三角女王号'或'豪华的宅第',再现汤姆·索亚和哈克贝里·芬的历险故事,或去发现百年来一直未变的俄亥俄河岸领域的魅力……"

这两则广告的诉求点可以说是迥然不同,一个抓住了中国人的乡土观念和恋家情结,一个抓住了西方人富于冒险、追求刺激的心理。这两则广告的诉求都是很准确的,因为他们抓住了处在特定地域环境和人文环境中的各自的诉求对象的心理特征。

广告是文化的一种表现,对中外文化的深入的诘问和探寻,无疑有助于广告人更精确地把握广告的生存语境及文化内涵和表征,从而可以更好地使广告在社会舞台上扮演好自己的角色。

三、东西方广告文化的互跨和融合

每当我们谈到东方广告,特别是谈到中国的广告的时候,我们便不能不承认中国现代广告实际是由西方传入的,是西学东渐的结果。我们纵观中国现代广告的艺术特征,从本质上和形式上可以看到中国现代广告是对西方艺术观念、艺术形式和艺术价值的认同。这种认同如果从深层的文化背景去理解,那就是改革开放后的中国,冷眼向洋看世界,猛然发现自己在经济、科技乃至文化方面已经落后于西方。这种认同的过程是复杂的、艰难的并且是困惑和矛盾的。

在中国人心目中,中国是一个抵牾的两重性的国家。一个是具有悠久文明历史和光辉灿烂文化的泱泱大中国;一个是在当今世界经济科技上落后并具有屈辱历史的贫弱的中国。中国的现代广告所标志着的现代精神的艺术形式,就在中国人复杂的历史情境下和复杂的情感世界中产生、发展着。这就是中国人为什么一方面在心理上对西方广告有某种排斥和指责,而另一方面又对 IBM、东芝、耐克、可口可乐的广告惊慕不已的原因所在。

中国的现代广告标志着时代精神的艺术形式的产生和发展,归根到底是一个对西方文化艺术的接受过程,这个过程可谓是一个征服、认同、扬弃的过程。这个过程也可以说是遭遇西方文化并自觉或不自觉地与本土文化的同化过程。

1840 年以后的洋务运动,就是对西方文化价值判断下产生的一种引进西方坚船利炮和科学技术的运动。与此同时,对西方的精神文化,特别是对与儒家文化相冲突的西方文化,则采取了强烈的抵抗态度。1919 年的"五四"运动,实际是一次"彻底的反帝反封建的"民主运动,它一方面是对西方民主与科学精神的举扬,另一方面也是对西方殖民主义文化的一种反对和排斥。

中国广告人在观照中国广告时,切不可以孤立地、片面地脱离中西方文化冲撞这样一个现实去看中国现代广告。我们要十分清醒地看到中西方文化的融合,特别是要客观地看到西方文化对东方文化的冲击,要看到东方文化对西方文化的认同和扬弃。如果这样,我们就会从中国当代广告艺术作品中看到西方文化艺术的影子,或者说我们能从自己的广告艺术中看到毕加索的眼光、达利的眼光、马蒂斯的眼光、梵高的眼光……我们就能从当代有才华的中国人的创作、思维、方法中看到西方广告艺术家的艺术观念、艺术范式,甚至包括他们的某些抽象的哲学观念。

这方面的例子可以说是不胜枚举。我们曾在电视中看到李宁牌运动鞋的广告,从以足球比赛为创意的构思、高速频闪的视觉画面、甚至脚踏足球的定格特写都和耐克公司的广告极为神似,如果说有区别,那只能说是最后一句"把精彩留给自己"的广告词。这恰恰反映了中国广告艺术与西方文化艺术的融合。自古以来中国文化讲求儒、道,提倡和谐、中庸,而西方则强调以竞争取胜,足球运动是竞争的运动。这样的广告表现,已说明西方的文化正影响着我们,我们能够将外国的好的创作手法移植到我们的广告表现中。但不得不提出的是,做广告最终还是要拿出自己具有独到创意的作品,单靠简单的套用或模仿甚至抄袭永远都不可能作出真正的具有价值和影响力的广告。

谈西方广告或推而广之谈西方文化对中国文化的影响,必须明确一个基本的哲学前提,即西方文化的影响并非西方文化本身。西方文化在移植的过程中受到东方本土文化的制约,也就是说西方文化传播移植到中国,事实上是一个西方文化在东方重新孕育和生长的过程,即内化的过程。这个过程充满了斗争、对话、协商乃至妥协。首先西方文化艺术进入中国,不仅改变了中国的艺术语境而且使中国的艺术家(包括广告人)获得了一种崭新的艺术观念和艺术视角;其次,西方文化艺术植根在中国自身的历史发展的逻辑中,它所面临的和要解决的又是中国所特有的问题。中国的广告人要明白发展中国的广告事业,决不是简单的"拿来主义"就能解决问题的,它需要我们把西方艺术有机地融入我们博大精湛的东方艺术之中。这方面徐悲鸿先生为我们作出了很好的榜样。徐悲鸿的绘画学习了西方写实主义的艺术手法又突破了中国传统"四王"文人画的樊篱,中西合璧,熔于一炉,大胆创新,创作出了富有时代气息和中华文化底蕴的中国画新流派。

自20世纪80年代以来,随着改革开放的深入,广告活动得到全面复苏和迅猛发展。首先是外国广告走向中国,进而也需要中国的广告走向海外,我国的广告也需要随着我国的商品和劳务的输出走向世界。当广告领域的跨文化传播以迅猛的势头出现在我们面前的时候,我们应该很深入地探讨中西方文化这种互跨和融合的过程。我们在前面所作的理性探讨,至少可以为我们广告人的认知和行为模式提供三个方面的启迪。

1. 我们要具有一种广阔的胸襟,发扬中华民族文化包容性的优点

我们中华民族的文化是开放性的,因而也是最具有包容性的。具有悠久历史和灿烂辉煌的华夏文化,乃是中国春秋战国时期以前存在的多种不同地域文化,如中原文化、齐鲁文化、秦陇文化、荆楚文化、吴越文化、巴蜀文化等的融合。就儒家文化而言,在先秦其不过是诸种文化之一,到汉武帝时虽提出"罢黜百家,独尊儒术",但这时儒家思想实际上已经吸收和融合了法家、道家、阴阳家的思想因素。这些说明中华文化是吸收与融合的产物,最能说明这个道理的例证是中华文化对印度佛教文化的吸纳。

中华文化吸收和融合印度佛教文化经历了漫长的历程。公元一世纪西汉末年佛教传入中国,先是依附于中国原有的"道术",到魏晋又依附于玄学而流传,佛教文化和中国文化"和平共处"。东晋之后,中国和印度两种文化在思想上发生了冲突,主要表现在中国文化提倡"忠孝",而佛教主张"出家",不拜君王和"无后"。由于政治和经济的原因还发生过两次"灭佛"事件。

中国文化和佛教文化的融合,还是在隋唐时代。我国隋唐时期,形成了若干中国化的佛教宗派,像天台、华严、禅宗等,这些宗派虽然仍是佛教,但却吸收了若干儒家和道家的思想。到宋朝时,理学一方面批判佛教,但更主要的是大量吸收佛教思想,从而使中国的儒学得到了重大发展。所以,我们说,中国文化受惠于印度佛教,而印度佛教则在中国文化中得以发扬光大。以上对中国文化的回顾,充分说明了中国文化博大的包容性。

当今中西方广告文化的跨文化传播,要求我们以中华民族开明的政策、开放的体系和良好的心态面对西方和西方广告文化。如今中华文化已经通过与西方文化的"对话"和"交流",焕发出一种富有生命力的时代气息和时代精神。具有时代特征的中国广告的长足进步和迅猛发展颇令世人瞩目。

2. 要遵循"扬弃"原则

中西文化的"对话",经过了分辨、选择、淘汰、消化、吸收的过程。对于具有悠久的文化传统和稳定的心理结构的民族来说,选择和淘汰的过程更为明显。对来自西方的广告文化,我们是能够排斥其色情暴力的内容和否定"人活着就是为了享受"的人生哲学的。引进学习西方文化不是要把中国文化纳入西方轨道或把西方学术范畴强加于我们,而是要找出一条创造性的学术文化的普通形式,使东西文化思想得以沟通和互补;我们引进学习西方文化也不是要使真理、正义、理性让位于语言游戏和价值虚无,而是要秉承刚健清新的中国文化精神,面对变幻不定的社会风云,来激发人们的心智和精神,用普通的文化知识和共同的理性方法,来表达现代人的胸襟和生活价值观念,来弘扬中国文化所蕴含的内在智慧和超越精神。

为此,我们在与西方文化"对话"的过程中要解决两个问题:一是如何在世界一体化的进程中保持民族精神,清醒地分析和选择西方文化中的精华部分,推动中国经济发展和社会进步;二是通过中国传统文化转型性创造和批判性价值重建,发扬民族文化中富有生命力的内核,焕发民族文化璀璨光芒,在迈向新世纪的进程中构筑崭新的洋溢着时代精神的中华民族新文化。

3. 要正确和积极地认识在跨文化传播中形成的文化增值

在跨文化传播中,由于不同文化之间的吸收和融合,一种文化原有的价值或意义将得到某种程度的增大,这就是传播学中所说的文化增值现象。在文化增值中传体和受体的性质和发展水平与增值的大小是密切相关的。一种文化在传播中增值的大小,同传体本身的价值有关。如果传递文化的是一种落后文化,那么想在文化圈中得到增值是不可能的;如果文化受体处于落后状态,僵化保守,固步自封,文化增值也将是困难的。

在广告的跨文化传播中,西方广告能够科学地细分市场,准确地把握目标市场,诉求准确,创意新颖,技术手段先进,制作精良,因此对中国广告影响很大,中国广告人从中学习到很多极有价值的东西。因为,中国是一个有着5000年历史的文明古国,有着博大而深层的文化底蕴,加之改革开放,经济腾飞,市场经济迅速发展,这些都为西方广告文化的传播创造了丰厚的土壤。所以,在改革开放短短的十几年中,中国的广告业突飞猛进,广告的创意和制作水平也有了明显的进步。

例如获得2004年靳埭强设计奖金奖的两幅作品。一幅为"苹果电脑标志篇"。创作者运用了两只灵兽舞动的姿态呈现在中国青花瓷盘之中,一个别具一格的苹果电脑标志。龙象征着巡游于天地之间,变幻于河川湖泊之中,掌控着云、雾、闪电、彩虹的超凡能力,其象征能倾听天籁之声之力量的男性。凤,趋风行云,鸣唱五彩之声,象征着涅槃再生之鸟的女性。龙与凤交织流动形成太极的漩涡。作者以东方的创造——森罗万象的龙凤瑞祥图案与推动现代高度生产力发展的电脑相结合而产生的奇思构想,创作出了具有东方韵味的苹果电脑新标志,引发了对于东西文化互动交融的耐人寻味的思考。

另一幅为"温故系列——梅兰竹菊"篇。梅兰竹菊呈现在造型独特奇异的四个容器表面,高雅、绚丽的色彩特征,简约、缜密的对比手法。平面与空间的二重构造,写意与工笔的巧妙融合,出乎寻常的视觉错位,引发联想并表达出

图3-1 苹果电脑标志篇

宁静而致远的语境。作品透着女性洒脱的姿态和逸秀的气质。

图3-2 温故系列——梅兰竹菊篇

获得铜奖的作品"如意篇"也颇有创意。源于佛教、道教中吉祥之意,国富民安,风调雨顺,随着生命力的涌动,迎接幸福的来临。以铁丝网缠绕而成的"如意",象征着今天被战争暴力笼罩的现实,给人类带来多少痛苦和不安。背后隐透着虚渺的瑞祥吉利的如意图形,似乎成了过去理想如意的影子。现实与理想、实际与影子形成对比。通过"如意"的异化,强烈地表现出对当今世界的暴力现状的批判,引发了人们深刻的反思。

图3-3 如意篇

第三节 中外文化风俗巡礼

中外优秀文化风俗是人类文化的瑰宝,是人类文明的结晶,是人类文化长廊中一道最靓丽的风景。

一、悠久淳厚的中华风俗文化

广告人采撷风俗是很有意义的。其意义在于它不仅可以扩大自己的知识领域,而且可以巧妙地利用风俗,深入世事民心,融入广大群众,使自己达到"溯游从之,宛在水中央"的境界。然而,现代中国广告却鲜有那种浸润了中国文化韵味、饱含着中国文化精神、洋溢着中华风俗民情的上乘之作。难怪一个外国人说,我到中国才发现看不起中国文化的往往是中国人自己(一部分人)。我们的年轻人更喜欢过洋节,尤其是圣诞节和情人节,而把我们老祖宗留下的节庆丢于脑后。甚至还闹出了韩国向联合国科教文组织抢注端午节的风波。我细查了近几年的中国电视广告,巧用中国民俗的优秀广告真是乏善可陈。想起来在我们这样一个具有五千年文明的大国,一个具有灿烂文化的大国,我们现代广告人竟拿不出具有自己民族特色的优秀作品,我们甚至拿不出90年代"孔府家酒"、"南方黑芝麻糊"那样水平的作品来,令人汗颜啊!

"孔府家酒"和"南方黑芝麻糊"这两则广告虽早已消失在历史的长河中,但却深深留在了人们的记忆里。"孔府家酒"广告(电视篇)的故国热土情缘让人动容:"千万里,千万里,我一定要回到我的家。我的家呀,永生永世不能忘记。"随着充满激情的歌声,展现了一幅幅热烈、欢快、温馨的画面:思家心切的游子(电影演员王姬)远渡重洋而归,投入父母的怀抱,全家欢欣,饮酒庆贺。其中"孔府家酒,叫人想家"的画外音,深深激荡着我们的热血情怀。"孔府家酒"的品牌就在浓浓的思乡意境中成为了一个感人的符号印刻在国人的心中。

"南方黑麻糊"电视广告营造了另一个具有浓浓中国传统风情的意境。这则广告采用回忆的手法,将人们带入上个世纪30年代的江南小镇:暖暖的朦胧天色中,响起民谣式的音乐和木屐声。一个挑担的中年妇女携着一个小女孩,在"黑芝麻糊"的叫卖声中出现在一条麻石小巷里。深宅大院的厚重大门缓缓推开,一个戴瓜皮帽穿长衫的小男孩从门里探出身来,深深地吸着那飘来的香味。此时,浑厚的男低音响起:"小时候,一听见黑芝麻糊的叫卖声,我就再也坐不住了!"紧接着,一个小男孩埋头吃着,舔碗咂嘴,小女孩看着,羞涩灿笑,纯朴善良的阿嫂也会心地笑了。

我们知道,"黑芝麻糊"的广告正是因为切中了中国人传统的风俗,营造了"一股浓香,一缕温情"的意境氛围,才使其显得那么自然亲切,撩拨人心。悠远绵长的黑芝麻糊的吆喝声,不仅响在广告中那个小男孩的心中,也回响在中国广告受众的心坎上。

我们描述一下中国的传统风俗,那里一定有我们广告创作可资利用的宝贵财富。中国的历史悠久,中国的民俗和民风也就丰富而深厚,如陈年佳酿,醇美甘甜。中国人极重亲情、友情,在世界各民族中,再没有一个民族比中华民族更注重团圆了。所以,说到团圆,在我们民俗文化的底蕴深处,可谓是流传深广。中国人在阴历除夕有吃"团圆饭"、合家团坐守岁的习俗。《东京梦华录》清晰地记载:"除夕士庶之家,围炉团坐,谓之守岁。"农历八月十五中秋节,是我国的"团圆节",每逢这一天,家人必须团聚,同吃象征团圆的月饼。

古往今来,中国的文人常用"花好月圆"来象征美好幸福的生活。团圆习俗的产生渊源大概和中国人古老的"天圆地方"的哲学宇宙观有关联。《大戴礼·曾子天圆》上说"天道之圆",《易经》上说过"圆而神"。因此,在中国人看来,圆就是"天道",就是"运而不穷"的神力。对圆的敬重也就是对天的崇拜。所以对圆的崇拜也就符合了中国封建统治阶级的阶级意志。于是中国钱币几乎历朝历代都铸成外圆内方的形状,北京的天坛和地坛的建筑一个是圆形的,一个是方形的。而对于一般民众来说,"圆"不啻是一种敬天吉祥、万事如意的同义语。

从文化的角度看,渴望团圆、渴望美满幸福的生活,恰恰是中国民俗文化中极富特色和人情魅力的精粹所在,是中华民族凝聚力所在。团圆习俗不仅在本土的中国人心目中生了根,而且也在海外华人的思想中深深扎下了根。一个海外华人曾写下这样一首怀有浓浓桑梓之情的怀乡诗:"春去也,杜鹃一声声,野店荒鸡恍隔世,青衫红袖了无痕,落叶不归根。"

◆ 中国人的节庆习俗在中国的民俗文化中占有最突出的位置。农历正月初一,是中国人民的传统佳节——春节。老百姓称之为过年,这是中华祖先至今有数千年之久的习俗,中国没有哪一个民间节日比春节更热闹的了。每年的腊月二十四日送灶之后,家家户户里里外外就为过年忙碌起来。家长要为每个孩子缝制过年的新衣裳。最忙的还是准备年过伙(食物),开油锅炸油香(麻花、油饼一类食物)、炸丸子(江南一带称"狮子头"),还要上蒸屉,还要蒸年糕,蒸馍馍……在南方,和糯米粉搓"圆子"也是必不可少的。年前家家还要在门上张贴辞旧迎新的春联。大年三十吃年夜饭,这顿"团圆饭"后,年幼的晚辈后生要给长辈拜年,长辈给晚辈"压岁钱"。除夕之夜燃放鞭炮,以驱鬼邪,把节日气氛烘托到极致。从大年初一到正月十五节日的高潮一个接一个,从初二开始走亲戚串门拜年,逛庙会,直到是正月十五的元宵灯会,这个年才算过完。

总之,春节民俗最典型最集中地体现了中华民俗文化的特点。在我国的节庆习俗中,值得细考的是农历正月十五的元宵节,元宵节使春节的喜庆气氛达到最高潮。这天,城乡各地悬灯结彩,家家吃元宵和汤圆,燃放焰火。晚上,元宵灯会使人们仿佛置身在灯的海洋,树上有飞灯、挂灯,地上有木刻工艺灯、立体造型灯,湖中有荷花灯、宝塔灯,水下有生肖灯、蟹灯,加之近年来激光等声光高科技手段的运用,更使灯会流光溢彩、璀璨夺目。

历史资料表明,元宵节经历了漫长的演变过程。在中国古代把正月十五称谓"上元",所以元宵节是由"上元"节演变而来的。元宵节逛灯会和古人对火的崇拜有关。《后汉书》有宫廷隆重举行祭祀火神典礼的记载。"先腊一日大傩,谓之驱疫"。古人用火来驱疫打鬼。在乡间野地,乡民还持火把在田野里驱赶野兽。从汉代的持炬驱疫到唐宋时代热闹非凡的灯节,这中间经历了一个"火把节"的阶段。"火把节"的节俗,直到今天还在祖国西南地区的彝、白、纳西、拉祜、哈尼和基诺等少数民族中流传着。

汉代的"傩"和"火把节"以及后世的灯节可谓一脉相承。元宵节的演变,反映了我国人民的高度智慧和艺术天才,人们在节俗中创造了艺术,创造了美。中国的节俗除了春节、元宵节之外还有端午节、重阳节等等,这些节俗早已深入民心。

在我国的岁时风俗中,著名的有"赏花节"。相传农历二月十五日为"花朝节",俗称"百花生日"。据《朝熙乐事》记载:"二月十五日为花朝节,盖花朝月夕,世俗恒言,二、八两月为春秋之中,故以二月半为花朝,八月中旬为月夕也。"古时候的花朝节,曾与中秋节一样,同为我国的传统节日。唐代武则天嗜花成癖,每到二月十五这一天,令宫女采集百花,和米一起捣碎,蒸成花糕,赏赐群臣。在我国江南一带,盛行一种叫做"赏红"的活动。花朝节早上,家家户户都要剪些红绸布的条缕,挂在自家花树上,为花祝寿。在北方,虽然百花还未开放,但人们也剪些彩纸条系在花树上,预祝花果繁盛,人寿年丰。花朝节自然是对花神的祭祀,但也是人们对光明和美好生活的追求和向往。花朝节中最高雅的习俗是观花、赏景和饮酒。

花朝节一早,有雅兴的人们就把正开放的水仙、迎春、茉莉、金橘等摆在门前、窗台、街头,一边观赏一边吟酒,可谓悠闲自得。在清代还举办花市,出售花木鱼鸟,到花市来的各阶层人士都有,可谓人潮如涌。有一首《沪城岁事衢歌》对花朝节景况描写得十分逼真,歌云:"春到花朝碧染丛,枝梢剪彩裛东风,蒸霞五色飞晴坞,画阁开尊助赏红。"

晚清以来,南国花朝之盛,真是群芳荟萃,馨香远播。花朝节在今日已不如前了。但是,当今各地花会却盛况空前,它实际是中国人民赏花习俗的一种继承和发展。无论是首都北京的中国花卉博览会,还是成都蓉城花会;无论是古都洛阳的牡丹花会,还是羊城的花市……我们驻足赏花,追忆历史,情景交融,物我一体,我们不禁赞叹梅花的坚贞、牡丹的富丽、菊花的风雅、莲花的高洁……我们的心灵得到陶冶和升华。

◆ 龙凤呈祥的民俗是中国习俗文化中最深入人心和最广泛传播的一种风俗。龙凤呈祥是所有炎黄子孙心目中大吉大利、万事如意的同义语。著名学者和诗人闻一多在《伏羲考》一文中指出:"就最早的意义说,龙和凤代表着我们古老民族中最基本的两个单元——夏民族与殷民族。"

几千年前我们的祖先就把龙和凤作为图腾崇拜。龙和凤并不是真实的存在,而是我们祖先想象的产物。在我国的古代典籍中把龙描绘成威风凛凛,回环逶迤,神奇无比,既能上天也能入水,超越时空,威震寰宇;把凤认定为"百鸟之王"。《诗经》曰:"凤皇(凰)于飞,刿刿其羽。"《楚辞》中对凤的描写更是异常神奇。"凤凰上击九千里,绝云霓负苍天乎窈冥之中",其神力之大,令人惊叹不已。在长沙马王堆楚墓中就发现了凤凰图案,龙的力和凤的美构成了中华民族独特的审美心理结构,它成为民众心目中吉祥如意、幸福美好的象征。每逢春节和重大庆典,民间举行舞龙、舞狮、舞凤的活动,这些喜庆活动热闹非凡,场面宏大,传统的表演节目有金龙戏珠、金凤盘柱、夜光龙舞等等。

在国内各种龙凤舞的活动中,以洛阳"神龙舞"最为有名。洛阳东关的加马营,是宋太祖赵匡胤兄弟的出生地。相传赵匡胤出生时,整夜红光映天,因而人们将加马营取名为"火街"。赵匡胤及其弟赵匡义相继登上"龙位"后,人们把火街改成"双龙巷"。从此火街的灯笼也由单龙变成双龙,一条是扫帚尾的青龙,一条是卷尾的红龙。舞龙灯时,锣鼓震天,鞭炮齐鸣。龙灯队伍以火弹子开路,龙灯前有一名武士,手持巨型彩珠,逗引龙灯做"爬龙山"、"过龙桥"、"穿龙门"、"双龙戏珠"等各种精彩表演。龙灯一般有九节,或十三节,节数不等,每节都有烛光。龙灯的鳞片为纸制,舞动时随风飘动,龙嘴不断喷出火焰,场面十分壮观。当你沉浸在这浓郁而热烈的氛围中时,当你感受着龙飞凤舞这力与美的旋律时,你一定不再认为龙凤是我们祖先的一种虚构,而确信它们是一种实实在在的现实。龙就是中国、中国人;中国、中国人就是龙。

◆ 中国的民俗中,"讨口彩"是很值得一提的习俗。每逢春节,无论南方北方家家都要蒸年糕,吃年糕,这除了图个新鲜享个口福之外,主要是讨个"年年高"的吉利。过年时每家都免不了买条鱼,主要是表达一个"年年有余"的心愿。我国江浙一带孩子考上大学,邻里乡亲总忘不了送"云片糕"做礼品,也是表达一个"平步青云,步步登高"的祝愿。

这种风俗,在我国民间称之为"讨口彩"。这种习俗不仅在我国,就是在受中国文化影响的日本和东南亚等地区也很盛行。我国"讨口彩"的习俗有悠久的历史和丰富的内涵。"讨口彩"的习俗反映了人们对美好生活的向往和追求,讨个口彩、图个吉利使人们心里得到慰籍和平衡。所以"讨口彩"之风在中国一直绵延至今。

我们不妨以鲤鱼的习俗为例谈谈。我国民间习俗常把鲤鱼视为"财神"。在我国的很多农村有这样一种风俗,就是新春来临之际,小贩在黎明时分挑着担子,盆里盛着小鲤鱼,一边走一边敲着小锣鼓,嘴里喊着"财神爷来了!财神爷来了!……"于是家家户户赶紧把门打开表示欢迎,送给小贩一个红"封包",小贩就还送给一尾活鲤鱼。

中国人最熟悉的要数《年年有余》的年画了。清代末年天津杨柳青的木刻《钱龙引进》的年画最负盛名,流传至今。画面是一位天真活泼的胖娃娃抱着一条大鲤鱼坐江水的波涛之上,象征孩子的健康成长和财源广进,象征着五谷丰登、年年有余。即使在今天,这吉祥的年画也备受大众的喜爱。鲤鱼不仅是一种吉祥的象征,在中国的历史上也是一种养殖的鱼种。只是到唐朝鲤鱼被崇为神物,不能卖和吃,老百姓才兴起养殖青、草、鲢、鳙四大"家鱼"。因为唐代是李家的天下,鲤字同李谐音,鱼姓了皇帝的姓,从而身价百倍。皇室中以鲤为佩,兵符也改为鲤符。民间百姓以鲤为讳,改称鲤鱼为"赤鲜公"。

关于鲤鱼的习俗不仅在中国大地广为传播,而且也跨出国界传到海外。日本每逢重五,女孩子用贮绸扎人形,男孩子则扎彩色巨鲤,悬于高杆,鲤鱼昂首欲上天空,以示志在成龙。在日本,几乎每个家庭都养"锦鲤",因为"锦鲤"寿命长,被视为"神鱼",是吉祥、长寿的象征。在香港,不管是公司、酒楼开张,还是乔迁之喜,都常请风水先生用"罗盘"测方位,恭恭敬敬地摆上一缸锦鲤,在锦鲤中必须有一至数尾全身乌黑、肚皮金黄被称为"铁包金"的。锦鲤有"进利之意","铁包金"自然是肚里有黄金,意味着发财。

在中国的神话传说中,也有很多是关于鲤鱼的,最著名的要数"追鱼"的故事了,剧中那个善良美丽对爱情忠贞不渝的女子就是鲤鱼变的。

"福"字倒贴是中国人特有的一种风俗。在菱形的红纸上大大地写上一个"福"字,然后倒贴在窗棂、门楣或墙壁上,是每个中国人都知道的一种风俗,"福"字倒贴取其音,意为福到了。

《韩非子·解老》说:"全寿富贵谓之福"。《尚书·洪范》把寿、富、康宁、好德、善终称之为"五福"。在我国的民俗文化中,人们把"福"作为幸福生活的一种最高境界。比如把生活美满、万事如意之人称之为"福人",古时把美酒称之为"福水",把天国神仙居住之所称为"福地",祝旅人一路平安称为"一路福星"、"福星高照";给别人送对联常送"福如东海长流水,寿比南山松不老";女子行礼,称道的是"万福";佛寺的僧人箱囊上写的是"广种福田";至于用"福"字作人名、地名、商标名的更不计其数。可以说"福"字已经渗透到我国民俗文化的方方面面,在我国人民的心中留下了不可磨灭的印记。今天,我国人民把"福"理解为社会主义祖国的欣欣向荣、蒸蒸日上,各族人民的团结兴旺,现代化建设和改革开放的发展和顺达,还理解为个人事业的发达和家庭的幸福。"福"在今天被人们赋予了更多更深刻的内涵。

◆ 中国民俗中的饮茶和食粥也是历史非常久远。饮茶不仅是有闲阶层和文人墨客的一种享受,也是平常百姓的一种饮料和彼此沟通的一种媒介。饮茶可在家中,也可上专门的茶馆,旧时也称茶肆、茶楼或茶店。"孵茶馆店"是过去上海人很盛行的风俗。茶客们走进茶馆店,要一壶香茗,孵上半天,再吃上一碗肉嫩汤鲜的肉丝面,令人乐而忘返。

要说茶馆最属江南茶馆别具一格。茶馆的建筑古朴典雅、小巧玲珑,一般坐落在小镇的桥堍上,多半是临水依岸的水榭式楼房。靠水一边,往往有一座七八级台阶的河埠,楼下是木地板,楼上装有雕花的格子窗,坐在茶楼,凭栏品茗,眺望小镇的风光,令人心旷神怡。春日,绵绵细雨纷落,窗前如挂了一层透明的丝帘,随风舒卷;夏天,河上吹来的凉风,把满楼的暑气驱散。多数茶馆建于前朝,店名大都沿用"凤春"、"昌源"、"同福"之类的旧字号。

晚清以来,上海茶业十分发达,其中以"也是轩茶楼"(后改为"湖心亭")最负盛名。古往今来,我国的名人雅士多好饮茶。杜甫曾写有"落日平台上,春风品茗时"的诗句。大书法家曾为茶馆写下过"冷花邀坐客,代饮引清言"的对联。宋代诗人陆游也留下了"唾壶鹿尾已从省,茶灶笔床犹自随"、"茂草满庭喧鼓吹,嫩汤出鼎试枪旗"的佳句。茶馆多设在交通便利之处,因此也便成了民间知识、商业信息的交流地。三江八汇的人来到茶馆,打开话匣,古今中外、天南地北、轶闻趣事、民情民风、世事政治、喜怒哀乐尽在品茗时得到交流。

旧时茶馆还有解决民事纠纷的任务。小的纠纷双方不上官府,却来到茶馆喝茶,请人评理,评判的人往往是有威望的长者或乡绅名流。经过一番舌战和评判,理屈的一方认输并付茶钱。老舍先生的著名作品《茶馆》就非常形象地抓住了集三教九流的茶馆这样一个典型的场景,深刻地浓缩和揭示了一部中国近代史。茶馆也是民间说书的场所。每到晚上,一些艺人来到茶馆说书或演唱,因此茶馆也是老百姓娱乐的场所。

茶馆的布置也很讲究,从而形成了一种独特的文化氛围。在茶馆里一般都挂有书画作品和名人题词。有的茶楼窗台上挂满各式各样的鸟笼,太阳初升,百鸟鸣和,别有一番情趣。茶馆里的茶具从紫铜茶壶、瓷茶碗,到名贵的紫砂茶壶和茶具,都是不错的工艺品,集书法、篆刻、绘画于一身,给人一种美好的艺术享受。千百年来,茶馆既是民间知识交流的载体,又是各种民事活动的场所。随着中国改革开放的不断深入,"茶馆文化"理应,也必将在中国大地上得到弘扬。

食粥也是中国文化的一种民俗。在我国南方的村镇,每到下午时分都会有人推着单车,担着担子,敲着清脆的梆子,走街串巷,吆喝着卖糖粥。每每听到这声音,小孩们便会飞也似地奔出家门,拥到粥担前,让家长花上些零钱买糖粥,用舌尖舔一舔,带糖汁的粥沾满嘴,甜丝丝的,呼噜噜吃上几大口,蜜桃一样甜。中国人食粥的习俗,最突出地表现为吃"腊八粥"。此粥在腊月(农历)十二月初八,按着传统习俗,选上好的枣、赤豆、花生、蚕豆、桃仁等八样与大米或江米一起熬上一锅粥,全家围在一起吃。窗外是飞雪搅天的风寒,屋内热气腾腾,真是其乐融融。关于食粥,在中国历史上流传着很多动人的故事。

《后汉书·冯异传》上记载了一个叫冯异的人,用豆粥救济了汉光武帝刘秀,为光武(刘秀)中兴大业作出了贡献。《后汉书·冯异传》说:"光武自蓟东南驰,晨夜草舍,至饶阳无蒌亭。时天寒烈,众皆饥疲,(冯)异上豆粥。明旦,光武谓将曰:'昨得公孙豆粥,饥寒俱解。'后以征西大将军朝京师,赐以珍宝、衣服、钱帛。"自此之后,无蒌亭豆粥也便有了名气。另传说北齐高帝萧成的母亲生下他后,没有奶水,后来做梦,梦见神仙给她吃芝麻粥,醒来后,奶水便十分丰足。《清异录》上说,曹操非常喜欢喝粥,他喜欢喝黄、白、黑三种粥,黄的是小米粥,白的是羊奶粥,黑的是豆沙粥。

粥,在古代写作"鬻",像米在鬲中相属之形,称作粥。因为粥的做法是煮米使其糜烂,故古时也称"糜",又以稀粥为"酏",稠粥为"zhan"。古人酷爱食粥,这与喝粥容易消化、和胃健脾,有保健养生的功效有关。宋代学者张耒在其《粥记》一文中写道:"每晨起,食粥一大碗,空腹虚胃,谷气便作,所补不细。又极柔腻,与肠胃相得,最为饮食之妙诀。齐和尚说中山僧,每将旦一粥,甚系利害,如不食,则终日觉脏腹燥涸。盖粥能畅胃气,生津液尔。大抵养生求安乐,亦深远难知之事,不过寝食之间耳。故作此劝人每日食粥,勿大笑也。"我国南宋著名诗人陆游,也写下了一首脍炙人口的《食粥》诗:"世人个个学长年,不悟长年在目前。我得宛丘平易法,只将食粥致神仙。"

◆ 香包是中国人独具魅力的乡情民俗。按古都西安人的习俗,每年端午节前后,人们都爱佩带香包,尤以妇女儿童佩带的人最多。香包的外形是变了形的金鱼、兔子、老虎、小猫、桃子、金瓜、葫芦等等,是用彩缎、色布缝制的小布袋。香包的外表绣着美丽的图案,采用了抽象和夸张的手法,质朴而又别致,庄重而又富丽,形神兼备,散发着浓郁的乡土气息。香包两端的包角还有粗粗的彩线便于佩带香包。相传佩带香包的习俗是对屈原的凭吊和追念。佩带香包的习俗不仅在西安有,在中国各地都有,只是制作的样式稍有差异。

追溯香包的起源,要到先秦时代。香包的前身就是先秦妇女佩带的"香缨",《尔雅·释器》上说:"妇人之袆,谓之缡。"这里所说的"缡"又称"香缨,"它实际上是用五彩丝线绣的饰物,用做已婚妇女的标志。按古代礼节,新娘见舅姑,都要佩带此种饰物。南北朝时出现了"香袋",又称"香囊",把香袋和香料结合起来,那时候它不是妇女的专用品,普通男女,乃至朝庭的命官也要佩带香袋。到唐代,妇女的饰物中出现了装有香料的"香球"。到了宋代,香袋习俗广传民间。著名诗人陆游在《老学庵笔记》中描写了这一情景:"京师承平日,宗室戚里岁时入禁中,妇女上犊车,皆用二小环持香球在旁,在袖中又自持两小香球。车驰过,香烟如云,数里不绝,尘皆香。"做香袋用的香料是雄黄、艾叶末、冰片、藿香、苍术等。到了清代,大人在孩子胸前挂个香袋,以示驱邪避疫。香包的习俗随着历史的演进而变化着。从最初的装饰功能,继而成为官宦的必备品,然后成为人们祭礼先贤和追求美好生活愿望的信物,尔后成为人们驱病祛邪的物品。香包的样式和功能在不断变化着,但没有变的是技术精湛的香包上所凝聚的浓浓的乡情、亲情和热爱生活、崇尚美好的那份心境。

二、新奇芳香的世界风俗

在人类居住的地球上,居住着众多的民族,因为他们休养生息的自然环境不同,生活方式有别、宗教信仰各异,因而各民族的传统礼仪、道德规范、婚丧喜庆、饮食起居、处世待人、服饰打扮、情趣嗜好就有各自不同的特点,形成了千姿百态、风格迥异的民风、民情。林林总总的异国风情构成了一幅璀璨的画卷。广告人只有了解了这些闪烁着独特智慧和审美个性的风俗,才能给自己的作品注入更多的文化,也才能使自己的作品迈出国门走向世界。

由于各国民俗不同,风情各异,在跨文化的广告传播活动中,就不能无视各民族的文化差异,用一个标准、一个尺度来要求。比如把国旗图案印在服装上在东西方的标准上是大不相同的。美国国旗一向以来是时尚及促销的符号和手段。在希尔费格的香水、时装广告中经常用到美国的国旗,显示所谓的民主自由、青春霸气。"911"事件以后,个性张扬的麦当娜就把国旗围在腰上当裙子,作为她反恐怖主义的宣言。然而在中国,这就是禁忌,是敏感问题,不会被大众所接受。

随着全球经济一体化进程的加快,中国的广告也要伴随着中国企业走向世界。我们创作的国际广告,要坚持国际化思考和本土化操作相结合的策略。这就要求我们深入了解其他国家的风土人情,深谙他们的文化习俗。

令人眼花缭乱的节日风俗,最为隆重、影响最广的要数圣诞节,它在西方人的心目中就像中国人心目中的春节。公历12月25日是圣诞节,圣诞节包含着深刻而久远的宗教意义。圣诞节之夜,在城市灯火辉煌的大厅里,在乡村的农舍里,在深山旷野和滑雪者休憩的小木屋里,天使发送礼品,圣诞树闪闪发光,树上挂着糖果、饼干、金色胡桃、苹果、小玩偶、金铃……亲友们欢聚一堂共度节日。夜里12时,当教堂响起宏亮而悠扬的钟声,围着圣诞树的人们便全体起立,忙着点燃一根根蜡烛,在荧荧的烛光中,人们诵读圣经,交换礼物,互相祝福。"平原寂寂、雪花纷纷……"的圣歌起源于奥地利萨尔茨堡省的奥本道夫。在钟声和圣歌声中,信徒们都要上教堂做弥撒、做礼拜,甚至在最偏僻的山村,人们也要跋涉远行,以便上教堂顶礼。每座教堂的神坛上,都放着散发着松香味的圣诞树,以及传统的马槽模型,表现耶稣基督降生于犹太伯利恒的故事。圣诞树上面有一颗星,指示"东方三圣"赴伯利恒朝拜圣婴的道路。半夜,有报佳音的圣歌队到每家门前通报基督降生的喜讯。"三圣"是由儿童装扮成的,他们的额头写上 R+M+B 的字样,三个字母即"三圣"卡斯帕、梅尔修和巴达萨名字的缩写。它带有符咒性质,据说可保护各家免遭灾祸。当"三圣"唱着圣歌到各家报佳音时,人们就要把糕饼、胡桃、糖果等分赠给他们。

◆ 巴西的狂欢节。每年2月中、下旬,巴西里约热内卢都要举行持续三天的欢庆活动,这是巴西传统节日——狂欢节。在节日里,大街小巷都要装饰一新,马路两旁搭起牌楼和临时看台。狂欢节里,整个城市都沸腾了,不论白天黑夜,不分男女老少,都拥上街头跳起欢快、奔放而热烈的舞蹈,所有的人都沉浸在如醉如痴的节日气氛中。狂欢节是舞蹈家、歌唱家、杂耍艺人大显身手的时刻。舞蹈家通过优美的舞姿表演神话故事、民间传说……巴西黑人扮演的风神、雨神、雷神、电神、海神和爱神更是充满了神奇的色彩。音乐家每年都要为狂欢节创作新的舞曲、进行曲和抒情歌曲。在大街小巷,游行队伍一队接着一队,在每一组舞蹈和表演的队伍里都有一位选出的"国王"和"王后",他们的表演精彩绝伦、妙趣横生,不断地把狂欢节从一个高潮推向另一个高潮。

◆ 流行于欧美的情人节。每年的早春2月,春回大地,鸟语花香,欧美各地的男女老少都要迎接情人节的到来。情人节起源于古罗马。据传说,古罗马在每年2月15日是谒拜掌管自然及女子婚姻的神的日子。在这一天,青年男女要举行特别的庆祝会,在庆祝会上,未婚男子可以从一个装有许多女子名片的盒子中抽出一张,并以这张名片的女子为当时的伴侣,他们要互相交换礼物。如果男子喜欢这个女子,就会将那女子的名片贴在袖子上好几天,告诉对方她是自己的心上人,这样他们往往能成为终生伴侣。以后,教会把情人节定在2月10日举行,即圣瓦伦丁日,以纪念早期教会的两名主教。

情人节的普遍流行是在美国内战期间,一位杂志编辑写道:"除了圣诞节,没有什么像情人节那样更能引起全球人的兴趣了。"此后,便逐渐传开,并开始有了手印的情人帖,开始有了送情人礼物的仪式。情人节盛行红心标志作为礼物的装饰。青年男子送礼物给情人,丈夫送礼物给妻子。女子收到的礼物通常是鲜花、糖果、手帕、手套等等。

在美国和加拿大,大多数人都互寄贺帖,他们不但寄给情人,也寄给父母和师长等人。孩子们也喜欢参与情人节的活动,与小同学们交换画片。年龄较大的学生喜欢举行舞会,他们也相互赠送礼物。美国人举行庆祝活动的方式与其他国家有些不同,他们喜欢唱特别的情人节歌(并不是情歌),有的地方还特制甜面包庆祝情人节,也有些男子在情人节这一天将一篮子礼物放在自己所爱的女子家门口,揿了门铃后又立即避开。

在意大利,情人节这天日出之前,未婚女子静静地站在窗前,等候第一个来到她窗下的男子,把这个男子作为自己命中注定的情郎。丹麦人的庆祝活动则颇为风趣。男子会写开玩笑的信给女子,用密码署自己的姓名,如果女子猜中并告诉了他,那么这一年的复活节,他要给对方送上一份礼物。事实上,欧美的情人节已经超出了它原来的意义,它被用作人们表达内心的爱的一种机会,它使人们感受到亲情和爱情的温馨。

◆ 瑞典的仲夏节和"露西亚"节。瑞典每年 6 月 20 日至 26 日之间的星期六,都要欢庆仲夏节。仲夏节是瑞典人民古老的传统节日,它原是一种宗教性的节日,是纪念《圣经》里的人物——施洗者约翰的生日,现在已是瑞典最大的民间节日之一。瑞典靠近北极,仲夏节前后是一年里阳光最充足的时候,白天最长,最北部 24 小时都有太阳,中部和南部地区也要到晚上 10 点多钟才算是黄昏。瑞典人民热爱充满诗意的仲夏节。在农村,人们在空地中竖立一根十字形的彩柱,上面两个大花环,在身着民族服装乐师的手风琴和小提琴演奏的民间舞曲的伴奏下,全村的男女老少围绕着彩柱,跳起民间舞蹈。仲夏节也是年轻人寻找伴侣的好机会,按照传统,未婚少女要在仲夏节前夕到田野或森林里采摘七种不同的花,睡觉时把它们放在自己的枕头底下。据说,这样姑娘就会梦见自己理想的情人。

除了仲夏节,瑞典人民还以极大的兴趣过一个被称之为"露西亚节"的传统节日。这个节日是 12 月 13 日,节日之夜,企业、学校、社会、团体或家庭都要选出最美丽的姑娘或家庭中年幼的女儿,把她打扮成一位"露西亚女神"。"女神"头戴花冠,上面装饰着六支蜡烛式的小电灯,光亮晶莹,身穿白色长衣,在摆满节日食品的大厅里或室内接受人们的颂扬。大家围着"露西亚女神"唱颂歌,"女神"则向人们敬献咖啡或美酒,众人们纵情唱歌和跳舞,直至深夜。

翌日,"露西亚女神"很早起床,去给亲朋和同学敬送咖啡。节日那天,瑞典首都的报社还会组织大型的庆祝活动,把本国和外国"露西亚节"中选出的最美的"露西亚女神"打扮得分外漂亮,让她乘上装饰一新的敞篷车,由乐队引导,在大街上游行。街道两旁挤满了争睹"女神"风采的人群,他们向"露西亚女神"招手致意,然后人们集中到市政厅唱歌跳舞,通宵达旦。

瑞典的"露西亚节"源自一个美丽的传说。很久以前,一位美丽的女神降临人间,她头戴花冠,身穿白衣。女神不仅姿容艳美,而且心地善良,喜欢光明,厌恶黑暗。自她降临的那一天起,因而白天渐渐变长,黑夜渐渐变短。为了纪念女神,人们把女神降临的12月13日这一天定名为"露西亚节"。这个传统节日反映了瑞典人民向往光明美好生活的强烈愿望。现在,"露西亚女神"在瑞典已经成了美女的代名词了。

◆ 瑞典的葡萄丰收节。瑞典是一个盛产葡萄的国家,据说,葡萄节始于12世纪。葡萄节活动是在每年8月葡萄成熟的时候举行。但是,节日的筹备活动要在早春时节开始,为千余名业余舞蹈家、歌手、乐师缝制民族服装,排练古老的歌剧和哑剧,美化街道,修建装饰规模较大的露天剧场。当8月到来的时候,穿着鲜红的中世纪坎肩的官员和鼓手宣告节日活动开始,葡萄种植和酿酒之神巴考士端坐在六匹大黑马拉的金色大型马车上,走在游行队伍的前面。脖颈上套着花环的老牛车,拉着丰收女神赛丽斯紧跟在马车的后面。接着便是一眼望不到头的浩浩荡荡的游行队伍。巴考士和赛丽斯在露天剧场向优秀的葡萄种植者赠送镀金的桂冠,此时节日的庆祝活动达到高潮,随后在开阔的露天舞台上举行时长达三个多小时的音乐会。葡萄丰收节的庆典活动要延续两个星期。

◆ 德国的啤酒节。世界上喝啤酒最多的是欧洲人,而欧洲人中又首推德国人。德国慕尼黑啤酒节闻名遐迩,距今已有160年历史了。啤酒节通常在9月中旬举行,其中一项仪式是慕尼黑市市长在12响礼炮声中打开第一桶啤酒,象征啤酒节的开始。街头张灯结彩,慕尼黑的大酒厂组成游行队伍,在街上载歌载舞。街头举行戏剧演出、民歌和音乐会来助兴。很多人穿上麂皮短裤并配上背心的传统民族服装拥上街头,手里举着酒杯,逢人便喊"干杯"。慕尼黑的啤酒节,既是狂欢节,又是一个传统文化艺术活动节。

日本、朝鲜、韩国及南亚国家也有许多传统节日。这些国家和地区由于历史文化和地理的原因,与中国的传统节日有很多是一样的,有些传统风俗也是相似的。譬如朝鲜和韩国,过端午节、中秋节和七月七日牛郎织女七夕节,大年除夕也有守岁的习俗。日本及南亚一些国家也都有和中国十分相近的习俗。但是各国习俗中也有很多是独具特色的,反映了特有的民情和民风。

◆ 日本最富民族色彩的樱花节。每年4月,樱花盛开时节,日本人就邀请亲朋好友来到樱花树下,饮酒赏花,唱歌跳舞。

◆ 缅甸的泼水节。每年公历4月中旬,缅甸都要举行泼水仪式。届时,无论城乡,人人都穿上节日盛装,尽情地泼水嬉戏。街头搭着彩棚,露天舞台上演出优美舞蹈,街上青年们乘坐着装饰成孔雀、天鹅或宫殿的花车载歌载舞,在热闹的街道路口设立泼水站,少女们穿着鲜艳的服装,手拎水桶或其他盛水器具向行人泼水。按当地风俗,泼水,表示洗旧迎新之意。讲究的人,用樱花枝蘸取银钵中浸有玫瑰花瓣的清水,轻轻地往别人身上抖洒。一般人喜欢整桶整盆地泼,甚至用水龙头喷洒。小孩常用水枪喷射。泼在身上的水越多,被泼的人就越高兴。水象征着幸福,泼水就是吉祥和祝福。

关于泼水节有很多美丽动听的传说。有一个传说,在很久以前,有一位美丽的公主被魔王劫去,勇敢的公主机智地杀死魔王,逃回家乡。但她身上沾了血污,人们向她泼水是为她净身,并为她祝福。后来,泼水就沿习下来,形成了泼水节。

◆ 泰国的求雨节。佛历新年是公历的4月13日,从4月13日到16日为泰国的求雨节。泰国每年3月至5月,气候炎热干燥,在此干旱期间举行求雨活动,正是为了祈求上天、佛祖恩赐甘露普降人间,让大地万物获得滋润,以求当年获得好收成。每年4月上旬,全国的城镇乡村就开始大扫除,以清净整洁的居处、洁净虔诚的身心,迎接求雨节的到来,同时家家户户准备点心果品,以作敬佛斋僧、祭祀祖先、馈赠亲友之用。节日第一天为"浴佛"盛典。一清早,穿戴整齐的信男信女,提着食品,捧着鲜花,托着香烛,成群结队、熙熙攘攘地前往寺庙,听经说唱,祈祷祝福。僧侣用桃枝把浸着花瓣的香水洒在人们的头上,为大众祈福,然后把佛像从莲花宝座上搬到院子里,用香水淋洒佛像。

节日的高潮是大规模的庆祝游行。一群身穿蓝色粗布衫的乐师为队伍前导。游行队伍中有很多美丽的少女,她们是"选美会"的角逐者。获选的"求雨皇后"坐在一辆绘有云彩和珍禽异兽的花车上被前簇后拥着。随后是一辆战车,上载一尊大佛像,后面是一群表演"功夫"的泰国拳师。在"功夫"队的后面,是一大群天真活泼的女孩子,在美妙音乐的伴奏下,跳着富有民族风情的"指甲舞"。伫立在街道两旁的人们,用一勺勺清水向游行队伍泼洒。住在楼上的人们用桶或其他器皿向人们洒清水,被浇着的人毫无怨言,还会满面笑容向对方致谢。整个节日都极为隆重和热烈,它体现了泰国人民对风调雨顺、吉祥安康的美好生活的追求。

除此之外,泰国还是一个古老的佛教国家。众所周知,佛门有"八宝",即法螺、宝伞、法轮、白盖、莲花、宝瓶、金鱼和盘长等八件宝物,又称"八吉祥"(见图3-4至图3-8)。其中盘长,俗称"八吉",象征连绵长久不断,有事事顺路路通之意,故被古代劳动人民用作长寿永久、无穷无尽的吉祥图符;八仙是道教中八位神仙的总称,也指八仙手中各人所持的八种物品,即扇子、宝剑、渔鼓、玉版、葫芦、洞箫、花篮、荷花等。

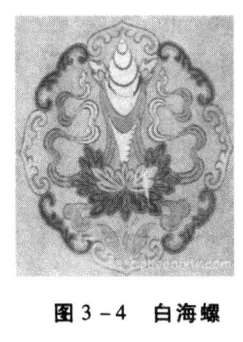 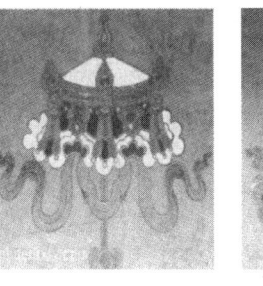  

图3-4 白海螺　　图3-5 宝伞　　图3-6 金轮　　图3-7 白盖

 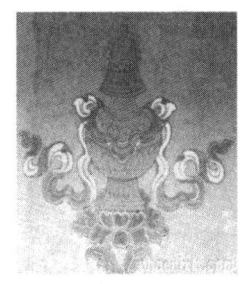  

图3-8 莲花　　图3-9 宝瓶　　图3-10 金鱼　　图3-11 盘长

上面的佛门"八宝"使人联想到"曼荼罗"。它源自梵语,意为圆周。是绘于旗帜或藏传佛教唐卡以及密宗教徒冥想器皿上的一个复杂图案,它在印度、中国、印度尼西亚和日本都曾出现,起源于中国西藏喇嘛教。它的主体是一个圆形,内有一正方形,正方形四边的正中各有一个开向四个方向的门,佛塔的地基可能是采用了相同的几何图形。"曼荼罗"的中心通常绘有圣像,如佛陀或菩萨。典型的布局为:佛陀周围可能有四个被笼罩在各自圆周内的禅定像。位于中心的人物也许是一个具有超凡威力、拥抱宇宙的守护神。该形象很可能源于早期印度教的祈祷习惯,其特征形式被视为冥想行为中宇宙结构的视觉比喻。因此,该形象神奇地成为崇拜者寻求启蒙时的真正居住地。现存有公元6世纪至12世纪大量制作的"曼荼罗"记录。这个艺术传统延续至今日。日语中"曼荼罗"这个词代表较小的佛陀形象。

◆ 印度沐浴恒河风俗。印度人民对恒河有着无比浓厚的感情,他们把恒河叫作"母亲河"。恒河的水在印度人民的心目中被视为圣水,它可以洗掉人身上的罪恶。因此,沐浴恒河成了印度的重要风俗。在恒河右岸,有个古老的宗教城市哈德瓦。每隔12年,哈德瓦就有一次盛大的宗教节日。这一天,从全国各地来的数百万印度教徒在恒河沐浴。河岸边布满了摆着鲜花的小摊和换衣服的凉棚,老人、孩子、额上点着红色吉祥痣的妇女和披着长发、穿着黄色袈裟的苦行僧都要到恒河沐浴。沐浴后,他们都要到河边的一座大庙里去祈祷,然后把鲜花和牛奶洒在河中,并向河中投面粉作鱼饵,吸引成群结队的鱼来啄食。黄昏,妇女们在一片片宽大的树叶上撒上花瓣,把燃着的小灯放在树叶上,灯光一闪一灭,犹似一叶扁舟在河中荡漾。

世界各国的风俗可谓多姿多彩,各民族有不同的生活方式,有的终年迁徙过着流浪生涯,如吉普赛民族;有的长守故土,叶落归根,有着浓厚的乡情。世界上各民族有不同的信仰,有的民族敬牛如神,有的民族以蛇为尊。世界上各民族也有不同的生活嗜好,有的民族喜欢饮茶,而有的民族更爱饮酒和喝咖啡,还有的民族喜欢喝驼奶和牛血。因为地域的不同、宗教信仰的不同,各民族形成了不同的礼仪风俗。以葬礼而论,世界各民族有火葬、水葬、洞葬、土葬、天葬。世界各民族还有千奇百怪的竞技方式,如坦桑尼亚的耍蛇、泰国的戏象、希腊的斗鸡、西班牙的斗牛、比利时的赛鸽以及阿拉伯国家的赛驼等。世界上不同的民族,有着独特的审美观,汤加人以胖为美,非洲人以纹身为英俊,缅甸少数民族则以长脖为俊……

广告人要了解一个国家,就要研究这个国家的风俗,了解他们的信仰、传统、服饰、习惯等等,这样才能了解这个国家和民族的精神。广告人不是政治家,广告人是以塑造形象(商品品牌、企业形象)为使命的,所以,广告人要汲取具体、生动、形象的素材,通过理性思考,再将现实美升华为艺术美,把鲜灵、活泼的广告形象呈现在广告受众面前,达到引导消费、培养新的生活方式、促进社会生产良性循环的目的。

在不同的国度、不同的民族、不同的习俗背景下,礼仪、习惯、心理是各不相同的,有的张扬,有的内敛;有的浪漫,有的传统。

在世界的运动品牌中,耐克品牌可以说极具影响力,它的广告与其说传达的是一个个故事、一幅幅画面,不如说它所传达的是一种张扬的美国精神,一种唯我独尊的强势心态。

在广告片《谁杀了兔子乔丹》中有两个主要角色,迈克尔·乔丹(飞人)和卡通形象巴格斯·本尼(兔子乔丹)。广告开始的镜头是本尼在地洞中呼呼大睡,突然地面传来强烈的振动,本尼爬出洞一看,原来是四个家伙在打篮球,本尼抱怨了几句,就遭到了无礼的攻击。他们把本尼像球一样在空中抛来抛去,本尼大叫:"这是与我为敌!"这时,飞人乔丹闻讯赶来,帮助卡通朋友兔子乔丹与那几个家伙开始了一场篮球大战。

错综复杂的文化环境、社会文化、风俗习惯同大众的道德理念、消费心理有着紧密的联系。在广告的跨文化传播中,忽视不同国家文化习俗的差异性,就可能带来不可弥补的损失和影响。

日本索尼收录机的电视广告就曾在泰国遭受滑铁卢。电视画面:佛祖释迦牟尼神情庄重、闭目凝神、纹丝不动、潜心修炼,然而佛祖戴上索尼耳机后,竟然凡心启动、眉飞色舞、手舞足蹈起来。广告一经播出便舆论哗然,泰国朝野一致愤怒谴责,索尼的苦心孤旨毁于一旦。索尼忘了泰国是佛教之国,佛祖在泰国人民的心目中具有神圣的至高无上的地位。由此可见,了解和尊重各国的风俗民情,对广告人来说是十分重要的。

思考题

1. 什么是广告生存语境?广告的生存语境包括哪几个方面?
2. 东西方文化的差异主要表现在哪里?
3. 广告人面对中西方文化的互跨和融合,要注意几个问题?

第四章 广告文化美学的架构

第一节 广告美学的研究思路

广告文化学的基本任务之一就是探讨如何借助文化作出富有强大艺术张力的广告作品。为此,广告文化学应涵盖美学,并把美学与文化学有机结合起来,形成具有特色的广告文化美学体系。广告文化美学是文化学对美学的一种包容,也是美学在广告研究和实践活动中的运用。它应该成为一门关于研究广告的现实美、人们对广告的美感(即审美)和广告艺术美、创造美的规律的一门科学。

一、广告的美和广告美的规律

广告文化美学研究的拓展和广告文化美学在广告实践中的成功运用有赖于广告人扎实的美学功底,有赖于广告人丰厚的美学修养,也有赖于广告人能否在自己的创作实践中以美学理论为指导。美学无论在中国或西方都有悠久的历史渊源。我国春秋战国时代,一些杰出的思想家,如孔子、孟子、庄子、老子等,都从不同的角度涉猎过美学问题;荀子还有关于艺术理论的专著《乐论》。到了秦、汉,一些学者在哲学、历史和文艺的著作中,对美学都作过不少的探讨。

魏晋南北朝时期,出现了一大批文论、乐论、画论著作,如曹丕的《典论·论文》、曹植的《与杨德祖书》、嵇康的《声无哀乐论》和《琴赋》、陆机的《文赋》、钟嵘的《诗品》,特别是刘勰的《文心雕龙》和谢赫的《古画品录》,对后世的文艺理论和美学理论有重大影响。

随着唐、宋的文学、音乐、舞蹈、雕塑、绘画、戏剧、建筑等艺术的空前繁荣,对各种艺术理论的研究更趋深入。宋、元以后,以描写人物、塑造典型擅长的小说、戏曲进一步繁荣起来,关于文艺理论和美学思想的探讨愈加广泛而细致。

在西方,从古希腊、古罗马开始,以著名的思想家柏拉图和亚里士多德为代表,产生了一些关于美学思想的著作和文章。文艺复兴时期,文化艺术高度繁荣,美学理论也得到了相应的发展。17世纪和18世纪,欧洲的资产阶级出于反封建的需要,大力提倡古典主义和启蒙主义的美学思想。这时期涌现出了以狄德罗（法国唯物主义思想家）、鲍姆加登（德国唯物主义哲学家）为代表的一些在美学研究上颇有建树的学者。鲍姆加登出版的《Aesthetica》（现被译为《美学》）一书，使美学成为一门独立的学科。德国古典哲学的奠基人康德，在《判断力批判》一书中基本上从主观唯心主义的观点出发，把审美问题作为哲学的一部分进行了广泛的研究。黑格尔又从客观唯心主义观点出发，对美学作了系统的研究，形成了一个完整的美学体系。历史的事实说明，美学思想的发展源远流长，遗产丰富。摆在广告人面前的一项重要任务就是学习优秀的美学历史遗产，运用科学的美学观，研究广告的现实美和美的本质、广告艺术与现实的审美关系以及广告美的创造和表现的规律。

广告的现实美在哪里？广告文化美学是以广告的现实美为研究对象的。现实美究竟在哪里？这是美学所要研究的最基本的问题。在这个问题上，从来就存在着不同的看法。我国的儒家经典《礼记》里说："美恶皆在于心。"古希腊思想家柏拉图认为：一切美的事物都来源于美的理念，有了美的理念，一切事物才成其为美。19世纪德国哲学家黑格尔在其《美学》中更为明确地宣称："美本身应该理解为理念，而且应该理解为一种确定形式的理念，即理想。"此外，西方美学中里蒲士等认为美是感情的外化，克罗齐称美是直觉的创造等，以上都是现实美问题上的一些唯心主义的观点。

与此相反，中外历史上有一些思想家承认美是一种现实的存在，指出美具有客观性，主张美是客观的。我国古代杰出的理论家刘勰就曾说："云霞雕色，有逾画工之妙；草木贲华，无待锦匠之奇；夫岂外饰，盖自然而。"叶燮在《已畦集·卷六》《滋园记》中说："凡物之生而美者，美本乎天也，本乎天自有之美也。"

在西方，古希腊哲学家亚里士多德在《诗学》等著作中早就指出，美的事物在于事物自身的体积和安排。法国唯物主义哲学家则明确提出，美在于事物的关系。19世纪俄国的车尔尼雪夫斯基，进一步提出了"美是生活"的著名定义。以上两种对现实美的看法的根本分歧在于，美在于物，还是在于心这个焦点上。这是在美的本质问题上的两种不同观点，它决定了不同的美学研究方向。

在研究现实美是什么，即美的本质时，我们要坚持唯物主义的基本方向，但另一方面我们也要在坚持唯物主义的基本立场的前提下，肯定历史上一些唯心主义美学家在探讨美是什么问题上所作出的积极贡献。他们的努力丰富了人们对美的认识，推动了人们对美的创造。比如，古希腊的新柏拉图派，以普罗提诺、奥古斯丁和托马斯·阿奎那等为代表，提出了美在于完全或圆满的学说。例如，普罗提诺在其《九卷书》中论到美时宣称,美是来自神明的理念,神是美的来源,因为理念本身是整一的、完美的。奥古斯丁写过一部美学著作,题名就是《论美与适宜》。托马斯·阿奎那明确指出:美的三个要素是完整或完美、比例或和谐以及鲜明的色泽。新柏拉图派的美学观对十七八世纪欧洲理性主义美学产生过很大影响。另外,还有一种观点,认为美就是有用或有益。

古希腊哲学家苏格拉底认为,美和善是一致的。他指出,"凡是合乎某种目的时是美的东西,根据同样的理由也就是善的"。苏格拉底注意到美与效用的关系,使美学和伦理学相结合,提出了美的相对性的问题,这对于美的本质的探讨起了一定的促进作用。

马克思主义以前的唯物主义哲学家对于美的本质问题作出了重大贡献,提出了很多十分有益的见解。例如,18世纪法国唯物主义哲学家狄德罗,批判了历史上关于美的本质的一些错误观点,提出了美在于事物的关系的著名论断。他在《美之根源及性质的哲学的研究》一文中指出:"我认为组成美的,就是关系"、"我把一切本身能力在我的悟性之中唤醒关系概念的东西,称之为在我身外的美"、"美是关系"的学说,指出了美是客观存在,开拓了一条提示美的本质的正确途径。19世纪俄国革命民主主义车尔尼雪夫斯基提出"美是生活"的定义,他仅仅把论点建立在人本主义的基础之上,对生活的理解过于广泛和不确定,没有对生活作出具体和历史相统一的说明。

尽管唯物主义美学家对美的本质的探讨作出了重大贡献,但最终科学地解决美的本质问题,即对美在哪里的诘问的科学回答还要归功于马克思。马克思在《1844年经济学哲学手稿》中指出:"动物只依照它所属的物种的尺度和需要来造型,但人类能够按照任何物种的尺度来生产并且能够到处适用内在的尺度到对象上去;所以人类也依照美的规律来造型。"

马克思在这里表达的意思是,任何事物,凡是符合美的规律的就是美的,不符合美的规律的就是不美的。因此,美的本质就是规律,是事物之所以美的规律。既然美是一种规律,而规律则是指事物之间、事物内部各要素之间本质的必然的联系,那么,美的规律如同一切规律一样必然是客观的。无论是自然美、社会美、还是人所创造的艺术美,都具有美的规律的客观属性。马克思的结论是划时代的。

按照马克思的观点,美的规律显然是和"物种的尺度"与"内在的尺度"有关系的。所谓"尺度"按字意来说是指测定事物的标准。而按马克思的原意,所谓"物种的尺度",就是该种事物的"普遍性"或"本质特性"。而所谓"内在尺度"也就是内部的"标准"或内在的"本质特征"。在这里,马克思明确指出美的规律是事物的物种的本质,特别是与事物的内在本质联系在一起。但是,单是物种本质的普遍性,不能是美的规律。而且美的东西一定是有形象的,即有现象和个性的。如果没有现象或个性去表现事物的本质和普遍性,那么它的本质或普遍性只能是抽象的,就不可能是美的。美的事物和一般事物的不同,只是在于它具有突出的、生动的现象和个性。

所以我们可以断言:当事物的物种的内在的本质,为普遍性,并通过非常突出、鲜明、生动的现象得到充分表现时,便是符合美的规律的,因而这个事物也就是美的。照此看来,美的规律就是指以非常突出的现象来充分地表现事物的本质,以非常鲜明、生动的个性有力地表现事物的普遍性。所以,美的规律就是典型的规律,或者说美的法则就是典型的法则。

当我们循着先师、先哲的理性思维的轨迹,重温他们对美的本质的科学的论断,我们也便领悟到广告艺术美的所在,广告艺术美本质的所在——广告艺术所塑造的典型形象——这应该是我们所得出的顺理成章的科学结论。塑造典型就是提示形象的真,也就是创造艺术的美。恩格斯曾经指出:"现实主义的意思是,除细节的真实外,还要真实地再现典型环境中的典型人物。"[①]其实,作为艺术的典型原则,不仅是现实主义艺术应该遵循的原则,而且也是一切真正的艺术必须遵循的原则,当然也是广告创作应遵循的原则。

广告遵照典型的规律,便是创造了广告的美和真。如果徜徉在广告发展的艺术长河,我们便不难发现很多优秀的广告人,从他们严肃而认真的创作实践中,自觉或不自觉地以他们的真知灼见或成功的艺术创作揭示了广告的美的规律。我们看看一些著名广告人的经验之谈,就可以说明问题:

美国著名广告大师威廉·伯恩巴克说:"我们没有时间也没有金钱允许大量及不断重复的广告内容,我们呼唤我们的战友——创意。要使观众在一瞬间发生惊叹,立即明白商品的优点而且永不忘记,这就是创意的真正效果。"

创意指导 Lois Ernst 说:"真正的创意是上帝赐予的,一种奇妙无比的无中生有,创意就是把两件事物组合成新事物。"

美国某广告公司的总裁 Shirley Polykoff 说:"创意就是用一种新颖而与众不同的方式来传达单个意念的技巧和才能,所谓客观地思索,然后天才地表达。"

---

① 《马克思恩格斯选集＜致玛·哈克奈斯＞》,第四卷,第462页,人民出版社。

一位作家 Roy Whitter 说:"在广告业里,与众不同就是伟大的开端,随声附和就是失败的起源。"

李奥·贝纳总结了十二条广告原则,其中第一条说:"不论是印刷广告,还是电子广告都应具有使人再思考或者再看一眼的魅力。它是引起兴趣、赞赏,而令读者或观众获得利益的核心创意。喋喋不休,难以理喻的广告是令人无法接受的。"

魏特·哈布斯(Whit Hobbs)说:"在今天过度拥挤,过度竞争,使价格过高的世界中,并没有余地给那些空虚的、炫耀的广告,让它们占据版面而不卖任何东西给任何人。这种空虚的广告是得不到好机会的,它只是在无限浪费金钱。"

广告大师威廉·伯恩巴克说:"如果要我给一个忠告的话,那就是在他开始工作之前,他要彻底了解他要做广告的商品。你的聪明才智,你的煽动力,你的想象力与创造力都要从对商品的了解中产生。"

我们所举例的广告大师振聋发聩的宏论是他们成功的经验之谈,他们或纵论创意,或力劝人们要尊重商品的真实,或强调富有个性的表现等等,虽锋镝所及不同,但揭示的基本道理是一样的,即怎样创意做出美的广告。而我们从他们的论点中领悟到广告的艺术美必须遵循典型规律的原则。

广告典型规律原则又有着丰厚而实际的具体内涵,它起码要包括三个基本方面:一是广告艺术美源于现实美;二是广告艺术美以具体形象的真为基础;三是广告艺术美就是艺术的典型。下面我们具体分析典型规律的这三个方面:

1. 广告艺术美源于广告现实美

广告的艺术美是广告人的追求。广告人就像嫁女梳妆一样,希望把爱女(广告作品)妆扮得花枝招展。但是广告人必需明确,广告的美,并不决定于他的"打扮",从根本上来说它来源于美的商品。现实美是艺术美源泉。如果承认艺术美,但是脱离了艺术美的源泉,那势必要陷入唯心主义的泥沼。所以威廉·伯恩巴克告诫广告人"要彻底了解他要做广告的商品"。

广告人在认识艺术美与现实美的关系时,一方面要坚持现实美是艺术美的源泉,这是最根本的;另一方面也要承认艺术美高于普通实际事物的美。艺术美并不是实际事物的美的某种苍白无力的摹拟,它是对现实美的能动反映。广告人能够通过高度的艺术概括,并依靠典型化,对现实美加以改造、提高和升华,实现一种质的飞跃。

2. 广告艺术美以具体形象的真为基础

广告艺术的美和广告具体形象的真有极密切的关系。如果一幅广告作品失去其真实性,仅仅是通过一些形式或表现手法来虚构美,那么便不是真正的美,它经不住时间的考验和洗濯。缺乏真实性的东西,其华丽的外衣迟早要褪色。比如我国六朝宫体诗,近代唯美主义作品,因其华而不实,即使一时流行,终究被人们所抛弃,而没有长久的生命力。可是质朴的《孔雀东南飞》、平淡的陶潜诗、粗犷的石窟雕塑,甚至古希腊出土的残损的人物雕塑像,却更能给人以美的享受,并具有长久的生命力。

列宁对歪曲真实的抽象主义的作品毫无好感,称它是"丑八怪"、是"虚伪的"、"绝顶荒谬的",而对于优秀的现实主义的古典作品则称之为"真正美的东西"。正如广告人李奥·贝纳的广告原则之中所告诫的:"注重商品本身的独特性,少玩弄小技巧。广告表现应当是适度的,不论标题或画面如何触目惊心,不适当的表现手段应当避免。"

3. 广告的艺术美就是艺术的典型

艺术的典型就是通过艺术手段对对象的本质及突出个性的美的表现。在历史上,艺术典型问题往往是同艺术美的问题联系在一起的。"典型"在词义上有时也与"理想"通用。别林斯基曾经说过:"典型性是创作的基本法则之一,没有典型性,就没有创作。"①在这里他是把艺术的典型看作是艺术美的一种标志。应该说艺术作品的典型确实是艺术美的最重要的标志。

艺术典型并不是枯燥单调的,它是多种多样的,这正体现了艺术美的丰富性。广告人不要束缚自己的创作思维和表现手法,要善于通过各种各样的典型,如典型人物、典型环境、典型情节去表现广告的美,要大胆地借助于文字语言、音乐节奏和图像(光影)语言去集中而凝练地表现广告主题,创作具有震撼力的、冲击力的、强大推销力的广告作品。

二、广告的意境和风格

广告的艺术美是以广告的现实美为基础的,但是并不是说广告作品必须遵循某种刻板的公式和模式去依样画葫芦。恰恰相反,优秀的广告作品总是以广告人独具慧眼的特有的艺术感悟的艺术手段去表现。优秀的广告作品必然是具有广告人独特的人格魅力的作品。广告的艺术特性和广告的现实美、典型性、真实性不是相悖的,而是能有机地统一在一起的。

从美学的角度去看,广告人在遵循广告的基本要求和规范的基础上,应该通过自

---

① 《别林斯基选集》,第二卷,上海文艺出版社,1963年版,第24-27页。

己的艺术修养和美学底蕴,形成自己特有的美学意境和风格。我认为这是广告人的大志向、大追求。只有这样,才能更好地体现美学的典型规律,真正地把广告的现实美变成广告的艺术美,并进而淋漓尽致地扩张广告的艺术表现力,最大限度地实现广告的目的。在中国广告艺术方面,广告人研究广告的意境结构以窥探心灵的幽情壮采,也是广告文化学的一项重要工作。

1. 什么是意境

我国美学家宗白华先生对意境有深入的研究。他在《中国艺术意境之诞生》一文中说:"人与世界接触,因关系的层次不同,可有五种境界:(1)为满足生理的物质需要,而有功利境界;(2)因人群共存互爱关系,而有伦理境界;(3)因人群组合互制关系,而有政治境界;(4)因穷研物理,追求智慧,有学术境界;(5)因欲返本归真,冥合天人,而有宗教境界。功利境界主于利,伦理境界主于爱,政治境界主于权,学术境界主于真,宗教境界主于神。但介乎后二者的中间,以宇宙人生的具体为对象,赏玩它的色相、秩序、节奏、和谐,借以窥见自我的最深心灵的反映;化实景为虚境,创形象为象征,使人类最高的心灵具体化、肉体化,这就是'艺术境界'。艺术境界在于美。"

宗先生的一席话可谓精辟之极,令人击节赞赏。他在顺序上把"艺术境界"放在学术境界和宗教境界之间。他把"艺术境界"的关系层次摆在"物"(以宇宙人生为具体对象)与"心"之间,这样就把"意境"定义出来。我理解"意境"就是心灵的境界,它的来源有别于学术境界之真,又没有虚幻到宗教境界之神的地步。"意境"是一道犀利的心灵之光。

中国大画家石涛说:"艺术家以心灵映射万象,代山川而立言,其所表现的是主观的生命情调与客观的自然景象交融互渗,成就一个鸢飞鱼跃,活泼玲珑,渊然而深的灵境;这灵境就是构成艺术之所以为艺术的'意境'"。不仅是广告,大凡任何艺术门类所追求的高境界就是创造意境。创造意境,这是人类艺术创作中的一个规律性的现象。中国艺术特别讲究意境,中国美学也特别注意对意境的研究。

王国维在《元剧之文章》中说:元剧最佳之处,不在其思想结构,而在其文章。其文章之妙,亦一言以蔽之,曰:"有意境而已矣。何以谓之有意境?曰:写情则沁人心脾,写景则在人耳目,述事则如其口出是也。"[①]也就是说,意境是艺术作品所呈现给读者、观众的景真、情笃、意切的出神入化的艺术境界。

---

① 《王国维戏曲论文集》,中国戏曲出版社,1957年版,第106页。

2. 广告的意境

意境创造是广告人要彻悟的。不能玄而又玄地谈意境，把意境吹到五里云雾之中。意境是可以把握的，意境创造是可以运用到广告作品的创作中去的。广告的创作总是要描写出具体的有内涵的艺术形象，这艺术形象就是意象。如果我们所描写、塑造的广告艺术形象达到一种让人见之感到如临其境，心驰神往的地步，我们的作品就赋予了意境。意境实际是"情"和"景"（意象）的结晶和交融。意境是意象的整体形成，它要求创作者创作时表现出一种总的倾向，也要求创作者关注着、渲染着他的思想感情，这样创造的意象，才能形成完整的、独特的意境；否则形象是零乱的、矛盾的、貌合神离的，那就不能形成完整和独特的意境。

王安石有一首诗："杨柳鸣蜩绿暗，荷花落日红酣。三十六陂春水，白头相见江南。"前三句写景，描绘了江南艳丽的阳春，但最后一句的抒情，一下子提升了全诗的意境，把无边的惆怅、回忆的愁思和重逢的欣喜全部渗透在所描绘的江南春色中，达到了极高的艺术境界。

例如白沙集团公益基金会的公益广告"祝你飞翔"，就给人们留下了美好的印象。那凌空腾越、优雅俊美的芭蕾少女，展翅起飞的白鹤的倩影，还有田径赛场上创造辉煌、振臂冲刺的刘翔……这一组组精彩的画面给了人们奋起的勇气，拼搏的斗志和超越现实，追逐梦想的信念。无疑，这是一个格调高雅，境界高远的广告作品。

此外，红塔集团"山高人为峰"的广告则另辟蹊径，表现了山虽峻伟，但人为其峰的哲理。鼓舞人们要不畏艰险，勇于攀登，要不断地开阔新视野，进入新境界，创造新奇迹。这则广告可以使我们产生正面的积极联想，给人以正确的价值导向，为社会创造精神财富，同时也兼具了作为广告对企业形象的传播。

3. 广告艺术的风格

如果说意境是内容和形式有机统一中偏重于内在意蕴方面，那么风格便是偏重于外在形态方面。风格是什么？简言之，风格就是因于内而符于外的艺术作品的风貌。风格总是通过创作方法和创作技巧的特点而表现出来的。但风格又不仅仅是艺术形式方面的问题，实际上和作品的内容有密切关系，而其根源来自创作者的思想性格特征和社会时代特征。就作者主观方面的因素而言，包括作者的立场、世界观、人生经验、受教育程度、艺术修养和性格等。就客观方面的因素而言，包括历史环境、民族传统、经济发达程度、社会风气、文化习俗等等。主客观方面的因素对创作者的风格形成都有重大影响。这些因素在作者的心灵中激荡、冲撞、浸染，渗透到作者的创作中，形成作品内容上的特殊倾向，形成作品艺术表现形式上的特点，这便造就了其独特的艺术风格。

我们把众多艺术家的风格进行比较,然后把相近的艺术风格进行归类,从而总结出不同的艺术流派。《文心雕龙·体性》所说的八体,司空图《诗品》的二十四品,就是对风格流派的划分。风格有时代风格、民族风格、个人风格。当然所谓时代的风格、民族的风格和艺术的流派,只是相对而言的,不可能有什么绝对一致的风格,当然同一流派中的风格也是千差万别的。

意境和风格在艺术创造上(包括广告的艺术创造上)有重要意义。意境和风格如何,是艺术作品成就如何的两种重要表现。作品能创造出一种意境,能描写出独特的艺术境界,从而给人以情致的感染;作品能创造出一种风格,能以独特的创意和与众不同的气派,加深受众的印象。作品的意境和风格不仅是艺术成就的重要表现,也是艺术创作的基本要求。

意境和风格有高下优劣之分。广告人要力戒虚假浮夸、矫揉造作的风格,努力追求或刚健、或绮丽、或豪放、或婉约等健康的艺术风格,如我国诗歌史上"苏海韩潮"、"效寒岛瘦"、"清新庾开府,俊逸鲍参军"等艺术风格都可学习或借鉴,以形成自己独具魅力的风格范式和意蕴极致。

第二节 广告美学中的审美

从传播学的角度看,广告是一种商业信息的传播。没有受众就无所谓传播。如果广告的目标受众不接受、不欣赏、不认可我们的广告,广告的信息传播就只能是以失败告终。所以广告审美是一个极其重要的问题。

一、广告审美文化的基础

美的观念是现实事物的本质或普遍性的形象的反映,是现实事物印象在意识中的改造和典型化理想化。美的观念不仅是美的创造基础,也是美的欣赏基础,也是广告审美文化的基础。

美的观念和人们所说的美的理想具有一致性。如果要细分两者差距的话,那就是美的理想带有强烈的主观倾向性,而美的观念则要强调它的客观实在性。我们之所以不说美的概念而说美的观念,就是因为美的观念不是抽象飘渺的而是形象可感知。美的观念是有客观现实的根源的,也要求有客观的真实性。由于人们的形象思维活动的最初成果得到形象的观念,经过概括作用的集中化又成为特定的意象,再进而概括,提高形成典型的意象,这就是美的观念。所以美的观念,可以说是知性作用在形象思维方式上高度创造性的收获,如同科学真理是智性作用在思维方式上的高度创造性的收获一样。虽然人的主观意识总要受到社会环境和社会习俗的影响,而健康的社会倾向,先进的人类思想,不仅不妨碍人们正确地反映现实,而且有利于人们掌握真实的美的观念,有利于形成健康的审美心理和科学的审美文化。

在美的认识论和美感论中,美的观念是一个重要的理论概念。如果不理解美的观念,就不能理解美的认识,更不能理解美感。美的观念的确立,是艺术发展史和认识史上一个有价值的成就。在美的探索的历史中,近代欧洲出现过以美学家赫契森柏克为代表的经验论和感觉论,也出现过以舍夫茨别利和黑格尔为代表的唯理论,他们的观点虽然有很大的局限性,但都对美的观念的揭示起到了很大的作用。综合分析,美的观念不仅是理性的,而且是感性的,一方面它反映事物的本质,另一方面它有非常鲜明具体的形象。

从很多成功的广告人的理论探讨和实践运作的过程中,我们不妨对他们关于广告美的观念和标准作一番概括和总结。需要说明的是,这里所作的概括是一种主观释义,带有主观色彩和倾向,再则,既然把观照的视野扩大,又免不了良莠不分、鱼龙混杂。这里仅仅是以一家之言来为广告的创造和审美提供一些参考,并举例来说明美的观念既是抽象的又是具象的。

广告美的观念基本上有以下几个要点:

1. 美的广告必须有独到创意

"创意"一词英文为"Creative",是由拉丁文"Creare"一词派生而来,大意是创造、创建、生产、造成的意思。广告创意就是通过构思来创造广告作品的艺术形象,即是广告人对广告创作对象进行想象、加工、组合和创造,使商品潜在的现实美升华为艺术美的过程。

创意是广告的中心,是广告的灵魂。1991年5月在以"世纪交替中的成功广告"为主题的首届中国国际广告研讨会上,国际广告协会主席罗杰·尼尔作了《提高人们对广告价值的概念》的发言,他说:"在广告中我们把机智当作跳板。"

智威汤逊广告公司中国部总经理柯任弥对创意的作用有一段精彩的述说:"创意能引导消费者以新的眼光去观察做广告的产品或服务,创意能使消费者停下来甚至目瞪口呆,它们能使消费者说出下面一类的话:'我以前从未想到它是那样的……'、'嗨,他们在向我说话……'在127年的公司历史中,我们一再地感受到,有'创意'的广告是真正起作用的,而且能够经受住时间的考验。"

我们不妨举两个富有创意的广告,来说明具有独特创意是广告获得成功的保证。第一个例子,1982年在南斯拉夫举办的第五届萨格勒布动画电影节上,一部以蚊子为主角的广告动画片:银幕上出现两只用黑线条画出的蚊子漫画,造型夸张幽默,一个蚊子拿着手枪,恶狠狠地逼向另一只蚊子,吓得它胆颤心惊,而持枪的蚊子不依不饶得寸进尺,并举枪要射,在这千钧一发之际,被逼得走投无路的蚊子冷不防拿出一只DDT的瓶子,向持枪的蚊子"扑"地一声喷去,那只蚊子就直挺挺地倒毙了。于是,胜利的蚊子就活灵活现地向观众介绍这DDT如何好,并告诉观众各大药店均有出售之类的话。介绍完毕,这个蚊子得意忘形,不小心向自己喷了一下,于是自己也直挺挺地倒下了。这个广告片60秒钟,黑白片,没有音乐,可是却以新颖的创意博得了满场的掌声。

再举一例,1996年戛纳广告节影视广告金奖作品:一个小男孩在繁华的街市上津津有味地嚼巧克力,正巧这时一头大象带着一头小象在街头悠然地散步,突然小象闻到了巧克力的香味,向小孩跑去,小男孩拿出一片巧克力逗小象,把巧克力递过去,佯装给它吃,小象扬起鼻子,张开嘴正要吃,小男孩又急忙缩回手,将巧克力一下投到自己嘴里。广告片的后半部分,光阴荏苒,若干年过去了,小男孩已经长成了小伙子,英俊潇洒,变化很大。可是不变的唯有对那个品牌的巧克力的爱好。有一天,他伫立街头,口中还嚼着他多年前吃的那种巧克力,这时街上走来几只大象,其中一只正是多少年前被戏弄过的那只小象,这只大象又嗅到了那熟悉的诱人的香味,仔细一看,小伙子正是多年前戏弄自己的那个顽童,于是"新仇旧恨"涌上心头,它快步向小伙子跑去,到他面前扬起鼻子,这次它可不是要吃巧克力,而是要为自己小时候没有吃到那么好吃的巧克力的遗憾和自己所受到的嘲弄出口气,当小伙子还没弄清是怎么回事的时候,大象的鼻子已经重重地抽在他的脸上。这个广告获得金奖,可谓众口一辞,它的成功在于独到的创意。

2. 美的广告必须是真实的广告

真实是广告的生命。从美学的角度看,真是美的前提,失去了真也便失去了美。艺术形象的真实,包括相互联系的两个方面:其一是反映客观现实的真实性,即艺术形象是否符合所反映的生活实际,作为广告作品来说,就是是否符合所推销的商品的性能、用途、特性的实际。是否真实地反映了推介的服务的性质和水平;其二是作者主观思想感情的真挚性,以及艺术形象中所流露出来的艺术家的思想感情是否积极、健康、正直,是否符合人类文明的进步。后一点也是很重要的。如果广告人从广告活动一开始就损人利己、唯利是图,不顾消费者的利益,只为个人或某个小集团利益,唯马首是瞻,那么他的创作必然是矫揉造作,文过饰非,夸大吹嘘的,他孜孜以求的是怎样给消费者设圈套,以赚得不义之财,那么他所塑造的形象完全与真实无缘。

艺术形象的真实性是艺术家真挚的主观思想感情和所反映的客观现实的真实性相符合。就这两方面的真实性而言,现实的真实是基础,思想的真实是必不可少的。艺术家如果不能和它所反映的现实的真实性相符合,无论艺术家的思想感情怎样的真挚或真诚,对艺术形象的真实性都会有损害。

艺术形象的真实性,是一切优秀艺术的基本要求,严肃负责的艺术家从来都非常重视艺术形象的真实性,认为真实性是艺术的生命。优秀艺术之所以优秀,它的意义、它的价值、它的强烈的感染人的力量,都是以真实性为基础的。

艺术形象的真实不能简单地理解为是现实的复写,依样画葫芦貌似真实,其实是抽去了活生生内容的虚幻的真实。艺术形象的真实性,就其客观性而言,一方面是现象的真实,另一方面是本质的真实。艺术形象不能没有现象的真实,不然就不是具体的可感知的了;但是,艺术形象又不能仅仅是现象的真实,它必须达到本质的真实,达到对现实生活本质规律的把握。

我曾闻有人对白丽香皂的"今年二十,明年十八"的广告词提出异议,认为这是一条虚假的广告。我认为不能简单地做这样的理解,如果停留在表面上理解,那么这句话是绝顶荒谬的,难道若干年后消费者又会回到娘肚子里去了吗?显然,这句广告词是在非常理中见理,以一种特定的技巧,巧妙地抓住了一些消费者心理,揭示了你若用白丽香皂,会容光焕发显得年轻这样一种本质上的真实。

我们在广告创作中绝不可以机械地、简单地理解艺术的真实性。事物的本质的真实不是赤裸裸地表现在外表的,而是寓于现象的真实之中。艺术形象只有以现象的真实表现了本质的真实,它的真实性才是圆满的,并由此达到高度的艺术的真实,那就是艺术的典型。因此,很多广告大师,告诫广告人要注重商品的定位,不要玩小伎俩,不要欺骗消费者,不要矫揉造作。美国广告大师奥格威说过一段很实在的话:"不要在广告中撒谎。如果你就产品说了谎话,你迟早会被发现的,不是被政府就是被消费者发现。政府发现,你就要吃官司,消费者发现,他会以不再买你的商品来惩罚你。好的产品可以因诚实的广告而畅销。如果你认为产品并不好,那你就别费心为它做广告。如果你讲了谎话,或者你耍滑头,那你就帮了客户的倒忙。你背上的犯罪感的包袱就会越来越重,煽起公众对整个广告业的不满。"

大卫·奥格威的这些话绝不是无的放矢,在这方面他自己有深刻的教训。奥格威曾经创作了一幅汽车平面广告,他把自己打扮成一个外交官消费者以此身份给

"Austins"汽车公司写信,说明该车他买了后,感觉非常好、非常省油、价格低廉,他就是用这部车接送孩子上学的。后来,这件事被一位记者发现了马脚,奥格威吃了很大的苦头,还迫不得已给孩子转了学。所以,奥格威对人们的劝诫可谓是经验之谈。

3. 美的广告必须是充实和精粹的广告

先秦哲学家荀子是中国哲学家中较系统地撰写美学论文的第一人,那篇论文就是著名的《乐论》。《乐论》中有一句话说得极好:"不全不粹不足以谓之美。"荀子所讲的"全"就是丰富和充实,"粹"就是精粹。如果把荀子的这句话运用到艺术上就是说:艺术既要全面地表现生活和自然,又要去粗取精,通过提高、集中和升华,更典型地去表现生活和自然。

艺术美实际是"全"和"粹"的对立统一。在艺术里因其"粹"去粗取精,相对来说艺术里有了"虚"才需要艺术家"洗尽尘滓,独存孤迥"(恽南田语)。由于"全"才能做到孟子所说的"充实之谓美,充实而有光辉之谓大",因此,艺术的美是"全"和"粹"的统一,也是"虚"和"实"的统一。如果只讲"全"不顾"粹",就是我们现在所说的自然主义;只讲"粹"而不能反映"全",那又容易走上抽象的形式主义的道路。既"全"且"粹"才能在艺术表现中真正做到典型化。"全"和"粹"的结合,即"充实"和"精粹"的结合,才能谓之美,这在两千多年前就被荀子所论及,让人不能不被中国的哲人和中国的文化所折服。

就广告的美而言,它也是必须要符合充实和精粹原则的,即也是要做到"全"和"粹"的统一的。"全"和"粹"的统一,在广告活动中有特定的要求,那就是以简驭繁,紧凑凝练。也就是要做到"言简意赅",语言简练而表达的意思完备深刻,做到句中无余字,篇中无剩言。美的广告必然是简洁而单一的,简单并不是简陋、空洞,单一并不是单调枯燥,而是刘勰在《文心雕龙·书记》篇说的"意少一字则义阙,句长一言则辞妨"。广告的单一简洁实际是对复杂充实内容的一种凝练,简单中有复杂,单一中有丰富。所以广告创作过程中,立意要集中,主题要突出,文稿要简洁,标题要凝炼。

一方面,因为广告是一种很特别的时空艺术,它要在一个极短的时间里表达一个明确而单一的商品和服务信息,并使人们过目不忘。因此它必须单一而有冲击力,因为广告受众不可能长久地像看一部小说或电影一样去慢慢品味。人们行色匆匆,仅仅对你的街头广告投下匆忙的一瞥,或在电视广播书刊中寻找他们所关心的故事时偶然与你邂逅。如果你不是单一的、新颖的和凝炼的,他们则理所当然地对你视而不见,与你擦肩而过。

另一方面,这也是美的本质所决定的。因为美是典型的,不是鱼龙混杂的。一篇广告文稿也好,一则广告语、一个广告标题也好,只能确定一个主旨,绝不能面面俱到,蜻蜓点水。刘勰《文心雕龙·熔裁》中指出:"二意两出,义之骈枝也。"清代魏际瑞在《佰子论文》中也曾说过:"文主于意,而多乱文。"这些真知灼见教诲和启迪我们,在广告运作的全过程始终要"目标如一,方寸不乱",努力达到一种化繁为简、化俗为雅、化腐朽为神奇的至高境界。

以上我们所谈到的广告美的观念,仅仅是关于美的最主要的方面,这些方面,无论是独特、真实还是充实、全面都体现了艺术美的本质,都遵循典型规律的原则,这应该成为广告人创作广告的一种指导思想和运作指南。

二、广告的审美

在人类的艺术活动中,包含着两个相辅相成的方面,那就是美的创作要以对美的欣赏为目的和前提,所以在讨论了美的观念之后,我们来分析美的欣赏。把广告美的欣赏问题连缀起来,如一串项珠,那就是广告的审美文化的主要内容。

广告人都明白,广告的创作是有对象的,那就是广告受众。广告不是孤芳自赏,不是个人情感的宣泄和个人意志的表述。广告要看人眼色行事。广告作品首先必须是美的,才能使消费者在广告面前驻足,进而才能谈得上引起他们的兴趣和激起他们的欲望,实现广告的诉求。

广告审美文化的基本理论范畴,应该包括美感的客观内容和主观形式以及美感的本质和主要表现两个大的部分。在"美感"中,有理性和感性两个方面。所以美感一方面反映对象美的客观内容,另一方面反映对象美对受者的感受和感动,是感观的情感因素的作用,构成了美感认识主观形式。美感的这两个方面,从审美心理的主观印象上是很难截然分开的。我们不能片面强调感情因素在美感中的作用,感情虽然在美感中有重要的不可忽视的作用,但它毕竟是认识的主观形式,终究不能脱离认识的客观内容,不能脱离审美对象的客观情况。

在审美过程中,作者可通过作品中的描写激发起欣赏者的情感,使其得到美的享受。所以,感性的缘由最终无不依赖于认识。对美感的正确认识,既有认识的客观内容,又有认识的主观形式。客观的美的内容和主观的感受和感动浑然一体契合无间,才能在人的美感中呈现为统一的完整形态。这对广告人最大的启示在于,广告人不仅仅要塑造广告外在的形象,更要注重其所要表现的内涵。因为审美,既不能脱离形象性的特征,又不能仅仅停留在形象的表面,它的根基还是建立在隐藏着的本质方面。真正的审美认识应该是现象与本质、形与神、感性与理性的高度统一,才构成了美感认识的特点。

1. 美感的内容和形式相统一

认识审美文化中美感的内容和形式相统一的观点,对广告人是很有意义的。广告人不能做"为艺术而艺术"的唯美主义艺术家。广告人要以其创造的广告形象,推销商品,介绍服务,塑造商品品牌和企业形象。如果从更高的意义上来讲,广告以其所创造的形象,引导消费时尚和潮流,促进流通,促进社会生产的良性循环,促进社会的文明和进步。应该说,一个广告绝不是一幅只供人们欣赏的绘画、一张照片、一尊雕塑,或是一节令人眼花缭乱的蒙太奇影像。广告有很实际的功利目的,有明确的价值指向。所以优秀的广告绝不是"能把马儿领到河边,但不能让马儿喝水"的广告。

2. 美感的根本性质和主要表现

广告审美文化理论的另一重要研究对象,就是美感的根本性质和主要表现。广告的目的和价值的实现,都要通过美的广告——给人以美感去完成。这就需要广告人懂得美感的性质和表现是什么。艺术的美感本身包含着内容和形式这样两个相互联系的方面,所以审美就不单是针对美的现象;根本说来它是关于美的规律的认识,是关于现象与本质、个性与共性的认识。这种认识不是单纯的感性认识,在根本上它是一种理性认识。所以审美活动不能与知识、功利、道德的判断割裂开来。

美感在根本上是理智的认识,这一点是最容易被忽略的。一个原因是因为感情印象在审美中直观而普遍地存在着,另一个原因是因为美感总是从感官的刺激开始的,当一朵艳丽的牡丹在我们眼前摇曳,当一阵清脆的鸟鸣在我们耳畔啁啾,当一段翩翩的舞姿在我们眼前飞旋,我们会感到赏心悦目。我们会进入误区,认为美就是使人的感官得到娱悦。其实这种理解是片面的,不够全面的。

在我们感受到的美感后有不可忽视的理性成分,或者说有我们先行理解的存在,即有理性的成分的作用。如果你不信,那么我们试问,当一位第三者敲开人家的门,当着男主人的面送给他夫人一束鲜艳的玫瑰他会觉得愉悦吗?当漆黑的夜色里一只猫头鹰在你的屋顶鸣叫,你会觉得悦耳吗?这些简单的审美对象给我们的美感尚且如此,更不用说那些复杂的审美对象了。

比如说人格美,虽然我们不能否认外表的美在人格美的感受上起着十分重要的作用。一位名人曾说过,"美貌是比任何一封介绍信更有推荐力的东西"。但你能说外表美就是人格美吗?外表丑就是人格丑吗?潘金莲漂亮,但你恐怕不愿娶她为妻吧?雨果《巴黎圣母院》中那个驼背且丑陋无比的敲钟人加西莫多,你能说他人格丑吗？他对美丽的爱斯梅哈尔达的爱多么纯洁,多么真诚,多么富有牺牲精神,虽然爱斯梅哈尔达不会嫁给他,但敲钟人高尚的人格魅力仍会强烈震撼我们的心灵。

所以,真正的美(包括人格的美)不是以刹那间的外表印象取胜,它需要多方面了解,认真思考才能感受到。能够说明这个道理的例子数不胜数,在以上分析的基础上,概括说来,美感是一种非常复杂的多方面的心理活动。由于美本身就是复杂的,从认识的内容来说,它既是感性认识活动,也是理性认识活动;从认识的形式来说,它既是感官的感受,又是感情的感动。在感性与理性相互作用下产生的美感,才能使人整个身心得到娱悦,能使灵魂为之陶醉。

3. 美感的表现形式

美感的表现形式主要有三种:

第一种是感官的直观的美感。比如,对悦耳的声音的陶醉,对秀丽景物的流连,对娇美容貌的赞美等等。这种美感形式虽然也受到地域、文化、修养等意识的制约,但它还是具有普遍性的特点,具有人类较为共同的美感特征。

第二种是间接的渐进的美感。在美的对象比较复杂的情况下,不是一下子就能激起人们的美感的,如读一部小说,或者看一出戏剧,并不是一开始就能产生全部美感的,而是随着情节的跌宕起伏,矛盾的展开和激化,意境的酝酿和形成,人物的形象才越来越突出,从而产生一种令人回肠荡气、心醉神迷的美感。

第三种是瞬间的顿悟的美感。这种美感是美的观念和美的现实的碰撞,是两者的契合,是两者一见倾心。具体地说就是有特定审美观念的人,正巧遇到了与自己某个强烈而持久的审美观念相吻合的美的事物(包括人)的出现,从而产生一种强烈的认同感,迸发出美的火花。就像一个掘宝人,一锄头下去,地里蹦出一个金娃娃。如同贾宝玉和林黛玉在贾府一见面就像久已等待的意中人,一见钟情。

对于广告人来说,美感的表现形式是很值得研究的。由于广告特定的时空限制,它不大可能更多地以第二种间接的渐进的美感形式去设计和制作广告作品。因为消费者不可能像读小说一样去读你的广告。广告人只能以感官的直观的美感形式和瞬间的顿悟的美感形式为依据设计和制作自己的感官作品。而这两种美感形式中,最高的境界是瞬间顿悟的美感。直观的美感可以通过我们创作的具有普遍意义的美的作品去实现,而第三种美感要我们深入到心灵的深处才能实现。一旦达到这个境界,你的作品产生的冲击力,将如惊涛拍岸。

第三节 广告美的创造

广告的美是广告人创造的产物。探讨广告美的创造原则、方法和技巧是十分重要的事情。美是创造的,而创造是有规律的。

一、广告美的创意原则

广告美的创造就是广告人在美的观念指导下,针对消费者的审美心理和价值取向,对美的对象(所推销的商品、服务,或商品品牌、企业形象)通过各种艺术手法进行表现的过程。广告美的创作过程所要遵循的根本原则,就是形象化的原则。广告作品的创作与其他艺术作品的创作在本质内容上是一样的。广告作品和其他艺术作品一样都不是头脑凭空想象的产物。广告人和其他艺术家一样,也要深入到他要表现的那个特定的生活领域去观察、体验、研究和分析,凭借着艺术家对生活的深切感受和体会,依靠对生活的本质和规律的把握,借助想象来创造出具体生动的艺术形象。作为广告人不仅要深入地研究商品的生产、商品的个性特征以及商品的精神意义;还要深入细致地研究市场,并对市场进行细分化研究;要深入地研究消费者,研究他们的消费心理和消费行为等等。这就是为什么现代广告人非常重视市场的调查环节的理由。

中国台湾地区有一个颇有点名气的广告人,为某一汽车厂商做广告时,深入到生产和销售的方方面面,甚至和司机交朋友,对这种品牌汽车性能的优缺点了如指掌,对销售中的问题了解得细致入微,所以他在和老板谈自己的广告设计、推销计划时,令老板颇为惊诧,这不仅使他赢得了这桩广告业务,而且老板当即送他一部车。另外,他在做妇女卫生巾广告时,自己为了了解商品的性能,还亲自试用了一段时间,当然这听起来颇为滑稽,但却说明一个问题,即了解你所表现的对象是进行广告美的创造的前提。

现在有些广告人热衷于依靠自己的小聪明,闭门造车;还有些广告人投机取巧摹仿别人的案例,并以偶然的成功沾沾自喜。其实这是一种根本的创作思想和创作原则的问题,他可以获得偶然的成功,但作为一个广告人来说,最终等待他的必然是失败。不进行细致而深入的市场调查,仅仅凭自己的想当然创作广告是不行的。

我们不妨再举一例。麦氏速溶咖啡刚刚投放市场时,厂家在广告上着力宣传它的味道,营养成分,以及一冲就好,饮用方便等优点。但出乎意料,购买者寥寥无几。

后来经过深入细致的调查,发现问题的症结与当时美国妇女的价值观念有关。美国的兴起与几代艰苦的创业者拓荒者有关,以至美国妇女认为担负繁重的家务劳动是一种天职,而逃避这种劳动则是可耻的,应该受到谴责的行为。所以后来厂家在广告宣传上一改重点宣传它省事方便的做法,而大力宣传它的美味、芳香和质地醇正的优点,创作出"滴滴香浓,意犹未尽"的广告词,结果速溶咖啡销量大增,成为西方最受欢迎的咖啡。

以上这些例子充分说明一个道理,广告人的艺术创作过程是以深入生活、评价生活、概括生活为前提的。在这个基础上,广告人才逐步由题材的选择(广告定位和诉求点的确立),主题的发掘(广告主题的确立),形象的孕育和塑造,表现手法的运用(广告的制作),而达到成功的广告创作。广告人在以形象化和典型原则塑造广告形象时,渗透着广告人的美的理想和思想倾向,体现了广告人对生活的理解、释义和取舍。

在广告创作中为什么要贯彻形象化和典型化的原则呢?这是因为艺术掌握世界的方式具有特殊性。艺术掌握世界的方式,既不同于理论的掌握方式,也不同于实践的掌握方式。艺术是以塑造艺术形象的方式来掌握世界的,因此它主要是以形象思维的方式为创作手段的。艺术家的形象思维是通过具体的感性的现象来表现事物的本质,通过鲜明生动的个性来表现事物的普遍性。因此,艺术家由形象思维所获得的认识不是抽象的,而是和现实事物一样有具体形象的。

对艺术形象的创造,要求以非常鲜明而突出的个性形象来充分地体现所要表现的事物和生活的本质,即以鲜明生动的个性来表现事物的普遍性,这就是形象的典型化。广告人作为艺术创作者要懂得,典型化是艺术家通过形象去掌握世界的高级方式。优秀的广告人彻悟其中之道,才能使自己创作出令人赏心悦目且具有经久魅力和强大推销力的广告来。

需要说明的是,我们讲艺术创作的思维活动的特点是形象的,这并不是说艺术创作过程中没有抽象思维。事实上,在具体的思维活动中两者总是相伴相生、相辅相成的,形象思维中往往渗透着抽象思维,抽象思维中也有感性的成分,我们只是强调艺术创作过程中形象化思维是主要的思维形式罢了。

二、广告美的创作方法——"再现"

追求现实(商品美、商品品牌美、企业形象美)的"再现"是广告艺术创造的最主要方法。"再现"同原始的模仿和现代艺术中的表现具有不同的形态和性质。"再现"是对现实中最美好、最奇特、最典型的事物之形象进行再创造。"再现"不仅合乎美的比例和外部形态,而且有深刻的内容。它是通过艺术家对所要表现的事物的最本质方面的观照,以向人们展示最深刻、最凝练和最精粹的形象,展示人们心灵所崇尚和追求的那种崇高、美好和多彩的境界。广告人通过"再现"所创作出的广告作品,能够激起广告受众一种独特的不同于欣赏其他艺术时的审美体验。

比如我们欣赏 1996 年戛纳广告节耐克公司"人妖大战"的广告:在古罗马的角斗场,现代人和面目狰狞的妖魔举行了一场亘古未有的足球比赛。魔鬼的铁蹄践踏着神圣的土地,邪法无边的妖魔不可一世。但是,魔高一尺、道高一丈。穿着耐克鞋的现代人,足智多谋,骁勇善战,最终取得决定性的胜利。这部广告片以蒙太奇的浪漫的动画手法营造了一种奇幻的境界。它让人们领悟到的是一个虚幻的世界,让人们窥到了人的伟大的具有无比创造力和不可战胜的真实的本质。通过穿着耐克鞋的脚部的踢球、运球、倒勾、射门的特写和定格,让你不由地惊叹:"啊,耐克!人类力量和创造的源泉!"耐克广告就是这样艺术地运用了"再现"的创作手法。

1. 心理再现和艺术再现

"再现"分为心理再现和艺术再现两种形式。心理的再现就是根据回忆,对以往的记忆形象加以适当选择之后,以意象的形式在头脑中复现出来。这种再现具有选择的性质。比如上山下乡对于广大知青来说并不是一件令人愉快的事情,但是,当知青返城,若干年后,再回忆起那段岁月,受苦受累的细节舍弃了,而更多想起的是知青间的友情,老乡们的质朴,由此充满了对那段生活的眷恋。

另一种再现是艺术再现,它是在心理再现的基础上,将心中的意象用艺术的符号(线条、颜色、光影等)表现出来。不言而喻,艺术的再现虽远离客观现实,但并不是远离了客观事物的真实的本质,像耐克公司人妖足球赛的广告就是这样。

广告艺术的再现过程分为三个阶段:"表象"、"意象"和"再现形象"。"表象"来自于对外部事物的初步知觉,它是广告对象在广告人眼中所感知的直观形象。"意象"是情感、想象和审美理想对知觉表象的改造,它是广告人心中塑造的广告对象的形象,即广告人的形象创意。"再现形象",是艺术家以特定的符号将心中的意象外化出的具体形象,它是从创意到表现的过程,即通过各种具体的艺术手段来创造出广告作品。三种形象逐级远离具体的真实,使广告作品的艺术再现完全不同于机械的模仿和照相式的复制。

清朝画家郑板桥在其《题画:竹》的文章中,对自己的画竹过程有一段精彩的描述:"江馆清秋,晨起看竹,烟光、日影、雾气,皆浮动于疏枝密叶之间。胸中勃勃,遂有画意。其实,胸中之竹,并不是眼中之竹也。因而磨墨展纸落笔倏作变相,手中之竹,又不是胸中之竹也。郑板桥的"眼中之竹"、"胸中之竹"和"手中之竹"就是艺术再现过程中的"表象"、"意象"和"再现形象"。

艺术再现的过程在不同的广告人那里是不同的。广告人的艺术修养,生活经历和道德情操以及表现手法各不相同,所以他们即使看到的是同一事物,但是在他们眼中的形象、心中的形象和手中创作出的形象是大不一样的。比如说,在郑板桥眼中所看到的竹子和普通人所看到的竹子就不一样。郑板桥同情人民、卑视奴颜卑膝的小人,具有正直无私的品格,所以他眼中的竹是坚强挺拔、刚正不阿的形象。在一般人眼里看来仅仅是普通的竹子,而在郑板桥眼中这普通的竹子就有了独特的个性,从艺术再现的过程来看,郑板桥眼中的竹和心中的竹以及手中的竹(所画出的竹)也不一样。因为手中的竹是通过一定的表现手法和技巧创造的,而表现手法和技巧,经过时间的磨练,技艺水平不断提高,风格流派也会有所变化。所以,即使是郑板桥所画之竹,在不同时期也是其趣相异的。

郑板桥为了画好竹,苦练四十来年,白天不断地画,晚上躺在床上还要反复琢磨,正像他自己在诗中所说:"四十年来画竹枝,日间挥写夜间思。繁冗削尽留清瘦,画到生时是熟时。"经过潜心钻研和刻苦磨练,他终于达到了"我有胸中十万竿,一时飞作淋漓墨"的炉火纯青的地步。郑板桥晚年所画的竹子,细节和多余的成分毫不吝惜地删去了,留下的仅仅是"一两三枝竹竿,四五六片竹叶",但却十分鲜明地突出了竹子的铮铮傲骨和经风着雨顽强不屈的生命活力。

2. 艺术再现中的变调原理

广告人要塑造商品品牌和企业形象,在本质上讲就是一个艺术再现的过程,也是一个学无止境,艺无止境的探索过程。广告艺术"再现"的变调原理就是广告的艺术"再现",最为重要的表现手法是以简代繁,以少胜多。广告人为什么能以简练的笔触和简洁的构图来再现强烈而丰富的形象呢?这就是因为在人们的审美知觉中有一种"变调"存在。

譬如说,人们在自然界日常所看到的太阳是非常亮的,其亮度的绝对值是相当高的。如果画家按太阳的实际亮度在纸上作画,是不可能画出来的。而令人奇怪的是,我们能在许多绘画中看到光芒四射的太阳,这就是因为画家巧妙地运用了人们视知觉中的变调原理。原来,人们对事物亮度的知觉,是在对比中产生的。

有人作过这样的实验:将一块黑色绒布悬挂在一间暗室之中,然后用一束明亮的光照射它,但不照亮周围的物体,这时人们看到,黑色绒布成了发光的物体,向四周发射明亮的光。但是，如果在房间中点燃一根蜡烛，同样被光束照射的绒布，其亮度和发光程度就大大地降低了。这说明，物体的亮度同其周围物体的亮度的对比有关。所以，画家要画太阳，并不要把太阳画得如实际那样亮，只要将画面中的亮度对比变化一下就可以了。这样，画面上的太阳看上去就像实际的一样亮。这样的效果，当然是视知觉本身的作用，对这种奇妙的作用，我们称之为"变调"。这种变调现象，是知觉在无意识中自动完成的。

"变调"原理是广告艺术再现时依据的主要原理，在平面广告的创作中，广告人应该有意识地运用变调原理，以艺术的媒介构成一个特定的式样，造成艺术的知觉意象与真实的外部世界的知觉意象相同或接近时，我们就说这一艺术式样再现了外部世界。

在平面广告制作中，运用绘画手段，就是要依据"变调"原理，使画面呈现出现实世界中各种事物所具有的各级梯度和层次，包括色彩的浓淡梯度、亮度梯度，轮廓线由清晰变模糊的梯度等等，来表现丰富的空间效果。

在影视广告中，则可利用物体速度的梯度来表现强烈的空间效果。我们都有这样的经验，在行进的火车上，依窗而望，我们会看到火车旁很近的景物，树木啊，电线杆啊，扑面而来，又一闪而去；而远处的景物在缓缓地移动，离得最远的景物就像静止的一样。根据这样的规律，广告人可以在影视广告中设法呈现特定的速度变化的梯度，来产生特定的空间深度的效果。

西方很多广告，就很善于运用速度梯度，制造强有力的冲击效果，给人以强烈的感官刺激，迎面而来的急驰的骏马，急速旋转和飞逝而过的足球，让你感到一种强烈的空间迫近感，仿佛骏马就要撞上自己，仿佛足球是带着风声从自己耳边擦过。这些事实告诉我们，艺术再现并不是不可能的，只要了解和掌握人们知觉活动的规律，将现实中存在的各种各样的知觉梯度加以"变调"处理，就可能产生形象逼真的艺术再现的效果。"变调"原理使艺术再现有了纵横驰骋的广阔天地。

谈到人们心理审美和知觉的"变调"现象，我们很自然应提及人的视知觉中的"马赫条带"现象。"马赫条带"，原指某种事物的影子中与光明区交接处的那一部分出现的一种特异的条带，这一条带是一条更窄的明亮带和一条更窄的黑暗带合并而成的。比如说，你眼前是一幅月夜图，夜色朦胧，皎皎的明月放射出银色的光芒。夜色和明月形成明暗较大的反差，但仔细鉴别，画中月亮和夜色所用颜色的亮度是一样的。造成月明天亮的效果，完全是由月亮的轮廓线所致。这条轮廓线外侧部分，墨迹十分浓重，而且向外延伸出一定的宽度，这条线的内侧部分则显得浅亮一些。这就是一条典型的"马赫条带"。正是"马赫条带"的奇妙作用,才能使这轮月亮变得格外明亮。

我们所说的那条奇异的条带,奥地利物理学家马赫一百多年前对它作了系统的研究和解释,所以被命名为"马赫条带"。"马赫条带"的这一特异功能,在现代科学中被称为"克莱克—阿布雷"效应。西方的两位学者也发现了"马赫条带"的奇异效应:原来是一片光线分布均匀的区域,只要这种条带出现,就会使它变成看上去完全不同的区域,而原来光线分布不同的两片区域,当用"马赫条带"隔开时,看上去又似乎很相同。

"马赫条带"的奇异效应,再次证明,艺术再现决不是去照搬现实。机械地照搬现实,是笨拙的,它只会大大冲淡艺术形象的真实性和生动性。广告人应该掌握人的知觉和心理规律,按照这些规律去塑造形象,才是成功的艺术再现。艺术高于自然,因为那是人们提炼过的、升华过的、人化的自然。

三、广告艺术创作中的隐喻和暗示

隐喻是广告艺术创作中极为重要的表现手法和表现技巧。为了便于阐发和理解,我们可以先来了解一下 IBM rs/6000 网络计算解决方案(Internet 服务器)广告。该广告的目的是要突出 IBM 网络服务器无与伦比的竞争优势和领先的技术水平,最新推出的 rs/6000 具有便捷的办公环境、优质的网络视讯传播、超强的 FireWall(防止信息盗用和信息干扰)技术和即插即用的装配方式。这幅平面广告用了半个版做产品品质说明,另外半个版面是一个颇为耐人寻味的摄影广告:画面下半张是俯拍的一双脚的特写,一双黑黑的皮鞋结实而考究,还露出脚踝处笔挺的一抹裤管,尽管只是"冰山的一角",但推想得出此人是事业型的一类男人。这双脚站在一道高高架起的褚红色钢梁上,往下望去是一片蓝蓝的湖水(画面的上半张呈现了这泓碧蓝的湖水),湖面上跳动着点点光斑,依稀可见一对情侣荡着一叶小舟。显而易见站在钢梁上的这位西服革履的翩翩君子,分明是想跳下去,与美丽的自然和可爱的人生诀别。为什么?问号不免在我们头脑中浮现。

这幅画面正中,扑入人们眼帘的是这样一段文字:这人刚听说,他的竞争对手运用了 IBM rs/6000 网络计算解决方案。答案不言自明,因为他的对手运用 IBM 最新型的网络服务器,所以自己在竞争中的惨败已成定局,以往取得的成果顷刻间"樯橹灰飞烟灭"。彻底的绝望使钢梁上的这位男子想要结束自己的生命。其实,这幅广告作品,以诙谐的手法做了一个暗示:IBM rs/6000 网络服务器具有高超的最先进的技术水平和强大的服务功能,因而是客户竞争的利器,是取得竞争优势的保证。这样的意思在广告画面中并没有直言,而是通过隐喻暗示出来的,这样便使观众有了回味的余地,留下深刻印象,从而也就增强了广告作品的表现力。

1.隐喻与广告艺术创作技巧

隐喻不仅是一种表现手法,而且是人类本质特性的反映。人类要想生存,就要认识自然、征服自然还要改造自然,值得我们注目的是,人是通过语言文字这样一种"近取诸身,远取诸物"的隐喻系统来认识自然的。语言一开始就蕴含着两种基本存在:人和自然。语言就是在人体和宇宙万物的最原始关联中认识自然和为自然命名的。

维柯指出:"值得注意的是,在一切的语种里,大部分涉及无生命的事物的表达方式,都是用人体及其各部分以及用人的感觉和情欲的隐喻来形成的。"[①]如用"头"(首)来表达顶或开始,用"腰"、"背"、"脊"、"脚"来表达一座山的部位,针有"眼",壶有"嘴",树有"身",玉米有"须",瓶有"颈",桌有"腿",器具的柄为"手",果实有"皮"和"肉",风"吹",月"走",船"摇"等等。语言最初以人体及人的感觉为自然命名,不仅仅给了事物一个名称,而且给了事物人化的品格,确立了人和自然的统一性。

隐喻在人类的精神存在中,牢牢地保留着人与自然的原始关联,从而无可辩驳地证明人是通过隐喻来认识自然。隐喻不仅是语言的特性,也是人类本质特性的体现,是人类使世界符号化即文化的创造过程。隐喻不仅是语言的根基,也是人类文化活动的根基;隐喻不仅是语言构成方式,也是人类文化的基本构成方式。

隐喻的功能是超出自身而指向另外的东西,也就是人类超出自身而趋向更高的存在。隐喻思维使得人类把存在的东西看作喻体,去意指那些不存在的或无形的喻意。隐喻和隐喻思维诱使人类从一件事物中去寻找另一事物,诱使生命个体去寻找另一个自我,也诱使人们从有形的东西去寻找无形的东西。

广告人研究和掌握隐喻是对自我文化创造力的一种发现和挖掘。隐喻中包含着创造、真理和美。当广告人处于一种创作状态的时候,他决不仅仅是直观地告诉消费者一些东西,决不是照葫芦画瓢。只要称得上创作,就是要从实实在在的具体形象(所推销的商品、服务等等)出发去告知消费者一些更精彩更深刻的东西,或者说能从一些有形的东西引伸出一些无形的东西(观念、精神等等),那么他就必须运用隐

---

① 朱光潜译:《新科学》,第180页。

喻。

从表面上看,隐喻是一种方法或技巧,而从实质上看,隐喻是人的创造力本质的一种体现,是人从自然王国向必然王国飞跃的一种途径,是从已知通向未知的桥梁。

隐喻虽然是人的本质创造力的体现,但是隐喻在人的个体身上并不一定能得到充分的体现。事实是隐喻在衰亡,人们越来越习惯于直观地单向性地孤立地看问题,人们不仅不再关注人与自然的统一性,人们也不愿关注一物与另一物的统一性,甚至不再关注有形之物和无形之物的统一性。当隐喻趋于消失,实际上是创造力的消失和思维钝化。广告人要想激活自己的创作力,创作出深刻、精彩和有力度的广告作品,必须重新认识隐喻,学习隐喻和驾驭隐喻。广告人驾驭隐喻,实际上就是掌握了一种富有创造力的思维方式。

艾略特对隐喻这种思维方式给予了很高评价,他说:"这种思维方式提到某一高度就能产生大诗人、大圣人和神秘主义者。"①广告人要掌握隐喻这种思维方式,不仅仅要了解喻体、喻词和喻指这种一般的表现程式,还要了解事物与符号、符号与所指、具象的世界和抽象的世界、经验和超经验、现实性与可能性的关系,善于从前者延伸到后者,并把这种延伸具体地体现在广告作品中。如果能达到这种境界,那么隐喻的思维方式就"提高到某一高度",也就能创作出优秀的广告作品。我们前面信手拈来的那幅 IBM/rs6000 网络服务器广告,仅是就隐喻做出一点提示性的说明,真正优秀的深刻的含义隽永的隐喻广告有待于我们广告人在实践中去创作和实现。

如果说隐喻是人的本质特性的表现,那么暗示则是人在再现事物时的一种很重要技巧,也是艺术再现的技巧。所谓暗示原理,就是以少量的信息符号,通过心理的联想来获得知觉整体印象的原理。比如说我们在竹林上仅仅画出一面"酒"字的旗幡,别人就会得到"竹锁桥边一家酒店"的暗示;我们仅仅在画面出现宫殿的飞檐半斗角,人们就会想到整个巍峨的宫殿;我们画出一轮船在海上犁起的浪痕,别人就会觉得轮船在航行;我们画一面展开的红旗,别人就会感受到猎猎的西风;我们在烟尘蔽日中画几竿旌旗,别人就会感受到千军万马的驰骋;我们把车箱外的景物画得模糊且有流线型的条纹,人们就会感觉火车在风驰电掣地行进……这些都是暗示,是以少示多,以偏示全,以静示动。

2. 暗示与广告艺术创作技巧

暗示是通过人们联想和人的整体性知觉趋向完成的。每个人在以往的实际生活

---

① 艾略特:《论但丁》。

中积累了丰富的感觉和经验,形成了格式塔心理(完型结构),所以当你展现某一局部时,人们能够根据自己的心理经验而呈现它的整体,并能再现它曾经使人产生的心理体验。由于广告是最受时空压迫的艺术,它要求在极短的时间内展现丰富的内容,也要求瞬间给人以强烈的冲击,所以广告人要善于运用暗示原理,达到以少示多,以偏示全,以静示动的效果。

广告人在运用暗示原理时,要注意一些技巧。譬如莱辛提出的"暗示性顷刻"的主张。莱辛认为,绘画和雕塑运动的物体时,不应该选择运动的顶点,而应该选择运动到达顶点之前的一刹那。只有这样,才能起到充分的暗示作用,使观赏者通过自己的联想去把握物体的运动状态。希腊雕塑《掷铁饼者》并没有把铁饼掷出去,罗丹雕塑的《施礼者约翰》没有把腿抬起来,米莱画的播种者也没把种子撒出去,但是通过人们心理的联想机制,人们已经感受到那活生生的整个运动过程。

人们的联想是非常奇妙的,这给暗示以很大的表现空间。你展示一片起伏不平的海滩和呈现波纹的沙丘,有经验的人就会感受到刚刚逝去的海潮的汹涌和狂风的肆虐。广告人知道运动比静止更有冲击力,动感与再现形象的形状、色彩和位置有关。广告人可以通过特定的形状、色彩和位置来表现强烈的动感。竖立的长方形比方方正正的正方形有动感,椭圆形比圆形动感强,倒立的等腰三角形能表现出最大的动感。

运动感还可以通过偏离事物的稳定位置而得到。经验告诉我们,一切与空间主轴(即水平和垂直轴)相一致的物体都是稳定的、静止的。一个垂直而立的物体,假如稍稍偏离到最大程度,便说明运动达到高潮。诉诸经验联想的暗示信息和促使事物运动的力的暗示,都是再现"运动"必不可少的,假如广告人能巧妙地把二者结合起来,就能最大限度地给不动物体注入展示运动的强大活力,从而给受众以强大的视觉冲击力。

我国的艺术雕塑"马踏飞燕",是东汉时期雕塑艺术和铸铜工艺融为一体的杰出作品,在中国雕塑史上代表了东汉时期的最高艺术成就。铜马昂首,四蹄翻腾,马尾高扬,口张作嘶鸣状,以少见的"对侧快步"的步伐奔驰向前。其

图4-1 东汉雕塑 马踏飞燕

三足腾空,后右蹄踏在一只正在振翼奋飞的燕背上,燕顾首惊视,与之相呼应,奔马头微左顾,似乎也想弄清楚发生了什么事,而这一切尽在瞬间。由于马蹄之轻快,马鬃马尾之飘扬,恰似天马行空,以至飞燕不觉其重而惊其快,更增加了铜马凌空飞驰的气势。马体重落于一足,小小飞燕承之而可平置,体现了设计者之独具匠心。马与燕的线条流畅,比例匀称,奔驰与飞翔的动态表现得淋漓尽致,生动体现了骏马奔驰与飞鸟争先的瞬间。此雕塑应该是广告人理解艺术暗示原理的典范之作(见图4-1)。

第四节 网络时代背景下的广告美学

我们已经进入后信息时代,尼古拉·尼葛洛庞帝的划时代著作《数字化生存》一书的科学预言正在变成现实,计算机和网络正在深刻地改变着人们的生活。它让人们懂得,"计算不再只和计算机有关,它决定我们的生存"。今天的一代比上一代更加数字化。这一代摆脱了许多传统的偏见,正在成为崭新的一代。如果谁不想被时代抛弃,就要重新学习,跟上时代的步伐。网络正在改变着人们的生活方式,也在改变着人们的审美方式,也就是说正在改变着美学。

一、网络改变了美学的现实基础

美学研究的一个重要原则就是尊重历史,把一切放在历史的进程中去考察,用历史的视角揭示流淌在时间长河中那一幕幕波澜壮阔的景象。从这个意义上讲美学就是美学史。从历史角度观照美,可以说美是社会实践的产物,是人们理想化的生存境界。

探讨网络时代的美学就是从历史角度去关注人的理想生存状态:包括人与自然、人与人、人与自己的和谐关系;关注人对理想生存状态的憧憬,即网络背景下的审美理想和美学理论;关注人对理想状态的追求和评价,即人们的价值观。

网络时代的到来,为社会生产和流通提供了具有革命性意义的手段,进而使社会的组织结构和管理模式发生了革命性变革,从而使人们的生活方式、价值观念和情感发生了根本性变化。在此基础上网络改变了美学的现实基础。

第一,计算机语言的数理逻辑符号,是科学理性主义在现实中的实现。它把我们现实世界进一步引领到科学的理性主义的方向,它的纯粹而优美的结构向我们展示了一个美轮美奂的情景,从而使科学理性主义的理想发扬光大。

第二,现存的网络技术分三种:PSTU网(电讯网)、互联网、有线电视网,它们互为补充,正在走向以 TCP/IP 为基础的网络融合。虽然它们功能不同,却必须有共同的协议和共同的标准。身份识别、地址确认、路径控制、译码编码等都需要有统一的规则,安全、高效、准确的网络系统的核心就是统一的标准。

第三,网络的设计理念和意图在人/机互动的过程中得到完美实现。在这个虚拟的世界里可谓无所不能,也无所不容,界面便是两个或多个信息交流的地方。一旦进入网络,个体就变成可以识别的编码,它可以按着最优化的原则选择路径,漫游在一个个服务器之间,寻找另一个编码,由此构成了人与人之间的关系网络,这种关系网络重构了我们的世界。传统上鸿雁传书、寄信往来、电报加急等等交流方式已经越来越淡出历史。计算机网络所构建的关系结构最终将延伸到社会的生产、流通、生活、艺术、文学等方方面面。

第四,网络虚拟空间的出现,是信息技术、网络技术给传统世界带来的最大冲击,它动摇了传统世界中关于虚拟和现实的判断标准和界限。网络为我们营造了一个虚拟和虚幻的真实存在的世界,这就消解了虚拟和现实的界限。从某种意义上说虚拟变成现实,现实就成为了梦境。

网络资讯时代的到来,使地球真正变成一个村落。理性主义、统一规则、平等话语权、无限虚拟空间构成了新的生存语境,构成了网络时代的美学基础。生活是美的基础,生活是美的源泉。人们的生活数字化了、网络化了,美的基础也相应发生了变化,而这个变化是深刻的,前所未有的。

首先,传统美学中主客体的界线被模糊和消解。主体的话语霸权受到前所未有的挑战。广告作品的接受者被赋予了更多的交流、互动、参与和创作的权力。胡戈的《一个馒头引发的血案》就是针对陈凯歌的电影《无极》的网络恶搞版。胡戈也因此一举成名。人们完全可以在网上改编电影、续写小说、发表评论、抒发感言,当然也可以在网络上按自己的意图改编广告作品。美的创作从根本上由先验领域回到社会实践领域。在民主化和法制化的进程中,自由、平等、公平的价值观念和准则得到了最充分的体现,所以这些要素成为网络美学基础。

其次,在以数字化为特征的网络时代,在很大程度上削弱了传统美学的教化功能,而自由成为美的核心。自由为美的核心,意味着美是人的一种理想化的生存境界。由此,艺术创作和审美已经不是少数精神贵族的专利,而真正成为所有人的天赋人权。以前的社会,人与人的不平等,不仅表现在财富、地位、身份上,而且表现在艺术创作和审美特权上。在网络时代,平等交流、和谐共处已经成为这一时代最显著的特征。

再次,网络赋予人一种超自然的力量,人的能力和智力在这个时代得到无限度的延伸。网络通信,网上娱乐,网上交友,网上购物,网上投资,网上设计,网络管理,网上战争,网上博客、播客等等,真是无所不能。有个例子很能说明这个问题。美国提出禁止地下核试验,并不是美国放弃了核野心,主要是因为美国掌握了利用计算机模拟地下核爆的技术。可以说数字技术真正使"只有想不到的,没有做不到的"变成现实。数字技术改变了人们对虚幻概念的理解,用哲学语言描述,数字技术使人具有了不可限量的主观能动性。在网络这个世界里信息的发布者和接受者只是个相对的概念。智慧不仅分布在发布端,而且也分布在接受一端,仅此就赋予艺术(也包括广告)的传播以新的特点和要求。

二、网络时代广告美学的特征

在网络时代美学的基础变了,网络时代广告美学的特征也就相应发生变化。广告艺术对新事物具有超乎寻常的敏感,对网络这个新事物,广告投入了满腔热忱,没用多少时间,各种形式的网络广告就在网上冒了出来,包括视频、音频的广告,可谓花样翻新,令人目不暇接。经过一二十年的磨练,网络艺术广告已经成为一种独立的艺术门类。

一门艺术要独立就要与一定的媒介相匹配,而这一艺术赖以存在的媒介又是社会发展的产物,并与社会发展的特定阶段相适应。亚里士多德曾在《诗学》里指出,艺术要有模仿的对象、模仿所用的媒介和方式三个要素。这其中媒介的作用尤为重要。艺术就是在媒介的进化中不断地改变着自己。古人把图腾凿刻在岩壁上,后来发明了纸张,栩栩如生的绘画就跃然纸上,如今,网络为艺术也为广告提供了全新的媒介,如果把工业革命催生的电影艺术称为第七艺术的话,网络艺术(包括网络广告)就是信息革命所催生的第八艺术了。

网络广告艺术就是以网络为主要媒介的艺术,它同时兼有其他艺术媒介形式,但它与其他艺术的区别就在于网络构成了它最基本的生存方式,离开网络,就不是网络广告艺术了。网络广告艺术的美学特征取决于网络媒介的特征。

网络艺术媒介最显著的特色有三点,即包融性、开放性和可复制性。所以,网络广告艺术也具备这三个方面的特性。

1. 网络广告艺术的包融性

首先,它的包融性体现在它的超文本链接。超文本链接是互联网的基本特征。互联网通过链接的方式,把网络世界构造成一个四通八达、纵横交织的无边无垠的世界。在这个世界里,人们可以纵横捭阖,从一点到任何一点。在这里没有阶级差别、种族隔离、性别歧视,有的是统一的规则、平等的权利和自由的精神,这也就构成了网络广告艺术的精神核心。

网络艺术的超文本链接的运用,在一定程度上打破了以往媒介的物理属性的局限性和时空限制,构成了一个无比眩目的多维时空结构。广告艺术的表现力在这里得到了淋漓尽致的发挥。网络广告是广告人施展艺术才华的最广阔舞台,是迸发创造力的最适合的土壤。

其次,它的包融性还体现在它的多媒体特性。网络发展到今天,集文字、声音、图像、动画于一身,随着科技的进步,它的发展空间还很大,还可以把人的味觉、嗅觉、触觉等感知觉逼真地表现出来,此外,还可以形象地模拟出立体的三维和多维空间。在不久的将来,网络将作为最重要、最富表现力也是最主流的媒体呈现在世人面前。网络广告应成为当今理论探讨和实践探索的重中之重,有作为有远见的广告人应该作出积极的反应,应该为此投下资金和智力资本。

2. 网络广告艺术的开放性

网络广告艺术文本的开放性,就是利用前面讲的超文本链接功能,把以前相对封闭的文本扩展为无限开放性的空间。可以把他人的视域以网络文本的形式主动或被动地加入到我们的文本世界中。当前,BBS网络论坛中的跟帖评论,小说接龙等文本形式就是这一技术的实现。

还有就是利用网络技术可以开发网络文本的交互功能。超文本的交互性,消解了传者和受众的界限,他们不仅冲破了传统文本的那种精神层面的不平等对话,还可以使双方在现实层面作即时对话。这对实现艺术文本的交流是前所未有的,这种超文本的交互方式就是网络广告艺术最根本的表现手法。

3. 网络广告艺术的可复制性

网络广告艺术的可复制性是它区别于传统广告艺术的非常重要的一个特性。以往的艺术范式,往往具有神圣的、教化的、不可复制的性质。社会的进步使得平等的民主意识觉醒,而网络为这一夙愿的实现提供了技术可能性。网络广告艺术的易复制性,契合了当今社会人们追求自由、平等、民主的历史潮流。

网络广告艺术特征的分析,对网络艺术的生存语境和美学基础的认识和理解具有十分重要的意义。它对广告人的宏观视野、战略思维和努力方向都具有指示性作用。它对广告人有三个价值指向:其一,要大力加强网络广告的研究和建设。网络广告艺术具有很大的开发潜力,它能在传统广告表现艺术手段的基础上,提供一个崭新的具有无限表现力的手段。其二,从网络广告艺术的表现对象来看,网络为广告提供了更多的也是更多元的表现对象,广告人可以自由翱翔在虚拟和现实的无限时空中,可以在平等的基础上,与任何人在任何时间、任何地点做最自由的交流,网络使我们真正做到了沟通无极限。其三,网络广告的多媒体特性,使其能够创造出立体式的、全新的、全方位的艺术表现方式,真正创造出精彩无限的广告艺术精品。

三、网络广告的营销策略

中国互联网在商业领域的运用是从 1995 年开始的,已经有了 12 年的历史,而互联网广告从 1997 年才开始,有整整 10 个年头。2005 年中国网络广告驶上快车道,网络广告的营业额比上一年增长了 50%,2006 年中国网络广告依然保持了强劲的发展势头。但是从总体来看,我国的广告规模较之世界发达国家还有很大差距,2005 年美国的网络广告为 125 亿美元,占全球广告额的 60% 以上,相当于中国的 20 倍。所以,摆在中国广告人面前的任务很重,我们的网络广告刚刚上路,征程正未有穷期。我们对网络广告的模式尚未充分开掘,网络广告的价值业内还没有充分认知。我们要加大网络广告的营销力度,探讨如何充分发挥网络媒体特性,创新网络广告经营模式,提升网络广告价值空间。

从理论上要充分认识网络广告的价值。人们常说,解决战略问题比解决战术问题重要,制约网络广告发展的首要问题是人们对网络的认识和理解,也就是人们的理念。正如前述,我们要深刻认识当前的网络广告的生存背景,网络广告的美学特征,洞悉其中所蕴含的深刻本质,高度重视它所带来的巨大革命性变革。只有如此,才能建构起广告人与网络时代的传播方式和商业模式相适应的现代观念。

我们已经进入创造"影响力经济"的新时代。这个网络时代,信息传播渠道多,信息高度密集,要在网络上作到有效传播和沟通,广告人的角色就应该是专业化的信息传播专家。他们既要高屋建瓴,把握全局,深谙网络广告营销策略,又要能驾驭网络广告的内容和形式的极致化操作技术。

从实践层面要不断总结经验,推动网络广告营销的进步和变革。网络广告的营销是推动网络广告艺术发展的市场化的商业行为。随着人们对网络媒体认识的不断加深和网络技术的不断扩展,网络广告必定会大放异彩。就目前中国网络营销的状况来说,有一些策略可资借鉴和推广。

1. 网络门户营销要紧跟时代,不断探索创新

在网络广告的营销中互联网门户公司占有举足轻重的地位,它要为广告公司和广告主提供一个有价值的媒体传播平台。这个媒体传播平台的价值体现在三个方面：一是聚拢人气和注意力，传播企业的产品和服务信息，为企业的营销战略服务；二是打造自身媒体公信力，进行媒体影响力营销；三是站在一个更高的层次上，充分依托自己的品牌价值，融入广告主的品牌营销，形成商业品牌价值的"置换效应"。这些价值的实现有赖于门户网站的营销创新。

例如搜狐网为了提升网络服务的个性化和交互性，把博客、内容集合（RSS）还有社会新的网络（SNS）作为主要的体现形式，并创造了结合 WEB2.0 产品特征的 WEB2.0 的营销工具，在此基础上开展了搜狐社区品牌特约论坛，进行了可口可乐的品牌展示，与光大银行合作举办了"我是中国人，我用炎黄卡"的征文活动，都取得了很好的营销效果。在新技术的支持下，搜狐还搞了足球世界杯网络视频点播，"我音我秀"的视频原创大赛，大大激发了网友的参与热情，由此也大大提升了媒体的影响力。

2. 网络广告的精准营销和整合营销策略

网络有其独特的优势，这就是点对点的精准营销，但值得注意的是精准营销不是网络的专利。网络营销要把精准营销和整合营销结合起来形成合力，才能实现更大的商业价值，发挥更大的影响力。

精准营销包含两个意思，一是准确地找到目标消费者，并根据他们的特点，提供有针对性的个性化服务；二是在媒体上进行精准计量的营销投放，让每分钱都花得有价值。要做到这两点是很不容易的，既要有理论指导，又要做细致科学的调查，还要精心设计，巧妙实施。

长尾理论揭示，80%的人口却只占有 20%的社会财富，这些人也是不可忽视的消费力量。对这部分人恰恰可以利用网络进行多对多、一对一的营销，找到他们和产品的结合点，从而攫取可观的市场利润。社会学对 80 年代后的人群进行了广泛而深入的调查，发现这部分人在消费方面具有明显的特征：讲求时尚、追求个性、挑剔质量、关注广告等等，网络恰恰是他们获取信息的主要来源。网络广告对这部分人的精准营销大有文章可做。赢得这部分消费者就是赢得了市场的未来，因为他们很快就会成为社会的消费主流。

在中国，精准营销的主力军包括"搜索引擎广告"、"富媒体广告"、"手机广告"、"分类广告"、"博客广告"、"窄告"等形式，它们在网络世界里演绎着精彩的商业传奇和财富故事。

从整合营销的角度说，网络广告营销要达到巨大的影响力，要取得丰厚的回报率,就要和传统媒体联姻,进行整合营销。网络虽然代表了未来,但是传统的广告依然还有着强大的生命力。2006年雅虎就和美国三大报业集团,16家主流平面媒体签署了战略合作协议。这就使雅虎在激烈的竞争中占得优势,增强了影响力,提升了在广告主心目中的地位。

3. 直面网络广告营销的新挑战,开创网络广告更美好明天

互联网的影响大大超过了我们今天的想象,虽然它有许多的优势,但是在高速发展的同时也带来了许多新的挑战。第一,互联网市场的发育还不够完善。还没有形成产业主体之间的良性互动。它要求互联网广告的运营商和广告的投资商以及传统广告的代理商协同互动。第二,互联网价值评估的尺度还不够规范。互联网不是"第四媒体"而是"超媒体",因此不应该把互联网与传统媒体放在同一个水平线上去分析和看待。

网络营销的力量和份量是不容忽视的,这已经成为广告人、企业和媒体的共识。但是网络营销的价值和模式并没有被充分挖掘出来。网络营销是以创新为生存法则,以想象为最大挑战。这是网络营销与其他营销方式最大的不同。网络营销起步较晚,而网络技术和工具的更新则是一日千里,因此,无论是企业还是网络媒体的思维都还滞后网络飞速发展的现实。中国的广告人要直面现实,勇于接受挑战,因为在充分挖掘网络营销的特质和价值上都还有相当大的空间。

思考题

1. 广告文化学的基本任务是什么?
2. 请具体分析广告艺术美的典型规律?
3. 广告艺术美的观念有哪几条?
4. 广告审美文化的基本范畴有哪些?其研究对象是什么?
5. 请解释广告美的创造原则和创造方法。
6. 网络广告的美学特征是什么?

第五章 广告艺术心理初探

第一节 广告艺术心理学勾勒

广告不仅是广告主为自身利益而进行的自我宣传活动,而且广告也发展为一门综合性的边缘学科。一个成功的广告一定要符合人的心理规律,符合消费者的心理和行为特征。不少的广告研究者将心理学、营销学和传播学视为广告这门学科的三大理论支柱。不少颇有见地的广告人身体力行把心理学引入广告宣传活动中,这是极为睿智的。

一、广告艺术心理学的研究对象

心理学是一门研究人的心理活动及其规律的科学。我们的古人早在几千年前就注意到了人的心理活动的特性,有人提出了"灵魂不死"的假想,也有人提出了"心之官则思"的论断。然而,由于科学水平的限制,古人对人的心理活动的认识不可避免地带有很多唯心的、不科学的成分。随着科学的发展,人们对心理活动的认识渐渐深化,并逐渐形成一门科学。一百多年前,德国生理学家冯特创建了第一个心理学实验室,并自立了第一家心理学流派。从此,心理学从哲学中分化出来,成为一门独立的新科学。之后,心理学的研究突飞猛进、精彩纷呈、愈益引人注目。

广告艺术心理学是将广告学和心理学相结合的一门学科,也可以说是心理学在广告领域的运用。广告艺术心理学,应有两个研究维度,一个是广告艺术的创作心理,一个是广告艺术的审美心理。这两个心理过程不是两条不相交的平行线,它们是相互激荡的互动过程。所以广告艺术心理学是研究广告活动中创造心理和审美心理及其关系的发展规律,即研究广告宣传实践活动中人们的心理规律的一门科学。

广告艺术心理学的研究内容非常广泛,它包括:广告活动中心理过程和个性心理特征,广告的审美心理与表现,广告审美心理要素,以及广告的社会文化心理等等。广告活动是广告作品借助于媒体作用于受众的过程,这一过程涉及到十分复杂的心理活动。人的信息加工特点(感觉、知觉、注意、兴趣、记忆等)、人们对广告信息的信服及个性导致的对广告信息的偏爱等等。

1. 广告艺术心理学的作用

运用广告艺术心理学可促使广告宣传突破人们惯常的思维定式和对广告活动的肤浅的程式化的理解,深入到人们的心灵,捕捉人们对广告信息的感悟,直逼人们的心理渴望和精神需求,使广告宣传符合人的心理规律,以使广告宣传达到最佳的效果。

广告效果要达到圆满,广告宣传就要很好地发挥传达功能和诱发功能。只有充分发挥这两个功能,广告才能深入到消费者的心灵。

广告进入人们的心灵深处,往往要历经三个阶段。

首先,要唤起消费者的注意。通过声、光、色、形等一系列手段,使消费者对广告的内容有深刻的感受,并形成对广告传达的信息的强烈兴趣。

其次,启发消费者的联想。消费者行动的前提是记忆,记忆也是比较判断的基础,只有能够引起人们联想的广告,才能唤起消费者对往日生活经验的回忆,并在此基础上进行比较和判断,然后指导消费者的消费行为。

第三,说服消费者。广告宣传的最终目标是说服消费者购买商品,兴趣和注意力的激发是为这一终极目的服务的。因此,出色的广告总是能叩开人们的心灵之门,诱发消费者积极健康的情感,抓住消费者真正的需求欲望,从而使消费者心悦诚服,接受广告的诉求。

怎样才能充分发挥广告的功能?聪明的方法是借助于心理学的理论和手段,深入到人们的心灵深处,了解自己和受众的心理活动规律,认真体会和感悟那心海微澜的韵律,真正连结起广告信息传者和受者心灵纽带,使其"两心相知、两情相笃"。所以,广告艺术心理学的修养对于广告人来说非常重要,它是广告人须臾不可离弃的。

2. 广告艺术心理学研究的基本思路

广告艺术心理学研究的基础,就是去透视人们的心理活动过程。从心理学的视角去看,人们的心理过程包括认知过程、情感过程和意志过程。认知过程是心理活动的基本过程。人的认知过程是在感觉的基础上,通过心理结构对认知对象加以理解、释意和加工的过程,而心理结构是通过社会文化在人的心里积淀而成的。人的认知过程表现出四个特点:

第一是认知的理解性。人在认知一个事物时总是按照自己的理解去进行的,即按着自己赋予该事物的意义去进行的。俗话说:"情人眼里出西施",这是对客观事物认识时加进了主体的理解和释义,赋予了某种意义的结果。

第二是认知的选择性。在认知一个客观事物时,客体向我们发出众多信息,我们对所有信息并非兼收并蓄,而是对其中的很多信息视若无睹,对另一些信息却选择和强化了它的刺激。比如,不同年龄、经历和文化水平的人看同一部电影,他们所关注的人物、感兴趣的内容和对影片的评价往往大不相同,其中原因就是主体选择是有差异的。

第三是认知的整体性。人们在认知某一事物时,总是容易将这个事物的某一部分当做该事物的整体来认识,这种认知特征也叫"光环效应"。例如,一个人的某个优点十分突出,我们可能因此把这个人看得比较完美;一个人某一方面令人生厌,又往往被他人看得一无是处。好则一朵花,坏则豆腐渣。

第四是认知惯性。在认知过程中,认知条件和认知对象的某些性质已经发生变化,我们仍将该事物看成是原来的样子。这方面的例子不胜枚举。

情绪是另一个十分重要的心理过程。人与动物不同,人是情感动物。"感时花溅泪,恨别鸟惊心。"这其实只是人们借景抒怀,托物言情而已。人的情绪的作用是强化人的心理体验,激发心理联想,进而对人们的行为起导向作用。林黛玉"见花落泪,望月伤怀"就是情绪作用的结果。每一个人的情绪大致保持一种相对稳定的模式,这就是我们通常所说的"脾气"、"禀性"。

意志是人的第三个心理过程。人的意志品质差异很大。有的人坚强,有的人软弱;有的人果断,有的人优柔;有的人有主见,有的人随波逐流。意志品质有良莠之分。优良的意志品质具有坚韧性、果断性、独立性和自制性。人的品质一旦造就,便执着地影响和制约着他的行为。

3. 广告的创作心理和审美心理

按照人们的心理活动过程去研究广告的创作心理和审美心理应得出几个基本的结论:

(1)广告人作为广告创作的主体其创作过程实质就是对广告活动的认知过程,鉴于认知主体具有理解性、选择性、整体性和惯性四个认知特征,我们的认识很难完全避免主观片面性,所以,广告人要努力坚持辩证思维,反对形而上学,既要充分发挥主观能动性,展现自己的聪明才智和独特魅力,又要重视广告市场调研,避免主观随意性的消极色彩。

(2)广告人要重视对广告受众的研究,把消费者不仅看作是消费主体,而且看作是广告审美创作的主体,要加强广告宣传的针对性、准确性和目的性,避免无的放矢和对牛弹琴。

（3）广告人要懂得广告活动是广告和广告受众的心理互动过程。要实现广告的目标，要达到良好的社会功效，就要了解广告受众的情绪和意志品质，要通过广告作品拨动他们的心弦，陶冶他们的情操，更新他们的观念，升华他们的思想。

（4）广告人要明确，广告人和广告受众的心理和行为受社会环境影响很大，人的社会行为往往使人的本能行为失去独立意义，人的社会行为具有可塑性，通过传播扩散，并凝聚于文化而传继于后代。所以，广告人对人的心理和行为研究必然要置于整个社会文化背景之下，孤立的纯生理学的研究则会导致进入误区。

二、广告心理学理论

马克思曾经把科学理论比喻为"思想的闪电"，广告心理学的理论犹如一道明亮的闪电照亮了广告人探索的道路。广告学理论是广告实践和心理学理论相结合的产物。19世纪末，美国心理学家略洛·盖尔，在历史上首次针对消费者对广告及所推销的商品进行了问卷调查，这一工作可称得上广告心理学最早的研究工作。美国著名学者心理学家斯科特系统研究了广告心理，于1908年出版了首次冠名为《广告心理学》的著作。广告心理学以此为先河焕发出了勃勃生机。

自广告心理学问世以来，很多心理学家及广告人对广告的色彩、构图、文字与效果的关系进行了深入的实证研究，出现了解释广告心理学的众多理论，每种理论都从特定的前提出发来阐发和论证，形成独树一帜的体系，概括起来有如下三种理论影响最大且最具代表性。

1. 独特的销售观点 USP 说

这一理论是由美国心理学家沃斯提出来的。这一学说的研究结果表明，广告要突出一个强烈的主张，突出一个独具魅力的地方，表达一个单一的富有个性的特点，使消费者对产品的特点形成一个难以磨灭的印象。这一结论的根据是，消费者在接触某个商品广告所发出的众多信息刺激中，只能记住广告宣传中的最具感染力的主张或观点。例如，20世纪90年代初期在美国汽车市场销售的日本汽车中，有一种与同档次的汽车在外观、性能方面并没什么出众之处的汽车独占鳌头，销售量大大高出其他同类型的汽车，经调查发现，原来这部汽车仅仅是因为在车内配置了几个放咖啡杯的托架。相当便宜的微不足道的托架，居然形成的商品独特个性，使商品的销售大获成功。

现代广告的成功之作，往往是突出了独特的销售观点，强调了商品的某一特性，从而给消费者留下经久难忘的印象而取得推销上的佳绩的。例如，可口可乐的广告，在与百事可乐的大战中,为了战胜对手总是以一个独特的销售观念为武器的,以此来强化消费者对可口可乐的品质及品牌的印象。在独特的销售观点指导下,其广告代理麦艾公司,策划了一个卓越的创意——"有了可口可乐便有微笑"。

他们制作了一个影视广告片,其情节是:经过激烈的足球比赛后,球星米恩·乔·格森步履蹒跚地走向更衣室。全身汗水淋淋,伤痕累累,手中拿着比赛中被撕破的球衣。一个女孩突然走出,怯生生地向这个垂头丧气的球星献上一瓶可口可乐。起初他拒绝了女孩的好意,继而又转变了念头,接过了瓶子一饮而尽。一瞬间,他倦怠的脸色一扫而光,脸上露出了微笑。女孩转身走开。米恩·乔喊道:"喂,孩子!""什么事?""来这边!"这位球星将撕破的球衣丢给小女孩,孩子高兴地笑起来。广告的背景音乐唱出:"有了可口可乐便有微笑"。

很显然,这个可口可乐广告所表达的是一种独特的销售观点,它的成功已被可口可乐公司的产品风靡世界和其巨额利润所证明。

再如,顶好清香油的广告,在众多的食用油的特点中,它突出了一个纯天然特性,并运用自然和谐的色彩去烘托,使消费者觉得这种顶好清香油安全有营养,这自然使顶好清香油成了市场的热销货。由此看来成功的广告切忌面面俱到和泛泛而论,实际上往往是一个响亮的名字、一种醒目的色彩、一种别致的摆设、一种富含哲理的说辞,构成了某一种商品的唯一或独特的销售观点,占据了消费者的心理空间,铸就了消费者心目中光彩的品牌形象。时光已然流逝,而留在消费者心目中有感染力和冲击力的主张、观点、形象却挥之不去,历历在目。

许多经验说明,一个成功的商品品牌和形象长久地矗立在人们的心目中,如一座不倒的丰碑,都是由于在广告宣传中形成了独特的销售观点的缘故。所以,广告宣传的诸多方面可能随着时间的变化而变化,但长久不变的应该是业已形成的独特的销售观点,因为变化往往意味着一种精神或一种理念的失缺,一种形象在人们心目中的剥离。

里沃斯认为,USP 之所以能有效地影响消费者,在于 USP 的销售观点,能针对消费者的需求,提供合理的满足需求的说明。它在消费者满足需求的欲望和消费者的理智判断之间架起一座桥梁,建立了一种必然联系,因此它能征服人心。

在分析了独特的销售观点得以成立的理由之后,里沃斯也指出,在一些广告中承诺和理由之间并不具有严格的科学论证。比如,"今年二十,明年十八"之类的广告,它告之于消费者的仅仅是产品具有能使肌肤显得亮丽,面容显得年轻的功效而已。由此看来,面对众多的广告和商品,消费者的确在选择,其中有理性的,但大多数选择并不遵循严格的理性法则,与其说消费者选择的是某种经过理性分析后的利益,毋宁说,消费者选择的是一种心中想象的希望。消费者的选择观为"独特的销售观点"的理论留下了充裕的回旋的余地和纵横驰骋的想象空间。

2. 注意、兴趣、欲望、记忆和行动——AIDMA 说

这一学说揭示了广告作用于消费者所经历的心理历程:注意、兴趣、欲望、记忆和行动。AIDMA 是这一心理历程的英文缩写。消费者在接受广告信息后,首先要引起注意,接着对广告信息发生兴趣,随后产生占有的欲望,然后牢牢记住产品的名称,最后导致消费者的购买行动,即注意→兴趣→欲望→记忆→行动的五个环节。

AIDMA 学说所建立的消费者从接受广告到购买行动的心理模式,揭示了广告心理的一般规律。在消费者接受广告的心理历程中,注意这个环节是极重要的前提,如果消费者没有注意,那么后面的环节就不会发生。行动即购买是广告目的所在,如果没有购买行为的发生,那么前面的一切广告活动便是作了无用功。兴趣、欲望和记忆这三个中间环节也是很重要的,每个环节的缺失都可能造成整个心理过程的中断,从而使广告活动归于失败。然而,消费者的心理过程远非如 AIDMA 说所指出的这般简单。

实际上消费者受理性、需求、动机、联想和情感等多样机制的影响,在决定购买行动时并不必然经历上述的一个个环节。比如,有的人购买某一商品可能是因为他崇拜的人买了这种商品,这种如明星崇拜式购买商品是盲目的,并不是经历了前四个环节。再如,人们往往有一种从众效应,即大家都购买了某种商品,自己也便自觉或不自觉地购买这种商品。从众心理也使消费者在购买商品时省略了注意、兴趣、欲望、记忆的环节。

生活中,人们的消费心理是十分复杂的,有时人们为了自尊和显示个性的需要购买某种商品;有时人们为了迎合别人的需要或出于对别人的尊重而购买某一商品;也有时因为高兴或有时因为悲伤而无目的地购买某种商品。所以,人们在购买很多商品时,实际上是仅凭自己的感受去购买的,并不严格遵循人们接受五个环节的心理过程。所以,AIDMA 说虽然勾勒了人们一般的接受广告的心理规律,对广告的创作和运筹有一定的指导意义,但也有其明显的局限性。

3. 商标意象说

这一广告心理学理论是奥吉尔维提出来的。所谓意象是人们主观上的某种想象或联想。奥吉尔维认为,一个成功的广告在于它激发了消费者的意象,意象与真实而具体的商品相比毫不逊色,是它掀起人们的同情波澜,使人产生美好遐想,并萌生强

烈的占有欲望,从而导致人们的购买行为。例如,"万宝路"香烟广告,营造的是一幅辽阔无边的美国西部大草原上万马奔腾,骠悍英武的西部牛仔纵马驰骋的景象。广告就是通过草原、骏马、牛仔把力与美的意象根植在消费者的心目中,而无需介绍香烟就达到了很好的促销目的。IBM奔腾处理器的广告也是极尽塑造神奇、怪异、奇幻意象之能事,而展示了奔腾无与伦比的创造功能,从而达到了极佳的广告宣传效果。

与USP理论相比,商标意象说更强调消费者的情感因素,而不注重理性诉求。因为,在实际生活中,消费者一般不是通过对广告所宣传的同类产品作周密而细致的理性的判断才去决定购买的,而往往是根据以往的经验和偏好,根据广告在自己心中所激发的情感和联想所产生的美好印象来决定购买行为的。所以,全面而客观地说,消费者既是一个有理性的挑剔者,又是一个经不住煽情的盲从者。在广告宣传中往往让理性诉求和情感诉求同时发挥作用,影响着消费者的购买心理和行为。比如,汽车广告,一方面要详细介绍产品性能及优点,另一方面往往会把产品置于豪华别墅为背景的画面中,也常常用身材亭亭、面如朗月的名模作为陪衬。我常不解,在汽车展中,豪华轿车旁为何都有一风流女郎,穿着摩登,或频或笑,或骚首,或弄姿。难道买部车还要搭送一个时髦女郎吗?其实,车商的用心无非是用"巧笑倩兮,美目盼兮"的美女,煽起人们对奢华生活的欲望的一种意象而已。

一般来说,人们总是根据自己已有的生活体验来认识和诠释新事物。当广告人把一个活泼泼且极富个性的广告形象呈现在广告受众面前时,就打开了他们回忆和联想的闸门,广告受众由对生动意象的迷恋,到对所推销的商品的钟爱与购买,便走进了广告人所指点的"迷津",实现了广告主的目的。这其中,广告人所塑造的意象越有个性,越有冲击力,广告人和广告主的目的就实现得越圆满越彻底。

三、广告审美心理要素描述

我们所介绍的三种广告心理学的理论,是广告人进行广告创作的参照和指导。随着科技的进步和社会的变迁,广告创作和宣传活动中会涌现出层出不穷的新问题和新挑战,所以囿于这些理论,跳不出传统理论的樊篱是解决不了广告所面临的难题的。

因此,广告人不仅要继承已有的广告心理学理论,同时又要去探索广告创作和广告传播中新的心理认识规律。这就要求去研究广告人和广告受众的审美经验,因为审美经验既是广告创作的基础,又是广告欣赏接受的基础。

研究审美经验的第一步,也是最重要的一步,就是要研究构成审美经验的最主要的因素,也就是人们常论及的感知、情感、想象和理解等活动。这些活动经过复杂的相互作用、相互补充和印证、相互冲突和融合,最终能够形成人们心中一种奇妙的心理体验。在我们后文阐释和论证创造心理与广告受众心理之前,来描述感知、情感、想象、理解等心理机制,其目的就是为我们将进行的分析确定一个基本思路和方法。

1. 审美心理要素之一——感知

感知包括感觉和知觉两个要素。感知是理解、想象和情感活动的基础。感知是人类在地球上经过长期的劳动和实践而生成的,人通过感官(眼、耳、鼻、舌、身)去认识周围事物的存在形式。人们从周围环境和自身内部活动中所收集的种种信息,是人类生存和心理结构向更高级的水平发展的可靠保证。随着人类社会、历史和文化的不断发展,人的感官也日益变得敏锐、富有理性和创造性。以人的眼睛和动物的眼睛相比较,在动物的眼中,各种事物和变化只不过是暗示采取行动或逃避的信号,而人的眼睛却能在把握事物的形式、结构的同时看到事物所蕴含的人生和社会意义。就人和人来比较,科学文化知识非常低下的人的感官和科学文化高度发达的人的感官、感知能力也是不一样的。事实上,人越是为生物性的需要所束缚,其感受力就越是浅陋。

正如马克思所说:"只是由于属人的本质的客观地展开的丰富性,主体的、属人的感性的丰富性,即感受音乐的耳朵、感受形式美的眼睛,简言之,那些能感受人的快乐和确证自己属人的本质力量的感觉,才或者发展起来,或者产生出来。"[①]马克思在这里非常明确地指出,人愈是摆脱生物性的羁绊,愈是展现人的本质,人就愈能提高属于人的那种体现人的力量的感受力。

在我们认识到人的感受力随着人的自身的知识的丰富和人的本质力量的充分体现,而日益变得敏锐、富于理性和创造性的同时,我们必须科学地看待人的初级的和简单的感觉在复杂的审美经验中的作用,否则我们便脱离了唯物主义的基本前提。许多联想主义者不愿承认初级的生理感受的作用,在他们看来,红色之所以有刺激性,是因为使人联想到火焰、流血和革命;绿色之所以给人以宁静的感觉,那是因为绿草茵茵的草地和宁静的田园风光。对于联想的某些作用,人们是不能认识的,但是必须把生理感受和联想的作用区别开来。

就色彩而论,许多色彩给人带来的感受是由直接的生理和心理活动引起的,心理

---

① 马克思:《1844年经济学——哲学手稿》,人民出版社,第79页。

学家的试验证明了这一点。法国心理学家弗艾雷在试验中发现,在彩色灯的照射下,肌肉的弹力会增加,血液循环加快,其增加的程度以"蓝色为最小,并依次按绿色、黄色、桔红色、红色的排列顺序逐渐增大"。

另一位心理学家古尔德斯坦也得出同样的结论。他在治疗病人时发现,那些因患大脑疾病而丧失平衡感的病人,在穿上红色衣服时会头晕目眩,而当他们换上绿色的衣服时,这种症状就消失了。经过多次实验,古尔德斯坦得出结论:凡是波长较长的色彩,都能引起扩张性的反应;凡是波长较短的色彩,都会引起收缩性的反应。

画家康定斯基在对色彩的心理感受进行分析后指出:"一个黄色的圆会显示出一种从中心向外部的扩张运动,这种运动看上去明显地是向着观看所在的位置进行的;而一个蓝色的圆则会造成一种向心运动,看上去像是躲在躯壳里的蜗牛,向着背离观看者的方向运动。"无数事实证明感觉要素在人们的审美体验中起着很重要的作用。

我们现在谈谈知觉。知觉与感觉不同的地方在于:感觉是事物的外在的个别特征的反映,而知觉的综合,是对事物的形状、色彩、光线、空间等要素所组成的形象的整体性把握,甚至还包含对这一完整形象的含义和情感表现的把握。人们对某一事物的知觉,不是对这一事物的形状、色彩、光线、空间、张力等要素的简单相加,而是以一种主动的态度去解释它和理解它。如果人们的期望不同,人们看到的物象也就不同。

美国著名的艺术心理学家冈姆布里奇(E. H. Gombrich)发现,对夜空中狮子星座,不同的原始部落的人看到不同的形象,有的部族把它看成蝎子,有的部族把它看成一头公牛,而南美的印第安人则把它看成是一只龙虾。冈姆布雷奇的这个例子证明,人的知觉与人心中的某些"图式"确实是有关系的。

在此,我还可以举一个亲身经历。80年代初某一天我登上北京香山鬼见愁山顶,环顾四周,见周围的山峦若隐若现在烟岚之中,像奔牛、像骏马,不由地赞叹天公造化的神奇和大自然的壮丽。此时,有几个生意人也登临此处,看到此景,其中一人禁不住满怀豪情,大声赞叹道:"多美啊!像一个个可爱的大元宝!"此人的激扬音韵博得同伴的齐声称赞。其实,这不足为怪,因为"期望"在人的知觉中发挥着重要作用。

对此,我们还可以用中国传统艺术来说明。中国国画中的荷叶是用墨汁画的,但我们欣赏时却觉得荷叶是碧绿的;再如京剧表演中常出现的马鞭,在演员的舞动中,俨然就是一匹战马。无数事例证明,人的"期望"和"图式"总是自觉或不自觉地支配着人的知觉活动,使人在一定情况下选择和强化事物的某一个或某几个方面,而抑制和舍弃它的另一些方面;使事物的某些方面突出、鲜明、生动、活泼,而使另一方面模糊、沉寂或消失。

还需要指出的是,审美活动中的知觉和日常活动中的知觉并不完全一样。审美知觉同日常活动中的知觉相同的地方在于:它同样是包含着选择、解释和情感的一种积极的活动;同日常知觉不同之处在于:审美知觉的"期望"和"图式"不是和实用目的联系在一起的,而是和他具有的特定时代、特定文化背景的特定的情感生活模式联系在一起的。如果对象的外在形式合乎他所认识的那些情感生活模式,对象本身的形体外貌、色彩线条等外在情感形态,就会获得充分的注意、揭示和扩张。

审美知觉不是知识判断,不是科学的归类,而是透过事物的形式达到对它们的情感表现性的把握。一个有经验的裁缝能一眼看出一个人的腰围和肩宽;一个有经验的售货员能一眼看出一把糖块的重量;一个有经验的建筑师能准确说出一间房的平方米数,但这些知觉并不是审美知觉。只有当人们看到一座座挺拔险峻的山峦,立即感受到它的狰狞奇诡或威严崇高;看到一条潺潺小溪,旋即能感受到它的欢乐与生机;看到如铅的浓云,立刻感受到压抑的威胁;看到滔滔东逝的江水,瞬时感受到岁月苦短和历史的无情,这些才是审美知觉。审美知觉在表面上是迅速和直觉地完成的,但是它的后面却隐藏着观察者的全部生活经验,包括他的信仰、偏见、记忆、爱好,其中不可避免地有着想象、情感和理解的参与。

现代心理学提示了知觉"差异原理",这一原理是由心理学家舒帕尔·卡格安在观察儿童的行为时发现的。他发现儿童对非常熟悉的事物毫无兴趣,而对完全不同的事物也显得无动于衷,只有那些与他们熟悉的事物有所不同,但又可以看出与他们熟悉的事物有一定联系的事物,才能真正吸引他们。这证明,人的知觉能力和敏感性与人们的眼中看到的事物的"图式"与心中的"图式"之间的差异程度有关。也就是说,只有与内在图式具有一定差异性的图式才能引起人的敏锐的知觉。"差异原理"不仅适用于普通知觉,也适用于审美知觉。

知觉是一种主动的探索性、选择性的活动,它既涉及外在形式与心理的契合,也包含一定的理解和解释。知觉就像一只无形的手,探索和触摸着外在事物,一旦发现适合的对象,它就捕捉它们,扫描它们的表面,寻找它们的边界,研究它们的质地,反省它们的意义。而审美知觉的最终目标就是创造和引导一个独立的审美世界——丰富浩瀚的外部世界。

2. 审美心理要素之二——想象

审美想象大体可分两种,即知觉想象和创造性想象。前者是一般审美活动中的想象,后者是艺术创作过程中的想象,是在内在情感的驱动下对回忆起的种种形象进行彻底改造的想象。知觉想象是面对美丽的自然事物或富有感染力的艺术作品展开的。当人的全部心理功能活跃起来,当人的心境与大自然拥抱,当人的情愫被艺术杰作点燃,人们的想象便被激活了。

比如,你置身在桂林的岩洞中,驻足在被命名为阿诗玛的石柱旁,起初你以一种"现实"的态度去注视,它不过是一只钟乳石的石柱而已,可是当你想起美丽的阿诗玛的传说时,你的心境倏然间改变了,眼前的石柱随之变了,那坚硬的石块变得柔和了,那转折生硬的轮廓变得流畅了,那坚硬的石质变得丰腴了,于是一个神态活泼、楚楚动人的"阿诗玛"站在我们面前。这个形象已经不是石柱的形象,而是我们的想象赋予它的形象。

究其过程来说,可以说是特定的环境和特定的自然形象为我们营建了一个特定的心境。特定的心境又激发了我们一种特定的情感,特定的情感又呼唤出了与之相吻合的我们头脑中的一种形象,当我们头脑中的"阿诗玛"形象与石柱交融一体时,原本的石柱便隐退了,幻化出一个频笑动人,婀娜多姿的阿诗玛。这个美丽的阿诗玛是想象的产物,她发乎自然而又不同于自然。外部自然只是一种死的物质,而想象却赋予它们以生命。自然好比未经冶炼的矿石,而心灵则是一座熔炉。

另一种想象是创造性想象。创造性想象并不依赖知觉对象,它是以大量的感知和丰富的经验为基础的,它也不可能离开创作者聪颖的思维和慧敏的灵气。创造性想象产生的前夕,创作者头脑中已积淀了丰厚的生活体验,积累了创造形象的大量素材,就像架起了一堆干柴,只要一点火星,便会燃起熊熊大火。此刻,音乐家耳畔会响起富有表现力的音调,画家的眼前会呈现出生动的形象,诗人和作家心中跌宕的情节和丰富的情感。点燃创造性想象的火星可能是某一刺激物,它对创造性想象起一种触发作用。玛克斯·德索(1867—1947)把这种触发作用称为"钟摆的第一次推动",这种作为第一推动的刺激物是艺术家在某个特定条件下偶然遇到的,它在常人眼中往往是微不足道的,而在艺术家那里却是打开形象创造之门的咒语。

在创造性想象活动中丰富的记忆形象是基础,是创造的前提,但它却不是创造性想象的动力所在,因为创造性想象的动力并不是某种想复制记忆形象的欲望,而是创作者认识和体验到的人类的种种情感。创造形象的真正源泉是情感,如果没有情感作为中介和动力,想象活动便成了无源之水,无本之木。这种作为中介和动力的情感并不是即时性的偶然性的自然情感,如哭、笑、怒、愁等等,而是经过了深刻体验、细腻了解和反复沉思之后认识到的人类情感。这种情感一旦在内心成熟,就必然去寻找一种恰当的表现方式而表现出来。由于这种情感是一种动力性的东西,有着一定的速度、强度和方向性,有着起伏性、节奏性和隐显性,所以它不可以用抽象的概念性的语言表达出来,只能用栩栩如生的形象表现出来。

究竟要通过记忆机制复现哪一种形象,则要由情感本身的结构模式来决定。在一般情况下,如果内心情感比较缱绻、平静,记忆机制挖掘出来的表象往往是清风、溪水、白云、霞光、幽兰、垂柳、曲涧、湖畔、黄鹂、白鹤等景物;倘若内在情感比较壮烈和雄奇,复现出的表象往往是旷野、大漠、高山、海洋、苍松、古柏、边疆、塞外、雄鹰、骏马、虎啸、猿啼等事物和景象。当然,想象活动所产生的形象并不完全是现实中的具体事物,在想象的熔炉中可将现实事物加以变形和重塑,可以"燕山雪花大如席",又可以"乌蒙磅礴走泥丸"。这里需要指出表现情感的形象,可以是具象的,也可以是抽象的。

梵高就说过:"我总是希望在色彩上做出一种发现,以两种补色的结合,它们的混合和它们的对置,类似色调的神秘的振动来表现两个情人的爱,用在暗的背景上涂上明亮的光辉的色调来表现头脑的思想,用金星表现希望,用日落的光辉表现一个灵魂的希望。"

3. 审美心理要素审之三——情感

在审美经验中涉及的情感包括知觉情感和审美情感。审美情感是在审美要素自然和谐的配合作用下人们所达到的审美愉快,在这里我们不多落笔墨,我们侧重说明的是知觉情感。

知觉情感是伴随着知觉活动而产生的。西方经验派美学家鲍桑葵和塔耶纳曾经把知觉情感称之为知觉对象的第三性质。"第三性质"说针对洛克把知觉对象的大小、数目等不以环境而改变的性质称为第一性质,把依赖人的感知而存在的性质,如色彩、声音、味道等性质称为第二性质。在鲍桑葵和塔耶纳看来,事物除了第一性质和第二性质之外,还有第三种性质,即情感性质。当我们看到美丽的景物产生愉悦之情,看到另一些丑恶的事物则会产生不愉快的心绪。自然的事物具有了人的情感,如,风的怒吼、树的呻吟、流水的呢语、花的飘零、浮云的徘徊、树叶沙沙的低语等等,都被称之为知觉对象的知觉情感,在美学中也被称之为情感表现性。

这种被称之为第三性质的知觉情感,究竟表现了谁的情感?是人的,抑或是事物本身的?对这个问题主要有三种不同的看法:移情说(由联想主义者提出);客观性质说(存在主义、结构主义、现象学派);结构形同说(格式塔学派)。

◆ 移情说:其主要代表人物是立普斯。他针对早期的联想主义者不能解释为什么抽象艺术也同样具有情感这一问题提出的此说。立普斯认为,联想是一种被动的感知,而移情却是一种积极主动的投射,是在知觉中把人格和感情投射(或转移)到对象中去,自我就冲破了自己的生理躯壳与外界的"非自我"(外观形象或空间意象)结合融为一体。正如立普斯自己说的,"一但我将自己的力量和奋求投射到自然物上面时,我也就将这些力量和奋求在内心激起的情感一起投射到了自然之中。这就是说,我也就将我的骄傲、勇气、顽强、轻率、幽默感、自信心和心安理得等情绪一起移入到自然中去了,只有这时候,向自然作的感情移入才变成了真正的审美移情作用"。

立普斯的移情说在西方曾产生过巨大影响,由于它抓住了人的知觉反应的主动性的积极性的特征,所以它对表现性所作的解释比联想主义的解释更令人信服。但移情说也暴露出明显的缺陷,没有指出认识对象在认知主体的心灵中究竟起了什么作用。于是就出现了与其针锋相对的客观性质说。

◆ 客观性质说:认为人的一个眼色、一种姿态,抑或一种旋律都能直接展示其所包含的情绪。比如一条线条被说成是温柔的或者说是活泼的,一首乐曲或一泓湖水是抑郁的或哀伤的,都是由它们的自身结构决定的。这一学派对事物结构的强调无疑是正确的,但在这种貌似客观的理论中却有一种致命的不足。因为,外部事物的情感表现性固然能够离开某个欣赏的人而独立存在,但它能够离开整个人类,离开某一时代,离开某个特定的文化传统中的人们的情感生活模式而孤立存在吗?如果自然事物和艺术品的独立的一些性质的结构,不和人的情感生活或内在心理结构达到契合,它能向我们展示人的情感特征吗?在这一点上,格式塔学派提出结构同形说,较为自圆其说地解决了这个问题。

◆ 结构形同说:也即格式塔艺术心理学派,其代表人物阿恩海姆(Arnheim Rudolf)通过格式塔心理学实验得出了一个假定,人的内在世界的力(心理的)和外在世界的力(物理的),这两种结构之间虽然质料不同,但由于它们本质上都是力的结构,所以能在大脑生理电场中达到合拍、一致或融合,此刻,外部事物(艺术形式)与人类情感之间的界线就模糊了,正是由于精神和物质之间的界线的消失,才使外部事物看上去具有了人的情感性质。阿恩海姆通过实验证实,人的情感生活实际是各种心理要素——意志、思想、想象——充分活动起来之后的一种兴奋状态,这种兴奋状态本质上也是一种力的结构。当某一特定的外部事物在大脑中造成的结构与伴随某种情感生活的力的结构达到同形时,这种外部事物看上去就具有了这种情感性质。

对格式塔结构同形说我国学者李泽厚在《审美与形式感》中有一段非常形象的说明:"本来,自然有昼夜交替季节循环,人体有心脏节奏生老病死,心灵有喜怒哀乐七情六欲,难道它们之间(对象与情感之间,人与自然之间……)就没有某种相应对相呼应的形式、结构、秩序、规律、活力、生命吗?……欢快愉悦的心情与宽厚柔和的兰叶,激愤强劲的情绪与直硬折角的树节;树木葱茏一片生机的春山与你欢快的情绪;树叶飘零的秋山与你萧瑟的心境;你站在一泻千丈的瀑布前的那种痛快感;你站在潺潺的小溪旁的闲适温情;你观赏暴风骤雨时获得的气势;你在柳条迎风飘舞时感到轻盈;你在挑选春装时喜爱的活泼生意;你在布置会场时要求的严肃端庄……这里边不都有对象与情感相对应的形式感吗?

梵高的似火热情不正是通过那炽热的色彩、笔触传达出来的吗?八大山人的枯枝秃笔,使你感染的不正是那满腔的悲痛激愤?你看那画面上纵横交错的色彩、线条,你听那激荡或轻柔的音响、旋律,它们之所以使你愉快,使你得到审美享受,不正是由于它们恰好与你的情感结构一致吗?"

需要指出的是自然事物和人的内在心理结构之间的同形或契合,不仅仅是"物理——生理"结构之间的同形,而且还有"生理——精神"之间的同形;而生理与精神达到契合的中介就是人的社会历史实践。比如说,原始人对于红色的喜爱,一方面有对红色愉快的官能感受,另一方面,由于原始人的社会活动赋予了红色以巫术礼仪符号象征的观念的意义。也就是说,在对象一方,自然形式(红色色彩)里积淀了社会内容,在主体的一方的头脑中已积淀了观念性的想象主义。这里社会历史实践是外在结构与内在心理结构之间的中介和桥梁,没有这一环节,自然美就消失了。内在心理结构和外在结构的契合,是人类千百年社会历史实践积累获得的一种能力,它虽然是无意识的,而且有一定的生理基础,但如果没有思想和意志的参与,就不能达到美感上的契合。

4. 审美要素之四——理解

审美经验中的理解包含着若干个不尽相同的层次。最基本的理解是不同于"实用"状态的"虚幻"状态的理解。换言之,就是把真实生活中的事件、情节、情感与审美中和艺术中事件、情节、情感区别开来,这是理解的第一层含义。人的审美经验中的情感反映是在理智的控制下进行的,如果没有对眼前的虚幻情节的理解,就不能在激情中保持一份冷静,在直觉感受中保持一种回味和思索。比如看《白毛女》话剧时对黄世仁的罪行痛恨至极,以致拔出枪来就要向演黄世仁的演员开枪;一个作家在写一部作品要想感动读者，自己在写作中也要进入角色，自己也要受到感动，但如果自己进入角色不能自拔，写到悲伤处，自己悲痛欲绝昏厥过去，都是没有对艺术作品的"虚幻"状态的正确理解，没有区别开艺术的"真实"和生活的"真实"的界限。

广告作品总是要通过各种艺术表现手法，去创造一种情节（戏剧化或生活情节式的广告），去营造一种气氛（浪漫的或温馨的广告），去渲染一种情感（或浓烈的或疏淡的广告），抑或去表现一种哲理（或真或实的广告）……通过这种种表现去实现广告的目的。无论广告人，还是广告受众，对广告的理解都是很重要的。只有他们在对广告所构造的"虚幻"的状态的感受中含有理解，才能把感受导向审美感受，然后才能实现各自的目的。

理解的第二层含义，是对审美对象的题材典故、技法、程式和象征意义的理解。在广告作品中，常常通过一系列表现手法和表现形式去揭示广告主题和内容。所以，最重要的是通过对具体形式的审美体验，去理解在具体形式中所融合的意义。首先，这种理解不是对简单信号的直接反映。按苏珊·朗格的符号理论，艺术形式不是一种信号。"山雨欲来风满楼"，"风"只是雨要来临的信号，这种感受到风就意识到"雨"的反应，仅仅是对形式的低级水平的把握，而对艺术形式（包括广告艺术形象）的把握是一种理解，是一种渗透着情感、意志在内的高级心理活动。

其次，对审美对象的理解也不同于纯逻辑推理的符号的理解。艺术形式既不是简单的信号，也不是概念性的符号。符号，唤起的是有关某一种事物的概念，而不是某个具体事物。主体和对象之间的逻辑关系包括四项：主体——符号——概念——对象。符号和对象之间还有一个概念做中介。在这种逻辑关系中，符号只是一个外壳，它与表象是分离的，由概念到具体对象是概念的外延，它与符号更是分离的。

在这里，符号使主体按照一定的时间顺序和逻辑关系进行思维，使思维仅仅在概念中游历。朗格认为，艺术形式如果说是一种符号的话，它却不是一种推理性的符号，而是一种特殊的符号。在这种特殊的符号中，形式（符号）与形式表现的人类情感生活（概念）是合二而一的。人类情感中有什么结构或特征，艺术形式（符号）中就必然有这种结构和特征。朗格指出，人类的情感生活，是一种能动的结构，对于这种结构，我们不能用逻辑的推理去理解，"我们只能直接感受这些东西——这些似乎是具有生命性和运动性的东西，这些在运动中间杂着停顿和睡眠的东西，这些社会性的或是自我满足的孤独自处的东西……它们的形态就像森林中的灯火那样，忽隐忽现、变化多端，有时它们交叉出现，有时又会相互发生冲突，有时又会爆发为激情或突然变形……这些感受都不能用推理的语言表现出来，也很难形成什么固定的概念。

……将主观现实描绘出来,让人观照,不仅大大超出了逻辑语言的能力范围,而且在逻辑语言这种结构中,也是完全不可能的。"不能用逻辑语言去表达,那么这种表达只能寄托于艺术形式(包括广告在内广泛的艺术语言符号),"艺术,就是将'情感生活'投射成空间的、时间的或诗歌的结构,这些结构就是情感形式,就是将情感系统地呈现出来供人认识的形象,艺术的本性就是将情感形象地展示出来以供我们理解。"其实,朗格所说的审美的理解不就是司空图"不着一字,尽得风流"的意思吗?

以上对审美心理四要素进行了简单的分析。需要进一步指出的是,在实际的审美活动中,这四种要素是互相渗透和融合的。感知中有理解,理解中也有感知,如果感知中没有理解,那么感知就成了纯动物性的反应;如果理解中没有感知,那么理解就成了干巴巴的一种程式逻辑。想象中有情感,情感中也有想象,如果想象中没有情感,那么想象就失去了动力;如果情感中没有想象,那么情感也会褪色枯萎。情感中有理解,理解中亦有情感,如果情感中没有理解,那么情感就失去了规范和方向,成为一种自然生理的发泄;如果理解中没有情感,那么理解就成为脱离形式的抽象、干瘪的逻辑概念。

总之,在审美经验中,感知是审美的出发点,理解为审美指明了方向,情感是审美的动力,想象是审美飞翔、扩展的翅膀。只有当这四个要素达到一种和谐,就会产生审美经验———一种积极的令人愉悦的审美情感。认识它在广告艺术创作和欣赏中都非常重要,它是纷繁的广告艺术现象中一条若隐若现的线索,犹如翻波逐浪、浮光耀金的河面下那汩汩流淌的暗流。广告人认识和把握审美心理要素的机制、关系和演化,对于形成准确、清晰和有的放矢的创作思路是相当重要的。

第二节 广告创造心理

广告人的创作心理和受众的审美心理是双向互动的。广告人要创作出令人满意的作品,除了了解受众的审美心理之外,还要深入分析广告人的艺术创作心理,更好地了解、控制、把握自己的心理,从而更自觉地端正自己的创作态度和创作原则。

一、广告人的心理特征

"女为悦己者容,士为知己者死"是中国仁人志士的一种价值取向和道德选择。虽经历史的沧桑变化而不褪色,却锤炼成中国文人痴心不改的信念和传统。细思忖,用"女为悦己者容"来形容和概括广告人的创作心理,也是再恰当不过的了。

"女为悦己者容"原本是说一个女子在梳妆时如何打扮自己,比如头上的发式、涂脂的浓淡、衣服的款式等的选择,并不是以自己的眼光为标准的,而是以"悦己者"的喜欢与否为标准的。在此时,梳妆的女子不仅是一个观察者,而且是一个被观察者。作为一个被观察者,观察者是那个"悦己"的男人。当这个女子在镜前梳妆打扮,自我欣赏时,那个男人的眼光已经内化在女子的自我中。所以,梳妆时,与其说是女子自我欣赏,不如说是那个男人在欣赏,即他的审视。广告的创作就是如此。

广告人在精心创作广告作品时,就像一个梳妆的女子,她精心修饰,并非为自己,而是为那个"悦己"的男人——广告受众(即目标消费者)。广告作品固然体现着广告人的认识水平和审美情感,但是广告作品从本质上来讲,是以广告受众(目标消费者)的意志为转移的。广告人所创造的广告形象,是以广告受众的认同和接受为最终目的的。广告作品固然展现了创作者的艺术才华和风格个性,但无论怎样的才华和个性,都必须符合广告受众的审美情趣和心理需求,都要接受广告受众的检验和取舍。

广告作品不同于其他的艺术作品,可以孤芳自赏,甚至广告作品不能过于前卫,而要接近大众,广告不能慢慢地让历史去品味,它要直逼现实,要直接触及到人们的生理需求这一基本层面。所以,"女为悦己者容"便成了广告人心理特征的最合适注脚。

1. 广告人的"角色心理"

分析"女为悦己者容"的创作心理特征,可以看出广告人的心理,实际上是一种"角色心理"。广告人在广告创作活动中,既用自己的眼光去看事物,又用广告受众的眼光看事物(这是最重要的一个视角),所以,广告人扮演的是一种社会角色。社会角色是个人和社会相互作用的产物。个人(广告人)要通过这个角色来实现自己的价值,社会也要通过这个角色来维持社会的稳定和发展。扮演这个角色,是广告人慎之又慎的,因为一个人可以在社会角色中获得生存的意义,一个人也可以在社会角色中沉溺而丧失自我。因而,深入分析创作状态中的广告人角色心理是重要的,它可以帮助广告人把握自我和社会相互关系的度,使广告人的创作既能体现广告人的一种自我实现的价值,又能使广告得到广告受众的青睐,取得很好的经济效益和社会效益。

"角色"的涵义到底是什么呢?最早将"角色"引入社会学、心理学研究的是美国社会心理学家 G·米德,他指出了"自我"和"角色"的关系。自我的一个重要部分是一个人所担当的社会角色,两者是联系的,不可分割的。但是,另一方面,自我是一个人的自我,而角色是社会的角色,二者又是对立的相互区别的。美国社会心理学家蒂博和凯利在他们合著的《群体的社会心理学》一书中,对"角色"作了如下的阐述:

第一,角色是社会中存在的对个体行为的期望系统,这个个体在与其他个体的互动中占有一定的地位；

第二，角色是占有一定地位的个体对自身的特殊期望系统，即，角色是个体与其他个体在相互作用中的一种特殊行为方式；

第三，角色是占有一定地位的个体外显的可观察的行为。

蒂博特和凯利的论点，鲜明地指出了角色的社会性，指出了社会角色和社会环境有着密切的千丝万缕的联系。广告人要认识到"角色"是自我表现的途径和方式，但要实现自我，要深刻地意识到，个人要以社会为出发点，以社会相互作用为基础，以符号为中介，来阐释个人经验。个人自身属于一种社会结构，即一种社会秩序。

2. 广告人的角色定位

广告人要具备积极、健康、有效的创作心态，就必须有准确的角色定位。定位就是把自我和社会的关系弄清楚。这种定位是先于和重于市场定位、商品定位和广告定位的。1992年美国广告专家艾·里斯和杰·特劳特在《广告时代》期刊上发表了一系列的名为"定位时代"的文章，带来了广告业的一场革命，也给社会带来了一种崭新的观念和行为取向。

◆ 角色定位可以说是广告人广告创作成功的支点。角色是个人对社会的适应，抑或说是个人对事业的适应。定位就是在个人的需求、愿望、目标与社会规范、文化制约、情境定义之间权衡，找出一个适合个人在社会中生存和发展的位置（角色）。角色定位是广告人创作成功的基础，是广告人运用智慧、利用经验深入探讨的重大课题。

◆ 广告人的角色定位是一个既属于社会学，又属于心理学范畴的问题。广告人应该从三个方面，即角色的面具特征、文化模式和情境关系三个方面进行广告人的角色定位。首先，我们来看看广告人的面具特征。英国作家乔治·桑认为："面具是吸引人的表达方式，是极妙的感情回声，同时又是忠实可信的、谨慎和至关重要的。"京剧中演员的"脸谱"就是演员的面具。面具代表的并不是演员自己，而是剧中人物的性格与身份。在现实生活中，表现自己的角色时也常常戴着一种面具，这种面具和京剧脸谱的不同在于，它是无形的，是社会的思想、道德、政治、法律、典章、制度、风俗等等在人身上的综合反映。人之所以成为社会人而不同于其他动物，因为人有面具，可以说面具才是那个脱离了生活性的纯粹的自我的一种更真实的自我。

正如美国社会学家帕克所说："……面具体现了我们对我们自己所形成的观念——我们不断努力奉行的角色——来说，这种面具是我们更真实的自我，我们想要成为的自我。最终，我们对我们自己角色的观念成了第二性，成为我们人格中的重要部分。我们作为个体来到世上，获得性格并成为人。"

◆ 广告人既然是角色,又是表演者。戈夫曼在《日常生活中的自我呈现》一书中,将个体分成两个基本部分,"他被看作表演者,潜心于太人性的表演工作;他被看成角色,即一种形象,一般而言是一种美好的形象。表演即是图谋显示出他的精神力量以及其他诸种优良特性"。广告人的角色应定位在现代社会商品的服务信息的传播者的位置上。他既是一个角色,又是一个表演者。他作为一名广告人的角色不同于新闻记者,不同于教师,也不同于一般的艺术家。他的表演是塑造形象,用形象去说话,用形象揭示商品和服务的特性,用形象告诉消费者利益的所在,用形象去完成社会赋予的推销商品和服务,培养人们良好的生活方式,促进社会再生产良性循环的使命。广告人作为表演出来的角色的自我,其成功的前提是,是否诚实地扮演自己所担当的角色。广告人的能力和经验是有差异的,但只要他忠实地履行自己的角色,那么他就是无愧的。

3. 角色的文化模式

文化是人类适应自然环境的产物,是人类生活方式的总体,包括人所创造的一切物质的和非物质的东西。文化从角色的角度看是一种宽泛的模糊的角色模式,如"中国人"、"俄国人"、"美国人"、"哲学家"、"艺术家"、"广告人"等等。角色是文化的具体表现形式,文化通过角色来表现。不同的民族有不同的文化,不同的文化规定了人们扮演不同的文化角色。文化无处不在,它是赋予人们角色行为的最深刻、最广泛、最具体的外部力量。所以,我们说文化是一种角色模式,文化表现有多少方面,角色模式就有多少。德国文化学者卫士拉提出文化包括九个方面:

1	语言	语言文字等
2	物质特质	饮食习惯、住所、运输与旅行(用具)、衣着、器皿、工具、武器、职业与工业。
3	美术	雕刻、绘画、音乐等。
4	神话与科学知识	
5	宗教习俗	礼仪的形式、病人的处置、死人的处置。
6	家庭与社会体制	婚姻的方式、计算关系的方法、继承、社会控制、运动与游戏。
7	财产	私人财产与不动产、价值与交易的标准、贸易。
8	政府	政体、司法与法律程序。
9	战争	

这九个方面,每个方面的每一表现都构成一种角色模式。广告人由于针对不同的目标群体,就要深入了解处于多元化文化模式下的受众群体。所以,广告人作为一种特定的角色必须要时常超越自己狭隘的角色模型,去认真体会和深入到或者说转换到其他的文化角色模型中。广告人既要具有一种民族的主导的对待世界的文化方式,又要兼容并蓄、推陈出新去广泛涉猎其他民族的文化范式,那么他才能建立一个稳定的开放的创造式的文化模式的角色,以满足多层次的广告受众的需求。

4. 角色的情境关系

任何一个角色都在一定的情境中,广告人的角色也是如此。如果离开了广告人的情境关系,广告人变成了空谷的回音或是雨后的一道彩虹,而转瞬即逝。人与动物不同,人所区别于动物的是其生活的情境——社会。换句话说,社会是角色的基础,只有当一个人与社会融为一体的时候,或者说只有当把个体安放到一定的社会位置上的时候,才产生角色。具体地说,角色的情境关系包含四个方面的内容,即社会地位、社会关系、社会规范和期待。

◆ 角色是社会地位。所谓社会地位就是社会结构中的某一位置,是一定的权力和义务的结合。角色就是社会地位的一种体现。社会上某个位置从静态上分析就是地位,通过人表现出来,即通过人实现其权力和义务时,就是角色。

广告人在其广告的某一活动中,扮演着多重角色。一方面他受命于广告主(广告客户),为其推销商品或服务,为其塑造商品的品牌和形象。另一方面,他又要从目标消费者的视角上去看问题,设身处地考虑消费者的消费观念、心理偏好和实际需求,千方百计地去迎合消费者的消费心理和审美情趣。而广告人自己,从本质意义上是社会发展到市场经济条件下,即社会市场发育过程中由卖方市场向买方市场转变中应运而生的一种必然。他为联系产销环节,推进市场发展与繁荣、提高人们的生活水平,引导人们的物质消费而出现。广告人明确角色的社会地位,就能准确地给自己定位,既不夸大,也不贬低自己,客观地承担自己应该承担的责任,完成自己义不容辞的义务。

◆ 角色是社会关系。这是理解角色情境关系中很重要的一个方面。人是社会关系的总和,也可以说人是角色的总和。帕森斯在分析社会关系时指出,社会系统文化(价值取向和道德规范)的控制与人格系统(角色)的制约,其核心是制度化的角色。说得确切点或通俗点,就是社会系统是由角色间的社会关系构成的。社会结构的核心是"我"和"他"这两个概念,分别表示在行动过程中发生相互关系的不同角色。这种关系即是权力和义务的互补性。"我"的权利,恰恰需要"他"来承担义务,

"我"的义务又是他的权利。我们讲角色是社会关系,正是指出角色是一种社会关系的客观化。

社会关系是一种抽象概念,而角色则较具体,是具有权利和义务的社会关系。广告人是一种社会关系的具体化,他在生产者和消费者之间是一种中介关系。他是沟通两者的桥梁和纽带。他是消费者和生产者的月下老人。他要为双方负责,他的广告创作如若丧失一种客观准绳,实际上也就是将自己放在一种尴尬的关系中。

◆ 角色也是社会规范。这是角色情境关系中又一重要方面。社会规范有法律的、规章制度的、道德的、习俗的等等形式。角色的社会规范,是因为社会对一定的角色有一定的要求和限制,即有相应的权力和义务。一整套的权利和义务就构成了某种特定的角色。广告人遵循社会规范,不逾距,不做虚假广告,不欺骗消费者,不仅是一种职业道德,而且是一种角色的约束。社会规范就是角色的内涵的重要构成。角色情境关系还有一个重要方面,就是角色是社会期待。

教育学中常谈到"皮格马利翁效应",是说学生感受到老师期待自己成为一个好学生,于是学生就按老师的期待扮演起好学生来,渐渐地学生就成了好学生,令老师满意的学生。从社会期待的角度来认识角色有各种各样的方式,其中有他人期待,就广告人来说它包括广告主(广告客户)的期待和广告受众(消费者)的期待;还有广告人个人,即角色扮演者自身的期待;此外,还包括一种较为抽象的组织期待(如公司、机关、团体、国家等)。这些期待可能有某种矛盾性,比如广告主和广告受众的期待,但这些矛盾不是不可调合的。

广告人要全面认识各种各样的期待,化解其中的矛盾,将各种期待有机地统一在一起,学着作为期待的角色,在"皮格马利翁效应"的作用下,来提升和完善自己的角色。期待就是一种动力,因期待的存在,所以角色在进步,那么社会也就在进步。社会角色的期待,实际上是自己和他人对个体提出的符合个体的身份、地位、作为、希望。期待是一种信任,又是一种关心。

广告人本来就是"皮格马利翁",那个希腊神话中的雕刻师。他沉醉在雕刻艺术的创作中。当他在用象牙雕刻一尊美丽的雕像时,他倾注了全身心的热情和爱恋,终于感动了上帝,使雕像变成了一个活生生的、具有生命的美丽的姑娘。马利翁对雕像的期待赋予雕像以生命,广告人对自身的各个视角的期待的全面而准确的把握,一定能予以广告人一种创造的天赋和巨大的成功。

以上我们论说了广告人的角色定位的命题。需要我们指出的是广告人的定位和广告的定位有某种相通的地方,或者说有异曲同工之妙。当你有一个广告人准确的人生定位,你才能有准确的广告定位。在广告世界,谁人不知著名的艾飞斯广告定位呢?艾飞斯是美国的一家出租汽车公司,在艾飞斯广告策划中,艾飞斯广告定位是:"在出租业中,艾飞斯不过是第二位,那么为什么还租我们的车呢?因为,我们更努力呀!"艾飞斯的"第二位",艾飞斯的"我们更努力呀",使得公司连续赔13年后,开始赚钱。第一年赚120万美元,第二年赚了260万美元,第三年赚500万美元。艾飞斯的成功,在于其广告的准确定位。可是谁又能说在准确的广告定位后面,不是有广告人准确的角色定位在起着重要作用呢?

二、广告的情感表现

明确广告人的心理特征把握广告人的角色定位,还要寻找广告人最有效的表现方法,那就是情感的表现。奥格威等广告大家都说过情感诉求式的营造生活情景、表现生活片断的广告往往都是成功的。情感表现的广告获得成功的例子不胜枚举,任何一个广告人都能信手拈来一连串感人肺腑的广告语,如"真诚到永远"、"关心人、重视人"、"相逢无需理由,真诚便是挚友"等广告词;任何一个广告人,眼前都会浮现出很多表现真情实感的画面。人是有情感的动物,情感是人区别于其他动物的显著标志。"血浓于水"、"哀莫大于心死"、"断肠人在天涯"等脍炙人口的佳句都说明了"无物似情浓"、"情义无价"的道理。所以,广告创作中的情感表现,固然可以被视为一种表现方法,但更应视为一种创作原则,一种创作理念。

为了牢固地树立这种创作理念,广告人应该从心理学的角度去研究人的情感表现,揭示它表现的层级和特征,以更好地将情感表现由自然上升到自觉的境界。

西方对情感表现问题的系统研究,始自文艺复兴时代。拉玛佐在其论文《论绘画》(1584年)中曾首次对人类的各种情感表现进行了详细的分类,而后布鲁恩又撰写了《论情感表现的不同特征》。进入19世纪之后,"情感表现"又受到很多哲学家、心理学家的关注。尤其是查里斯·贝尔(1806—1884)在其著作中对情感表现作了系统而详细的分析。自文艺复兴开情感表现的先河之后,西方学者对情感表现的研究可谓是精彩纷呈。广告人要学习和汲取这些学者宝贵的学术思想的精华,从中得到启发,并在自己的创作实践中大胆借鉴。

人类的表现活动是极其复杂的,它有形形色色的种类和方式,有显露的、有隐蔽的、有直接的、有间接的等等。但是,从人类情感表现的总体发展过程来看,可分成情感的自然表现和情感的艺术表现。

1. 情感的自然表现

情感是人们日常生活和交往的一种手段。比如,用微笑表示高兴和欢迎,用流泪表示痛苦和悲伤,用皱鼻表示蔑视和厌恶等等。大量的材料证明,不同的内在情感,有不同的外在表现形式,而大多数表示方式在世界各民族中是通用的。比如我们刚举过的那些例子一样,对于这样一个现实,很多学者对自然情感给予了纯粹生理学的解释,较有代表性的是查理期·贝尔的看法,他说:"人天生就有一部分肌肉组织是用于表现情感的。"对这个问题,达尔文作过细致的研究,并对上述观点给予了猛烈的批驳。他花费了多年的时间收集资料,对各地人类的情感表现作了比较性研究,破解了情感表现的"自然之谜"。

他指出,人类现在使用的大多数情感表现方式,都可以在其生物性的刺激——反应活动中找到痕迹。由于进化的环境,使得这些情感表现方式通过遗传得以继承下来。也由于这些经遗传而形成的自然情感的表现在人类形成不同种族之前已经完成,所以,这些情感表现方式至今在各民族中具有相当大的普遍性。

达尔文对自然情感表现成因的揭示贡献是巨大的,但他通过自然本能的遗传来解释情感表现,也有很大局限性,在很多地方是说不通的。仅以"惊奇"的情感表现为例,在西方传统中,惊奇一般表现为"瞪大眼睛",而在中国往往表现为"张大嘴巴"。这说明,情感的表现,还有其他因素的影响和制约,诸如社会文化因素的影响。

保尔·艾克曼于1971年提出一个颇有见地的看法,他认为,任何一种情感表现,都是两种不同的活动(学习和遗传)共同作用的结果。艾克曼指出,似乎存在一种由先天规则指导的"脸部情感表现程序"。愉快、发怒、恐惧、厌恶等自然情感在人类中是具有普遍性的规则,但是这些先天的规则不可避免地要受到特定文化中学习行为的修正和改动。学习行为可以使内在情感按先天规则表现出来,也可以通过不同的方式将这些自然情感的表现加以伪装、削弱或者加强。由于学习活动,人们的情感表现模式不断完善,这种完备是在人们为达到某种目的的过程中实现的。

杜威对这个过程进行了研究,他以实例形象地描绘了这个过程。他说:"当幼儿一天天长大时,便发现自己的行为会产生某种效果。例如,他的哭泣会引起别人注意甚至使别人走近他,他的微笑会引起别人同样的甜蜜微笑。这里,他便开始认识到自己动作的含义,从而使这种开初时仅仅是由内驱力激起的反射动作,转变为表现的能力。只有这时,他才真正具备了以自己的行为表现的能力。"这说明,表现的种种模式,是人类在进行各种有目的的情感流露活动中逐渐形成的。原始人就如愚钝未开的孩子一样,当他观察到自己某些自发活动(如哭和笑等)会在周围的人群中产生某种效果,便开始有目的地重复进行这种以往是盲目的活动。到这时,原始人才开始按照这些活动产生的效果来"蓄意"安排和组织这些活动。例如,用哭来引起别人的同情和安慰,用笑来讨别人的欢喜和爱怜,用握手和鼓掌来表示欢迎,用手舞足蹈来表示兴高采烈等等。我们可以发现,由于通过了学习,有目的的作为手段的表现要比作为本能的表现更加微妙和俊俏。

杜威认为,只要表现成为达到某种目的的手段,它就超越了本能阶段,进入了艺术领域。我们不能苟同杜威将日常情感表现与艺术情感表现不加区别的观点。但是,杜威的研究和结论说明自然情感和艺术情感之间没有不可逾越的鸿沟,从自然情感到艺术情感经历了一个渐进的过程。表现作为手段,既是人类实践的构成部分,又是人类实践的结果,它同人类的感知能力和思维想象能力一起成熟起来,便由自然情感阶段飞跃到艺术情感阶段。

2.情感的艺术表现

艺术发源于人类的远古时代,那时人类的自然情感与艺术情感界线并不分明。远古之时,人类的语言文字还未发展,人们之间的交流,人对自然的崇拜,大多用动作手势表达。在原始的歌舞动作中,既有模仿秧苗生长、狩猎捕鱼等生产劳动的,也有直接发泄内心的喜、怒、哀、乐自然情感的。这些自然情感表现动作,经过人们的选择和提炼逐渐演化成艺术的表现。在古印度流传下来的有关祭礼、舞蹈、戏剧、歌舞的典籍中,就曾记录了九种主要人类情感的身体手势的表现,例如,50 种布哈瓦动作(持续或短暂的较高雅动作),14 种哈瓦动作(少女吸引男子并使之屈服于爱欲的动作和姿态),这些动作不仅引进了各种不同的四肢表现的动作,还引进了 14 种不同的头部表情动作,71 种不同的手部姿态动作。这些动作大多保存了自然情感表现的原色,它无可辩驳地说明自然情感和艺术情感的密切关系。

自然情感虽然与艺术情感丝丝入扣,但艺术情感和自然情感却有本质的不同。广告人的任务就是,通过艺术情感的表现,去冲击广告受众的心理,以自然、委婉或强烈的情感表现,去触动他们的心弦,从而使其接受广告的诉求,达到广告宣传的目的。所以,广告人要澄清情感发泄、情感的自然表现和情感的艺术表现的区别。情感的发泄,大多是在失去理智或失去控制下进行的,达到一种歇斯底里的程度,如砸坏家具,人身伤害等等。

情感的自然表现,是一种生活手段,大多是预先想到要用某种情感达到某种效果,而情感的艺术表现却带有创造、发现、整理和探索人类情感的奥妙和本质的性质。广告人从心理学的角度,通过比较来把握广告作品情感表现的特征和内在规律,对于

修正、完善广告人的创作心理有着十分重要的意义。为此,广告人要深刻领悟艺术表现的几个特点:

◆ 首先,情感的艺术表现取决于时代、环境、场合和艺术风格、内容等因素决定的主要情调和氛围。所以,单凭自然表现,而没有艺术的改造和加工,没有背景的衬托,是不可能有情感的艺术表现的。与情感的艺术表现相比,情感的自然表现是模糊的、微弱的和残缺的。对自然情感不加以改造就不可能融入艺术之中。嚎啕大哭固然是悲痛之极的表现,但没有一个观众愿意看一个演员在表现悲痛时,嚎啕大哭,以至于昏厥过去。

情感的艺术表现不是孤立的,它受时代、环境等诸多因素决定的主导情调的选择。如果某一情感表现的风格与情调,与特定条件下的主导情调不协调,就会受到排斥和唾弃。就像一粒沙子揉到眼里,眼睛是容不下的,非要揉出来不可。广告人在创作广告时,无异于与广告受众进行情感交流,而这种情感的表现不是自然表现,更不是情感发泄,而是情感的艺术表现,他不仅不能简单地利用、引入自然情感,它还需要把握由时代环境、场合、风格、道德、内容等等因素决定的情调氛围,把握其中的主导情调,这样广告人才能很好地传情达意,收到预期的效果。

◆ 其次,由于情感本身是极为细腻、微妙和变幻莫测的,所以,仅以身体作为表现媒介的自然情感是难以准确表现的。为了准确而细腻地表达情感,再现内在情感的微妙变化,勾勒内在情感的完整的动态结构,就要调动和运用情感的艺术表现手法等捕捉和描写人们的情感世界。情感的自然表现有相当大的局限性,达尔文有一段话很能说明问题:"发怒、愤慨与狂怒,这三者之间存在着极小差别,正如很难把轻蔑(scorn)、鄙视(disdain)以及蔑视(contempt)几种内在情感的外在表现区别开来一样。有时候,甚至连'嘲弄'、'挑衅'和'厌恶'的外部表现也难于区分"。所以,准确的情感表现不能寄托在自然表现上,而应寄托在艺术表现上。一幅笔墨酣畅的山水画,一段令人眼花缭乱的影视广告,一句撩拨人心的广告语所表现出的那种特定的情感是自然情感表现无法企及的。

◆ 第三,艺术情感表现能以一种意象去表达,而日常生活中的自然情感表达充其量只是一种抽象的概念性的表达。比如说,生气、发怒时,在日常生活中人们常说"气死我了";而艺术表达却可说"怒发冲冠"或"七窍生烟"等。前者是一种概念,而后者却是意象。语言不仅能表达思想,描述事物的状态,而且还可以表达感情。但是,语言的情感自然表现和语言的情感艺术表现是有很大差别的。真正的艺术情感表现的语言,一方面有语调方面的起伏变化,有押韵、节奏和气势;另一方面可用明喻、暗喻等修辞手法去唤起一种意象。这种"意象"同内在情感有相同的动态结构,因而能生动、准确地表达出内在情感来。其实,有没有"意象",不仅是情感的自然表现和情感的艺术表现的区别,也是一切艺术表现同自然表现的区别。西方古代学者奎特利安(Qutilian)就艺术创作说过一句发人深省的话:"欲想感动别人,需先感动自己。"

艺术创作者怎样才能做到这一点呢?奎特利安说:"我的看法是,有一些经验,它们被古希腊人称之为幻觉,被罗马人称之为'梦象'。在这样的经验中,那些不在眼前的事物会栩栩如生地呈现出来,以至看上去如在眼前。我认为,只有那些能在瞬间滋生这种幻觉经验的人,才能最大限度地支配自己的感情。"奎特利安的意思是,艺术家在表现一种感情时,并不像正常人那样,不由自主地发泄出来,在发怒时一定暴跳如雷,在欢乐时也一定手舞足蹈,在痛苦时也一定泪流满面,而是首先进入想象境界,将情感化为意象——一幅画、一种情景、一个事物或一曲音乐等等。这些意象不是随意的;而是与艺术家要表现的情感有着极密切的关系。正因为如此,这些意象以各种媒介表现出来,便能迅速在观众中引起同感。由此,艺术家实现了先感动自己,进而感动了别人的过程。

奎特利发的这一思想,在近代克罗齐和柯林伍德那儿得到很大发展。以"直觉"划分艺术和非艺术的界限,在他看来,"直觉"就是使尚未获得任何形式的内心情感获得形式,而情感转变为形式之时,也就是头脑中出现意象之时,头脑中一旦形成情感的意象,情感就得到了表现。因此,直觉就是情感的表现,直觉中产生情感意象就是艺术。柯林伍德强调,艺术表现就是某种情感得到"明朗化"的过程。所谓"明朗化",也就是"意象化"。

广告人深入分析情感的表现问题,应该是非常严肃而庄重的,犹如置身在肃穆而神圣的教堂,对情感的艺术表现的认识,无异于对自我内在情感的形态和本质的探视和发现,无异于对自己创作思想的真谛的透视和领悟。那就是广告艺术的情感表现是一种想象的情感表现,即意象的表现。

广告人的使命,就是用特定的广告语去表现情感,从本质上看,广告是一种情感语言,通过这种语言,广告人对变幻不定的情感进行探索和发现,"并赋予它们以名称和栖身之所"(莫瑞斯·琼斯语)。情感一旦在广告作品中栖身,它便变成一种非个人的东西,它便成了那些使用着共同艺术语言的人们的感情。这样广告作品便成了一种表现人类情感的符号。朗格将艺术(应包括广告)视作"情感形式的意象"。这种意象是一种动态的生命形式的意象,正如一切运动着的事物——河流、海浪、瀑布、烟云、生物的生长——都有自己的具体形式。广告人作为艺术家的有机组成部分,和其他一切艺术家一样要领会人类情感运动和变化规律,找到它们具体的活动样式,将它们体现于不同的媒介之中,以构成自己富有个性的、卓然超凡的艺术表现。

第三节 广告受众文化心理透视

现代社会中消费者的文化心理倾向是广告人研究的重要课题。随着社会生产力的迅猛发展,人们物质文化生活水平的提高,人们的消费观念和消费意识正发生着巨大的变化。其突出的特点是消费心理中的文化倾向更加突出,人们已经不是一般地将购买商品看成是一种纯粹的物质需求了,而是带有越来越多的文化韵味。

一、消费者的文化心理倾向

广告人都懂得,成功的广告必须对广告受众有明确的承诺。而承诺准确与否就是看广告能否满足消费者的心理需求和动机。那么,在现代社会条件下,消费心理的文化倾向可以说是在消费者的需求和动机中表现出来的,为了准确把握现代消费者的消费心理倾向,就应该以其需求和动机,以及需求和动机与文化的关系为研究的切入点。

美国著名的人本主义心理学家马斯洛把人的基本需求分为七个方面。一是生理需要;二是安全的需要;三是爱和归属的需要;四是自尊和尊重人的需要;五是审美的需要;六是认识和理解的需要;七是自我实现的需要。人的上述基本需求是由低向高顺序排列的,由此构成了一个相对优势的等级。心理学家们通过研究指出,动机的主要功能有两个:第一是唤起身体的能量,从而发动行为,或维持、加强、终止某一行为。第二是指向环境中可满足需求的对象,使行为表现出明显的选择性。从需求和动机的内涵我们可以看出,二者的差异主要表现在需求并没有明确的特定的对象,而动机是指向某种需求已被意识到,并与一定的对象联系起来。动机是一种满足需求目标实现的力量,动机以需求为基础,需求决定了动机,两者有着十分紧密而不可分割的联系。

如果我们将研究的视角移向当代人的需求和动机的心理层面,我们会发现文化特征日益鲜明地体现出来。首先这种特征是由需求和动机的内在发展趋势决定的。从需求讲它是不断地由生理需求向安全需求、爱的需求向尊重和自我实现的需求不断推进的过程。而动机也是在需求的指导下不断地指向更高一层的对象。这和中国古语讲的"衣食足而后知荣辱"的道理是一样的。

其次,这种特征是由外在文化环境对人的心理影响所致。由于社会的文化氛围和气息越来越浓郁,所以人们需求和动机的各个层级都会受到文化的浸染,即使是最基本的饮食需要,也不再是远古时茹毛饮血的野蛮方式,而是讲究色、香、味等的饮食文化了。

下面我们从需求的五个层级来分析消费心理如何由物质层级向文化层级演进,并针对这种演进提出广告人的对策。

1. 生理需要

生理需要包括饥渴、感官刺激和性行为。凡是与个人生存和种族生存有关的需要,都属于生理需要范畴。广告人应针对人的生理需求特点,精心地设计和巧妙地构思自己的广告作品,来刺激人们的消费欲望。广告人要选择与生理需求相关的描述:如新鲜的、芳香的、诱人的、香醇的、滴滴香浓,意犹未尽的、沁人心脾的、舒适柔软的、丝丝顺滑的、清心凉爽的等等,以此来刺激人们的感官需求,诱发人们的购买欲望。

2. 安全需要

安全的需要不仅包括身体不受伤害,而且还包括物品、财产不受损失和破坏。在现代社会中还包括就业安全、投资安全、生活秩序和社会治安的安全等等。消费者对产品的耐用性、保修期、售后服务的疑虑也是表达了对安全的需要。在广告宣传中,要充分考虑到消费者对安全的需要。用有助于激发安全的词语去满足他们的心理需求,更重要的是良好的信誉和可靠的商品质量去赢得消费者的信任。广告人应恪守"言必信、行必果"的准则,坚决不做虚假广告。"诚信"不仅是商家、厂家的原则,更应是广告人的原则。

3. 爱的需要

人是一种社会动物,人的生活是一种群体生活。人需要友情、亲情和爱情。爱与被爱是人的最重要的需要。爱的需要是人的一种生活目的,也是人的一种生活动力。广告人在创作广告时要把激发和满足人们爱的需要放在重要的地位上。广告人应该懂得通过赞扬、钦佩、忠告、仁爱、钟情、奉献、依恋、感激等情感方式,通过歌颂爱、赞美爱、通过感人的形象和撩拨人心的话语去满足人们对爱的需要,以博得消费者的"芳心"。

4. 自尊的需要

自尊是一个人看待自己的能力和自我价值的方式。对于一个人来说,没有什么价值判断比对自己的评价更重要,也没有哪个因素比自我评价对心理发展和动机形成的影响更重要。所以，人特别地需要自尊。所谓自尊的需要就是对声望、尊严、地位、权力、力量、胜任、成就等等的需要。自尊的需要也是消费者购买商品的一个重要决定因素。尤其是时装、钻戒、首饰、礼品等等贵重商品，其主要价值并非满足人们生理的需要。所以，广告人在针对某一产品进行广告宣传时，要充分考虑到消费者自尊的需要。为满足消费者自尊的需要，不仅要善于运用激发消费者自尊的那些词语。如"令人艳羡、独一无二、王者风范、领先时代、独领风骚"等，更要通过广告宣传去创造名牌。这种创造主要是参与企业的名牌认定和名牌战略。

广告人必须有一种现代名牌意识，即名牌不是自封的，也不完全是由产品质量决定的，而是市场选择的结果，是不是名牌不是由某个权威的机构说了算的，而是由市场决定的，是由市场的知名度占有率来衡量的。所以，创造名牌不光是一种生产技术的问题，而是包括营销、公关和广告在内的全方位的名牌战略。

5. 审美需要

当一个人的自尊的需要满足之后，他会产生审美需要，审美是人们欣赏自然、艺术品和其他产品时，所产生的一种愉快的心理体验。这种心理体验是人的内在心理与审美对象之间交流或相互作用的结果。例如，新潮的时装、精美的艺术品、讲究色香味的佳肴、华美的商品包装、悠扬悦耳的音乐等等都能激起人们的审美感受。美的商品、美的事物、美的容颜固然能激起人们愉悦的感官享受，但审美同一般的生理快感是不同的，说到底，审美是一种高级的精神现象，是人在满足基本的生理需要之后向更美的精神境界的追求。

广告人要满足消费者的审美需要，必须懂得什么是美，必须去发现美并能调动种种艺术手段来实现美。而且要区分不同年龄层次，不同文化水准，不同风俗习惯，不同地域国别的人们的不同审美心理和审美需求。所以，满足人们的审美需求不是说几句"好迷人、好漂亮"就能解决问题的。表现幽雅、粗犷、精致、自然、古朴、条理、醇香、恬静等美的概念，是一个很细致很讲究的活儿。

6. 认识和理解的需要

在审美需要的基础上，人们还有认识和理解的需要，认识和理解需要的重要性是不言而喻的。人们生活在世界上，需要发现和认识我们自身及我们生存的这个地球乃至宇宙的真理及其规律，需要认识和理解各种事物之间的关系及秩序。因为，人类要生存就要改造世界，而改造世界的前提则是认识和理解世界。认知事物，认知世界的需要属于较高级的人类基本需要，这种需要是在低级需要满足以后的基础上产生的。

应该看到,人们认知的需要是相当强烈的,人类具有那种探求未知事物的强烈的好奇心。所以,广告人要满足人们更高层次的认知和理解的需要,就应该在广告宣传中多动点脑子,不要每个广告都详尽地阐述商品的性能特点等,不要和盘托出,让消费者被动地接受,不妨想些点子,刺激消费者的好奇性,激励他们对探求知识的参与意识,以求达到满足消费者认识和理解的需要,达到增强记忆、强化印象并使其心悦诚服,乐于接受和购买的目的。

7. 自我实现的需要

自我实现的需要是人类基本需要中最高级的需要。展现自己的风度、挖掘自己的潜能、实现自己的价值,可谓是人类的最高目标和终极目的。自我实现和购买商品似乎是风马牛不相及的事。其实这两者有着紧密的内在的联系。比如,一个人工作中做出成绩和贡献受到嘉奖。一个人用自己诚实、智慧的劳作挣来的钱,买到自己或买到馈赠亲人的礼物,都会有一种自我实现的感觉。这种自我实现的感觉并不完全在于购买的商品多么昂贵,大到别墅、汽车,小到一条领带,都可以带来自我实现的某种愉悦感受。

广告人需要注意的是,从社会进步的角度看,不能以获得多少物质财富作为个人价值实现大小的尺度。像美国有一种品牌的啤酒,定位在一般的蓝领阶层、农民和一般职员,它选择的广告词就是"劳动者的奖赏"。这个广告就是很好地运用了满足人们自我实现需要的方式的成功范例。

在实现满足人们自我实现需要的广告策划时,广告人应该正确地辩证地看待自我实现,不要把它局限在一个狭窄的范围。自我实现不一定非要取得某项举世瞩目的成就,大凡生活工作中某件小事的完成都可以使人有一种自我实现的感觉。比如,解答了一道数学难题的欣喜,学会开车后的喜悦,登上山顶的欢欣等等。人生的大的价值实现不可能是一蹴而就的,它是由一个一个小的自我实现构成的。因为,自我实现不是一个静止的状态,而是一个不断运动的过程。

广告人如果能通过自己的智慧,通过对人的深刻认识和理解,让受众通过你的设计,尝试到从前不敢想的事情,今天居然成功了,从前不敢做的事情,今天意外地做成了。那么受众一定有一种自我实现的巨大满足,广告也就取得了极大的成功。广告人让消费者发现自我实现和鼓励并使其参与自我实现,应是广告人进行广告创作的一个新视角。

广告的创作就是针对消费者的需要,刺激消费者的欲望和动机,并使之行动的过程。广告人要做出成功的广告,要尽可能考虑该产品所能满足人们的哪些需要,做出准确的定位和承诺。在广告策划和创意过程中,也要考虑到诸多方面的问题,一方面考虑到同一商品可能满足人们的多种基本需求,也要考虑到不同的消费者有不同的基本需求倾向,这就要求广告人针对商品特点和消费者的群体分布,全面安排,统筹兼顾,突出重点。实践证明,强调某一种需求,突出商品最能满足消费者需求的某一种特点的广告往往是最为成功的。

二、消费者个性分析

个性,亦称人格。从消费者的心理行为的角度来看,个性可以理解为消费者适应其生活环境的特定心理行为方式。人类个性是人类行为差异的心理基础,由于个体的个性不同,对事物的行为反应也不同。完全相同的个性心理特征是没有的。正是人们个性差异,造成人们对相同的广告刺激,可能形成不同的态度和引起不同的行为反应。因而,有效的广告策略,不应忽略对消费者个性的分析和研究。只有在消费者个性的基础上,才能真正做到对市场的细分化研究,才能准确地进行目标市场定位和产品品牌及企业形象定位。

1. 消费者具有不同的个性特征

人们的个性心理非常复杂,可以说有多少个体就有多少个性,就像世界上没有两片完全相同的树叶一样。对于广告策划来说,单纯地指向某一个体的个性不仅是不可能的,也是没有意义的。广告人所要指向的是某一部分人或某一群体,因而,他所针对是这一群体的"个性",这是可以做到的,因为个体之间虽然有差异,但是不同个体的个性还是有相同之处的,我们从个体特征就能够看得出来。

个性特征有以下五点:

第一,个性具有整体性。个性是由许多成分或特性组成的,是由诸多要素相互联系相互制约所组成的一个和谐的整体。

第二,个性具有稳定性。一个人在其成长过程中,经过长期社会实践的磨练,逐渐形成了带有一定倾向性的动机、理想、信念、性格等个性倾向和个性品质。

第三,个性具有时代性。任何一个个体的个性,都会打上时代的印记,没有任何一个个性能够脱离时代而存在。保守的、传统的个性就其本质来讲也是对那个时代的时代性的一种扭曲的反映。

第四,个性具有社会性,也可以说具有社会制约性。人是社会的动物,社会必然对人的个性产生影响。这种影响一方面来自即时性的社会影响,就是当我们和别人在一起时,由于示范效应,我们会无意之中受到别人的影响而使自己的心理发生一定的偏摆。另一方面是社会成员所在的社会文化历史背景对个性产生的影响。不同地域、不同民族的不同文化对个性具有不同的影响力和不同的倾向性。

第五是个性与情境的相关性。美国学者卡里斯·柯尼和罗伯雷·卡文在研究人在两种不同情况下消费行为的差异时,把个性分为高执著与低执著两种。他们的研究表明,高执著型消费者给自买东西时,倾向于自己比较熟悉的品牌的商品;而给别人买东西时,则倾向于选择那些新型的、自己不熟悉的商品。低执著的消费者,情况恰恰相反。由此看来,消费者的个性与情境有很大的关系,因情境不同,消费者的选择也会有较大的不同。

2. 对不同的个性通过观察法、调查法和测验法进行测量

在观察法、调查法和测验法这三种测量方法中,以测验法最为常用,可信度也最高。自从1844年英国心理学家高尔顿(F. Galton)发表了第一个测量个性的"评定品格量表"以来,已发展到好几百种个性测验法。比较著名的有明尼苏达多相人格量表(MMPI)、卡特尔16种人格因素量表(16PF)、爱德华个人偏好量表(EPPS)和人格投射测验等等。

在消费领域中用得最多的是让被试者看一些模糊的、不确定的图画或照片,以图中所看到的为主题,进行自由联想,描述出自己看到的东西和联想到的东西,并解释画面的含义。在解释过程中被试者会不知不觉地把自己的需要、愿望、情感反映到解释中去。研究者通过被试者的结果去测被试者的个性。

严格地说,人格投射测验也还有随意性和不够严谨的地方。所以在消费领域又发展起来一种把个性分析和生活方式分析结合起来的心理描述法,这种方法正在被逐渐重视和实际运用。

通过对消费者的个性心理特征的深入分析,可知它是由诸如:能力、气质、性格、需要、兴趣、动机、理想等成分构成的。需要和动机我们已做过较为细致的分析,对广告人来说,对气质、性格和兴趣、爱好的研究,有利于更深入地了解消费者,制定出更为有效的广告策略。

关于气质的说法,大多数人赞成古希腊波克利特的体液说。这种学说把人的气质分成四种类型:胆汁质、多血质、粘液质、抑郁质。胆汁质类型的人态度直率,精力旺盛,反应速度快,但脾气暴躁,缺乏耐心。这类消费者一旦意识到某种需要,立刻会产生强烈的购买动机,采取购买行动。这类人是新产品的最先接受者。因而,通过有冲击力的广告去刺激这一类型气质的人的需求会产生很好的效果,他们不会过多地考虑价格和质量问题,而立刻付诸购买。但广告人和商家切不可以认为能蒙骗他们,如若让他们发现其中的欺诈行为,他们会对你的产品丧失全部热情,会毅然决然地否定和抛弃你的品牌,转而购买其他品牌的商品。

多血质类型的人热情、活泼、善于交际、能说会道。他们对新事物、新环境感受力强,语言表达颇具感染力。对这类消费者,广告宣传要注重情感诉求,用画面、音乐、广告词营造一个浪漫、温馨、优美、动人的情感氛围,对产品的介绍也要详细而实在,加强他们的认同感。

粘液质类型的人安稳、持重、注意力持久、反应迟缓、感情不易外露、忍耐力强、沉默寡言。这一类型气质的消费者,不会轻易做出购买决策,他们要慎重考虑,一旦做出决策,也不会轻易改变。针对这类消费者的广告宣传,一定要细心周到,不厌其烦,注意突出广告宣传的商品特点,尤其要介绍和展示商品的使用效果。这类人不会很快成为购买对象,然而一旦得到他们的信任,就会成为稳定持久的消费群体。

抑郁质类型的人感情细腻、丰富,而且深刻、持久、不外露。他们表现的心思敏感、动作迟钝、语言慢条斯理,所以,这类人善于察觉别人不易发现的细微末节,性情孤僻,易伤感,喜独处,不善辞令,胆小怕事。这类消费者不是"流行"和"时尚"的追求者,也不会盲目率先相信广告的宣传,所以要注重对他们的中后期广告宣传,要突出和强调产品质量,还要适时地请专家进行商品质量认证,方可以收到良好的广告宣传效果。

3. 广告人要研究消费者的性格

性格是一个人对现实所采取的相对稳定的态度和习惯的行为方式。比如,有的人豪爽大方,有的人小气,有的人果敢,有的人优柔寡断等等。性格是人们在后天的社会实践中学习而来的,也是可以改变的。消费者的性格可以说是在本人已形成的性格在购买和消费过程中的体现。按优势心理来分,我们可将消费者性格分为理智型、情绪型和意志型三种;按消费态度来分,可分为经济型、自由型、保守型和顺从型四种。广告对上述不同类型的消费者要对症下药,区别对待。

◆ 对理智型的消费者:所做的广告不宜用夸张手法,而适用于理性诉求的广告。因为理智型的消费者善于权衡商品的利弊因素,不盲从偏信,而是通过周密的理智思考与判断来作出购买决策的。

◆ 情绪型的消费者:容易被情绪所感染,所以,广告对策应是充分发挥情感诉求的优势,唤起他们愉悦的情绪,并使之发生购买行动。

◆ 意志型的消费者:很有主见,他们目标明确,积极主动,购买果断、迅速。但这部分消费者习惯购买自己熟悉的商品品牌,对新产品则不太在意。所以广告宣传要突出新产品的真正优点,并准确地针对他们的需求来宣传,也就是诉求要准确,有的放矢,以此来突破他们的心理防线和思维定式,达到对新产品的促销目的。

- ◆ 经济型的消费者:不崇尚奢华,讲究节俭朴素。所以,对这类型的消费者,广告宣传要强调产品的实用价值,而不要过多地赋予商品以引申的精神意义。
- ◆ 自由型的消费者:浪漫、豁达、富于幻想。他们在选购商品时既注重商品的内在质量又追求商品的外在包装、商标,特别钟情那种具有浪漫象征意义的商品。所以对这类型的消费者,广告要善于运用和调动艺术表现手法,为其营造美妙温馨的情境和塑造俊美活泼的形象,就会引起他们的共鸣和青睐,使其产生购买行为。
- ◆ 保守型的消费者:常常固守过去的消费传统,对新产品抱着强烈的怀疑态度。对这类消费者,广告宣传的重点是在质量上,使他们对产品产生信赖,他们就会成为牢固的不易流失的消费群体。
- ◆ 顺从型消费者:在购买商品时少有自己的独立见解,容易被别人所影响,喜欢追"时髦"随大溜。这部分人并不是广告宣传的主要诉求对象,广告宣传影响了他们的亲朋好友,也便影响了他们。

4. 广告人要研究消费者的兴趣和爱好

兴趣是一个人积极接触、力求认识和探求某种事物根底的认识倾向。当一个人对某一事物产生兴趣,久而久之就会把注意力长久地倾注在这一事物上,发展成了个人的爱好。兴趣和爱好总是与愉悦的心理相伴随的。兴趣和爱好对人们的消费行为有很大的影响。兴趣和爱好有偏好和广泛,固定和随意之分。例如,偏好型的消费者有颜色偏好和款式、样式偏好等各种各样的消费偏好,广告要针对他们不同的偏好,有的放矢地在广告的色彩搭配、商标设计等方面尽可能地满足消费者的需求。其他类型的消费者也是如此,不再赘述。

通过上述分析,广告人应站在一个崭新的心理学的角度,深入到人的心理层面去看问题。要明白气质、性格、兴趣、爱好等个性心理特征,是构成消费者购买行为的重要心理基础,是广告心理学和消费心理学的重要依据,它对于指导广告的创意和制作,具有重要的实践意义。

三、潜意识理论与广告策略

心理学潜意识理论中有两个著名的代表人物,一个是弗洛伊德,一个是荣格。作为广告人熟稔潜意识理论,对制定正确的广告策略大有裨益。

潜意识,又称为无意识。它作为一个心理学的概念是由弗洛伊德最早提出来的。

潜意识是指被压抑或被排斥到意识阈之下的原始冲动、本能以及与本能有关的欲望。弗洛伊德认为,心理现象本来是潜意识的,有意识的现象只占全部精神生活的极小部分。他以潜意识为核心,将意识分为:意识——前意识——潜意识三个层次。意识,被弗洛伊德看成是能够直接被感知的部分;前意识是介乎意识与潜意识之间的部分,也就是可以回忆起来的经验,即潜意识中能够被召回的部分。潜意识弗氏认为是被压抑到潜意识中的原始冲动、欲望,其大部分是性欲。他还认为对人的行为有强大支配力的是潜意识,而意识则是最无能为力的。弗洛伊德的潜意识理论对西文艺术乃至对西文现代广告有重大影响。

西方现代广告不仅强调产品的性能和品质,而且对产品的形状、颜色、包装、商标等方面也是精心设计,广告语、广告文案更是精雕细刻,以激发消费者的潜意识,调动他们潜在的需求和欲望,达到很好的促销效果。

西方广告中还惯用漂亮的女郎和健美的男性作广告,以刺激消费者的性意识,支配消费者的购买行为。

弗洛伊德的理论认为人的本能和欲望受到超我的压抑,所以只能以幻想的形式来实现。他的这一思想,使西方现代广告中象征的手法大行其道,广告通过传递浪漫的含蓄的象征性的含义,以引起消费者的联想和幻想,激起消费者浓厚的兴趣和强烈的欲望。例如,西方广告中有用皎洁的月光、柔滑的丝缎代表女性,用粗花格呢、奔驰的骏马等象征男性。象征手法在广告实践中越来越被证实为一种极富表现力的艺术手法,对增强广告宣传的效果起着非常重要的作用。

荣格继弗洛伊德之后对潜意识作了深入的研究。荣格以心灵代表整个人格,它包括意识、个人潜意识和集体潜意识。他认为在人类的历史长河中,人类因受环境的影响,所形成的习惯和习俗,所获得的经验和印象等,按照习得遗传的原则遗传下来,存储在个人心灵深处,从而概括成了人们的很大的潜意识部分。荣格把潜意识分为两种:个人潜意识和集体潜意识。他认为个人潜意识的存在来自个人心理经验,个人潜意识曾经一度是意识的,但被遗忘压抑,从意识中消失了,变成了个人潜意识。

集体潜意识处于个性结构的最底层,由阿妮玛(男性精神中的女性特征)和阿妮姆斯(女性精神中的男性特征)这样的基本成分构成。荣格的潜意识心理学理论已被有意识地运用到广告创作的实践中,尤其是"阿妮玛"和"阿妮姆斯"这两个概念,作为异性的理想形象,常常含蓄地运用到广告的诉求之中。

比如美国著名品牌"美特牌"女性长筒丝袜的广告。广告画面出现两个穿"美特"牌长筒袜的漂亮的长腿。然后画面下移,而后出现绿草地、运动场和观众的欢呼。接着画面出现运动员强健的腿,在草坪上奔跑着跳跃着,令人眼花缭乱,看得出有人穿"美特"牌丝袜。画面定格,显现出穿"美特"牌丝袜的正是美国家喻户晓的著名棒球界运动员乔·纳米斯,他说:"我不穿女式长筒丝袜,不过如果'美特'牌丝袜能使我的大腿变得漂亮,我想也能使你们的大腿变得漂亮。"这个广告成功地激起了女性潜意识之中的"阿妮姆斯",使广告大获成功,使"美特"长筒丝袜走俏美国市场。

四、创造时尚

时尚和流行是社会文化心理的外化,或曰社会心理最典型的表现。我们透过一个特定社会的时尚和流行,就会把握到该社会的整体的文化心理脉搏。从某种意义上讲,广告就是一种追求时尚和流行的艺术。广告的责任恰恰在于创造时尚,引导流行,培养崭新的、健康的生活方式。

时尚,是一种重要的文化现象,时尚不是整个社会中人们所推崇的,但它具有传播性、周期性、自发性和短暂性的标准式样,它反映在人们的心理上就是时髦。这种社会心理是普遍的、易变的和不稳定的一种心理现象,在人们的日常生活中,即在人们的消费行为中的时尚被称之为消费时尚。消费时尚具有四个特点:

1. 社会的发展与时尚的发展同步

一个社会的物质文化水平越高,那么这个社会时尚变化得就越快,而且呈现出的类型和表现的式样就会越复杂,越多样化。时尚往往以最快的速度反映着一个社会的发展和进步,一个社会如果时尚单调,变化节奏很慢,说明这个社会技术进步和经济发展也是迟缓的。满清政府多年来以长袍马褂为一种社会时尚,这是社会停滞和走向衰亡的一种表征。今天,改革开放以来,我国的社会生产力取得了长足的进步,人民的物质文化水平有了极大的提高,所以社会时尚的变迁也如潮起潮落变化很快。还记得20世纪80年代还是彩电、冰箱、洗衣机热,到90年代初已变换成空调、录像机和高级音响热,而至90年代中期后这种消费时尚又转向电脑、VCD、家庭影院。社会消费时尚简直就是社会前进的足印,是新的社会行为规范和社会风俗形成的先驱。

2. 时尚具有新奇性

每一种时尚的出现都是以与众不同的方式和方法表现出来的。时尚反映了消费者求新、求美、渴望变化和自我表现的心理。新奇容易引起别人的注意,对别人的冲击力刺激性大,从而达到显示自我,实现自我心理满足的目的。不新奇的东西不会变为时尚。但是某一事物新奇与否也是具有相对性和周期性的。一位英国学者总结了时装式样兴衰的规律:如果一个人穿上离时兴还有五年的时装的话,会被认为是怪物;如果提前三年穿,也会被认为是招摇过市;提前二年穿,可谓大胆;当年穿,正当时尚,恰合时宜;一年后再穿,就会落伍,显得土气;五年后再穿,就会变成古董;可是过三十年再穿,人们又会认为很时髦,很有独创精神。

3. 时尚具有从众性

从众性决定了时尚流行的趋势。社会中大多数人有一个共识,即认为合乎时尚是美的,而不合乎时尚是落伍的和不合时宜的。在社会中人们普遍有一种心理倾向,即大多数人接受的,个人也乐于接受。所以时尚就会扩散开来,使得时尚得以流行,并最终成为一种社会行为规范。

4. 时尚具有价值原则

关于时尚,可以从两个方面来看:一是有价值的事物才可能成为时尚;另一方面,价值含量高的时尚变换得周期长,价值含量低的时尚,变换周期短。像高档时装,周期显然很长,而在北京曾经流行和时尚的忽拉圈很快就销声匿迹了。

广告人注意时尚,其目的就是通过消费者时尚透视人们的社会消费心理,捕捉商品流行变换趋势,使广告具有应时性,更要具有预见性,以求广告宣传从形式到内容都符合社会大众的需求和期望。广告人对时尚要有敏锐的洞察力,当一种时尚处在朦胧时期,广告人就要针对将要到来的时尚潮流,大造舆论、推波助澜,所以从某种意义上讲,好的广告,有创造时尚和创造流行的作用。如上个世纪90年代初时,国人还没有将洗发水当成日用品,是海飞丝去头屑的广告打开了现今庞大的护发市场。如今琳琅满目的洗发、护发用品已经占据了超市的货架,而这都是各种广告宣传立下的汗马功劳。优秀的广告人,应该对时代特征有一种过人的悟性,这样才可以让自己的广告作品成为报晓的雄鸡和迎春的腊梅,成为时代潮流的先声。

五、引导流行

消费流行是市场经济的一种客观经济现象,消费流行是指一种商品在短时间内成为人为争相购买的对象,就如"风乍起,吹皱一池春水"。流行一般来说,具有以下几个特征:

1. 流行具有阶段性

流行可分为初级阶段、效仿阶段和泛化阶段。初始阶段,某一有特色的商品刚刚面世,尽管成本高,售价不菲,但还是被高收入阶层所青睐。效仿阶段,由于该产品已经得到社会上一部分人的认可,从而具有了无形的号召力和感染力,许多热衷时尚的消费者纷纷效仿,于是迅速形成一种流行的浪潮。泛化阶段,是该商品被社会各阶层广泛的认同,乃至大量普及,流行范围进一步扩大,原先高收入阶层开始退出该商品的消费,因而流行势头有所减弱,这种商品渐渐被更新的产品取代的趋势已露端倪。如现在的手机已经发展到几乎人手一部,而当初这还只是沿海地区暴富的生意人的标志。

2. 流行具有地域之间的差异性

一般来说,世界性消费流行总是从发达国家和地区开始,然后扩散到中等发达国家,再扩散到发展中国家。就国外、国内的流行而言,总是从大城市和沿海地区向中西部地区蔓延和扩散。

3. 流行存在着品种差异性

同是流行一种商品,在不同的地区就可能存在商品品质的差异。在美、日等发达国家,耐克、阿迪达斯等很流行,但却少有假冒名牌的商品得以流行,而在我国却不同,在市场上大量充斥着假冒的名牌产品,尽管从制作上尚可以假乱真,但从价格上看,它不可能是真正的名牌,而该假名牌照样有市场,也很流行,这和不同国家和地区的经济发展水平和消费水平有直接关系。

4. 流行具有时间差异性

某一种商品在流行的不同地区,出现时间有早有晚,持续时间有长有短,因此,流行表现出了明显的时间差异。

广告人认识和把握流行,就是把握市场,把握最大范围的消费者,就是取得最佳广告效益的保证,也就是企业取得最大市场占有率和取得最大效益的保证。俗话说:"识时务者为俊杰",广告人把握时尚和流行,就是识时务。所以广告人要运用心理学理论研究流行,并且在把握流行趋势时要注意以下几个问题:

◆ 第一,加强对社会富裕阶层或社会名人的广告宣传。由于这些人的经济实力雄厚,具有很强的购买力,而且对较富裕的人群有很大的示范效应。所以,广告要针对这些人追求新颖、美观、名牌的心理,投放有冲击力的广告,使新产品进入市场后,很快引起这部分人的注意,抓住他们的消费心理,激发他们的消费欲望,以期通过他们形成流行潮流。

◆ 第二,注意广告宣传的力度。广告宣传的力度,就是广告宣传所投入的费用。俗话说"好钢用在刀刃上"。广告宣传的费用主要应投入到广告流行的前两个阶段上,即初始阶段和效仿阶段的初期。一种商品能否流行,关键在这两个时间段。因此,在这两个时期,要投入广告预算费用的绝大部分,运用各种广告艺术手段和艺术形式,加大媒体组合的力度,运用科学的全方位的媒体展开宣传攻势,突出宣传商品的特点、优点、功能、品质、意义,以赠物、优惠购物等手段吸引大量早期顾客,为形成流行打好基础,为扩散流行大造声势,一旦形成流行狂潮,无需广告宣传,产品销量也会大量增加。

◆ 第三,广告宣传要注意流行的地域差异和时间差异。世界上的国家和地区以及任何一个国家的不同地区其经济的发展都是不平衡的。而流行总是由先进的发达国家向后发达的国家,由先进地区向后进地区蔓延和扩散,这样流行就有了地区上的推进和时间上的先后。所以,广告人要以开阔的视野和敏锐的感觉关注发达国家的时尚和流行。因此,研究发达国家的流行趋势就成了中国广告人的必修课。当今米兰和巴黎的时装在全世界都有示范作用,它们仿佛是"台风"的中心,以越来越快的速度吹向欧美、日本和港台,以至于中国大陆。所以,放眼世界,无疑可以为本地区将要掀起的流行浪潮作一番未雨绸缪的工作,更好地创造广告效益和经济效益。

思考题

1. 广告艺术心理学的研究内容有哪些?
2. 分析广告心理学理论的种类?
3. 广告审美的心理要素有哪些?
4. 广告人具有哪些心理特征?
5. 广告的情感表现形式有哪些?
6. 消费心理如何由物质层级向文化层级演进?

第六章 广告人文化素质

第一节 广告人的现代观念

随着科学技术的迅猛发展,世界经济一体化进程的不断推进,世界统一大市场的加速形成,21世纪将是经济、文化、科技竞争异常激烈的世纪。竞争的核心最终是人才竞争。

一、广告人的素质构成

世界范围的竞争将决定一个国家和民族的生存空间和生存质量。在国内外激烈的市场竞争中,广告担负着重要的责任和使命。因为,作为知识密集、技术密集和人才密集的广告业,是市场经济的先导产业。在以企业形象、商品品牌为主要竞争手段的今天和将来,广告的竞争则是首当其冲的。我国著名的企业集团跻身世界五百强的行列也仅有二十二家。我国现有的大企业集团与美国通用电器公司、可口可乐公司等大的世界著名公司相比,无论是资产总量还是产品市场占有率都不可比拟。因此,一方面我们需要实施通过强强联合组建大企业集团的方略,另一方面也要通过企业形象战略,提高企业的知名度和美誉度,不断扩大市场份额。

广告作为企业形象战略的一个有机组成部分担负着光荣而重大的使命。所以,围绕建立社会主义市场经济体制,针对我国当前广告管理体制和经营机制中存在的问题,以及创意思想和技术手段落后的现状,不失时机地加快广告业改革和发展的步伐,大力发展广告业引导企业进入市场、开拓市场的作用,进一步发育完善国内广告市场,参与国际广告市场竞争,使广告业迅速适应社会主义市场经济需要,帮助企业开拓国际国内市场,是摆在中国广告人面前一项紧迫而艰巨的任务。

要担负起广告所肩负的历史任务,需要充分发挥市场机制的作用,促进广告人才、资金、技术的合理流动与科学配置;需要统筹规划、规范管理,促进广告业结构的优化和地区合理布局;需要依赖科技进步,弘扬民族文化,给广告注入更多的文化力;需要吸收发达国家的经验,促进国内广告市场与国际广告市场联体,积极参与国内国际广告市场的竞争。但是千条万条,最重要的一条就是把广告人才的培养放在优先发展的位置上,尽快地提高广告人的文化素质。

世界上一切竞争,归根结底是人才的竞争,这在广告业来说也是一个不可更改的法则。优秀的广告作品是具有优秀文化素质的广告人心智的结晶。没有高品位、高素质的广告人就不会有高文化含量的、高品位的、具有强大艺术魅力和冲击力的广告作品。

广告人的文化素质是个内涵十分丰富的概念。如果从知识的角度看,它包括专业技能,也包括一般文化知识。如果从智力心理学的角度看,它有不同的划分体系,这不同的体系,概括起来有五大流派:

◆ 认识力说。前苏联心理学家把智力看成是人的一般能力,或者说是一般能力中的认识力(也叫一般智慧能力)。

◆ 西方心理学界的因素说和结构说。桑代克(Thorndike,1901)的特殊因素理论认为智力是由填句、算术推理、词和领会指示所组成的。凯勒、瑟斯顿(Thurstone)的多因素说,认为智力是由数形、语言、记忆、推理多种因素组成。吉尔福特(Guilford,1959)的智力三维结构理论,认为智力是由5种操作、4种内容和3种结果乘积的120种因素所组成。施莱辛格(Schlesinger)和格德曼(Guttman,1969)二维结构理论,认为智力是由语言能力、解决问题能力和实践能力组成。

◆ 皮亚杰的智力理论。他认为认知、智力、思维和心理是同义的,他认为智力的本质就是适应,使个体与环境取得平衡。

◆ 认知心理学的智力理论。把智力理解为是为达到一定目的,在一定的心理结构中进行信息加工的过程。

◆ 我国心理学者林崇德提出的思维三棱结构发展理论。这种理论认为,思维结构是静态结构和动态结构的统一,是一个多侧面、多形态、多联系的结构。思维是能力与智力的核心,智力和能力同属于个性范畴。智力与能力的区别是,智力偏于认识,能力偏于活动。智力与能力两者是互相制约、互为前提的关系,其核心是思维,最基本特征是概括。

综上所述,每种理论都有一定的社会历史背景,都有一个特定的视角,都是智力理论探索中一个不断完善的过程。在我们探讨广告人文化素质这个问题时,回眸智力发展的理论,对比较恰当地分析和表达具有很大的启迪和指导作用。从智力理论和各种理论见解中,逐渐丰富了文化素质观的内涵。广告人的文化素质是广告人认识问题,解决问题的能力;是广告人精湛的专业知识技能和广告人广博的一般社会科学和自然科学知识的结合;是广告人认知、智力、思维和心理的平衡与发展;是广告人为达到广告目的而进行的完善的信息处理过程的能力;是广告人智商(IQ)和情商(EQ)的融合;是广告人能力、气质和性格诸方面健全的人格魅力。广告人的文化素质是一个多重的多侧面的结构和系统。

对广告人文化素质的梳理和审视是广告人不断完善自己的需要,也是广告人不断进取,不断提高广告水平的需要。广告人努力全面提高自己的文化素质是广告人对"厚积薄发"的一种诠释,是广告人提高创作水平,在激烈的竞争中有所作为的唯一正确抉择。因此,要全面理解广告人的素质,如果从知识能力,即从德、才、识、学的角度看,"识",应该是观念,"识"也是见识,是对客观事物规律的把握。也许有人认为是"德",其实不然,真正的德,要以对趋势、大局、规律的准确把握为前提,单纯讲"德",不讲"识",就可能成为旧秩序、旧观念的维护者,因此"识"之重要,广为认同。俗话说"识时务者为俊杰","人无远虑,必有近忧"便是证明。

如果从气质、性格、能力等人格关系来看,广告人文化素质主要是"情感"。"情感"属于性格所包含的范畴。列宁曾说过:"没有人的'感情',就从来没有也不可能有对真理的追求。"情感智慧是指引广告人走向真、善、美的巨大动力。如果从认识、心理和思维的体系去看,广告人文化素质主要是"思维"。古语讲:"心之官则思","学而不思则罔"。西方著名学者也认为,"思维是世界上最美的花朵"。在认识心理学理论系统中思维是核心。这样我们就将广告人的文化素质概括和抽象出三个问题来剖析,即:观念(识)、情感和思维。观念属于知识范畴,情感属于人格范畴,而思维属于认识范畴。这三个方面,以思维为内核,以情感为中间层,以观念为外层(见图6-1)。

思维、情感和观念构成了广告人文化素质基本要素和主要构件。这是广告人在锻造自己的文化素质的时候,率先抽象出的一个较完美的文化素质目标模式形态。抽象目标模式属于在理论上寻找广告人文化素质的基本特征。抽象法是一种研究问题的重要方法。马克思著名的《资本论》中的劳动价值论学说就是从一般到个别,从抽象到具体的典范。我们把广告人的文化素质概括为观念、情感、思维这三个方面,是沿着从一般走向个别,从抽象走向具体的一个尝试,其根本目的是把广告人的素质问题删繁就简和切中要点,以使广告人有所遵循和得以身体力行。

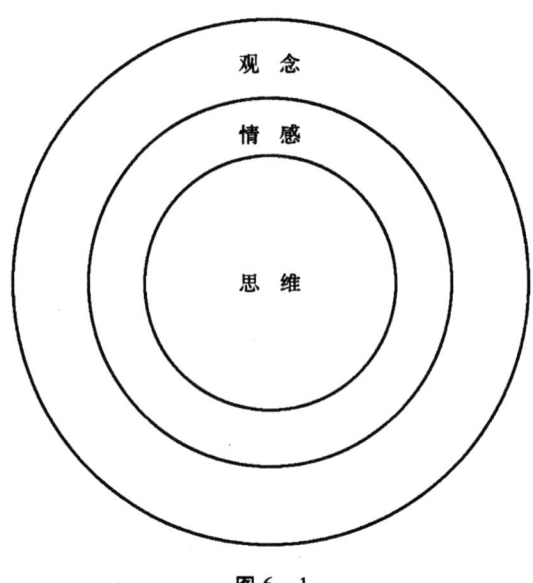

图 6-1

广告人在观念、情感和思维方面所要追求和达到的境界,应该是观念的前瞻性、人格的完美性和思维的创造性。这就是前面提到的广告人所追求的文化素质目标模式。广告人目标明确,矢志不渝,全面提升自己的文化素质,经过一番凤凰涅槃般的炼化,就可以满怀信心地迎接新挑战,拥抱新世纪。

二、广告人的现代观念

中国广告经历了28年的发展历程,需要中国广告人对中国广告的社会价值和广告人的现代观念作深层梳理。当我们关注这样一个重大的问题的时候,意味着填补了一个缺失的"话语领域",构筑了一个全面审视广告行业和广告人观念的"视觉平台",广告是在人们的争议中成长壮大起来的,人们都肯定了广告对我们的生活方式、价值观念、意识形态乃至社会的体制建设所起的积极作用。但是我们也不能回避广告,尤其是虚假违法广告所带来的负面影响。广告行业的繁荣需要一个值得推崇的价值判断,讨论广告的社会价值,讨论广告人的素质和和观念在当今的时代显得特别的重要,这本身就是一种行业的自觉,也是广告人思想成熟的象征。

广告价值的探讨大致可以从两个方面来论述:

第一,建构和重构生活的知识话语。生活是一本教科书。产业的进步,技术的革命,新媒体的不断诞生造成了生活形态的巨变,也造成了生活的知识话语系统的迅速更新和扩张。有资料表明,近30年来所产生的新的资讯比过去5000年还要多,在资讯爆炸的时代,广告作为传递信息的载体,帮助人们在最短的时间简化了商品信息,广告成了消费者挑选有用信息的过滤器。从这个角度来说,广告显然是一种有效的、有价值的传播方式。广告在整个市场的价值链中,通过建构和重构自己的知识话语系统形成了自己的产业价值。

第二,建构和重构社会的想象法则。从某种角度看,文明就是一种想象,想象蕴含着超越,决定着审美的性质,标志着民族的创造力。在现实社会中,广告作为一个最具创意的产业具有无比丰富的想象,因而是一种最具革命性的力量。广告是最为审美化和商业化的表现形态,它的形象价值远远大于它的抽象价值。这里要说明,广告不是纵欲主义的注解,而是基于消费活动的想象的激发和感性的引导。广告作为人类欲望的想象的镜象,不仅不应该被诋毁,相反应该受到重视。广告就如同一个成长中的人,会不断地受到质疑,也会不断地受到赞美。

广告要完成社会所赋予的主体认知和正确的价值尺度,就要求广告人应该进行一次彻底的自我革命,应该树立现代商业社会新的观念。观念对于人来讲,有传统和现代之分,有落后和前瞻之别。要使中国的广告赶上或超越国际上现代广告的水平,那么中国广告人的观念首先要实现现代化,要具有前瞻性。资金和技术固然是实现广告现代化的重要因素,但观念的现代化是至关重要的。

在现代化追求的征途上,很多发展中国家,以为只要引进资金和技术就能实现梦寐以求的现代化。但是,由于体制的落后,特别是人们观念的保守,当花费了大量资金引进了技术,通过种种优惠条件引进资金后,并没有达到目的,先进的技术并未发挥其应有的效力,资金也没有产生效益,历史的沉疴和观念的落后,使美好的愿望付诸东流化为泡影。陈旧的观念像太阳黑洞一样不仅吞噬了大量的财富,也吞噬了人们实现现代化的理想和信心。

在经过曲折和痛苦的探索之后,人们终于认识到,现代化首先是人们思想观念的现代化。广告人站在国家和民族现代化进程的大视野上,一定能深切体会到鼎故革新,实现人的观念的现代化,对于实现中国广告业的跃进,民族的振兴所具有的重要意义。

广告人的现代观念是多元化的、丰富的。人的认识每指向一个领域,针对某一对象,便产生相应的某一特定的观念。从广告人特定的视角出发,按一定的空间和逻辑顺序,广告人的观念包括:时代观、广告观和文化价值观等等。下面我们着重来论说广告人应具备的时代观、广告观和价值观。

1. 广告人的时代观

时代观是广告人对这个现实的社会历史时代及其发展趋势的认识。在现实社会中广告人不是未来学家也不是政治的幕僚,不需要像艾文·托弗勒那样,一定要写出《未来的冲击》、《第三次浪潮》和《大未来》来预言后工业化社会的新文明,也不要像美国白宫的御用文人亨斯廷那样撰写《文明的冲突与世界秩序的重建》。但是广告人却不可以不了解和研究现实社会及其发展趋势,因为现代广告本身就是现代文化和文明的表征。

广告人的时代观,就是广告人对时代特征及发展趋向的认知和把握。时代观主要包括:政治时代观、经济时代观和文化时代观三个层面。政治时代观,当今就是指世界政治格局和世界现状及趋势。冷战结束后的政治多极化以及和平与发展,已经成为当今世界的主流,这就为中国的发展提供了前所未有的机遇和挑战,也为广告人建构现代化的中国广告业提供了大展宏图、大显身手的舞台。对广告人来说,最重要的还是其经济时代观和文化时代观。

广告人的经济时代观包括宏观经济和微观经济两大方面。从宏观经济来看,广告人应认识世界经济现在和未来发展中的两个特点:一个是经济全球化,另一个是信息技术革命。经济全球化又包括资本全球化和商业全球化。这两种趋势已经愈益明显,并对世界经济产生了强烈的冲击波。1989年,由国际清算银行统计公布的外汇交易额每日为6200亿美元,到1995年已上升到1万亿美元,2004年最新统计的数据已达到1.88亿美元。这说明世界资本市场已经发生了根本性的变化,越来越多的资金在跨国界流动,越来越多的国家都感受到国际金融资本的冲击。信息技术革命已经在我们身边如火如荼地展开了,传真机、移动电话、个人电脑、调制解调器、因特网等信息革命的成果,正在改变着人们的生存方式。

在世界跨入21世纪之际,"三大法则"——描述微处理机性能的迅速革新的穆尔法则;说电脑网络的价值等于节点的平方的梅特卡夫法则;说硅谷的数字脑袋中只要有一个可笑的念头冒出,便会迅速传播开来并影响美国企业界心理的盖茨文化霸权法则——以威力空前、不可避免的力量改变着现实。法国预言家曾经预言:互联网络将是21世纪的主要传播媒介;大约到2012年癌症的治疗将有可能突破;到2018年,将可以用显微装置来修补细胞;到2020年,汽车将由氢来驱动。

五大技术浪潮——信息技术、生物技术、纳米技术、显微技术和氢能技术——将彻底改造世界。信息化制造技术将导致生产车间无人化,制造过程非物质化,越来越多的人将在 Small office(指25人的办公室)或 Home office(家庭办公室)办公。21世纪已经成为"知识社会",知识是社会核心,受过高等教育的人成为社会主流,职业也逐步从谋生的手段转变成为"实现自我价值"的需要。全球化和信息技术这两种广泛的趋势逐渐打破原来的秩序,迫使企业进行结构调整,从而提高生产效率。全球化为商品和服务打开了新的市场。

广告人的工作和企业的关系最为密切,作为广告人,如果不了解经济发展和时代特点,那就意味着封闭、停滞,最终被淘汰。

1991年美国Iacocaa研究所主持的21世纪发展战略讨论会提出了"敏捷制造企业"的新概念。这个历时半年的讨论会,指出在当今和未来的社会,从知识到技术,再从技术到产品的时间越来越短。而独占性核技术构成了产品的主要价值,但是,一项技术的独占期将越来越短。新产品开发的软件工具日新月异,使得新产品开发周期越来越短。敏捷制造就是为了适应这样的环境而总结出来的。所谓"敏捷"就是指在不可预见的多变的环境中的生存能力。将来的企业从生产的特点到企业文化和客户的战略依存关系都会和现有的企业有本质的不同,它要求以小批量、高技术、快节奏投入到激烈的市场竞争中,它要求企业员工发挥最大的积极性,主要是发挥知识的价值,它要求按客户的定单生产,以合适的价格为客户生产富有个性的产品。这样一个市场细分的时代,不能不要求广告人从创意思想到制作表现来一番脱胎换骨的改造。

广告人的文化时代观就是要实事求是,从实际出发,以马克思主义为指导,把中华民族美德和社会主义市场经济所要求的时代精神有机结合进来。具体来说要求做到三个方面的统一。

◆ 一是社会价值和个人价值的统一。即做到群众意识、国家意识和个人意识的统一。中国有重国家整体利益的价值观的传统,这在当前和未来仍有积极意义,另一方面,市场经济又要承认和肯定个人价值,增强人们自立自强的精神。所以,我们所推崇的时代文化精神应该是社会整体价值和个人价值的统一。

◆ 二是自然发展和社会进步的统一。这是非常重要而又容易被忽略的一种时代文化精神。这种时代文化精神观照的是人和自然的关系,强调人要遵循自然规律,这就是宋儒张载所全面阐述的"天人合一"的思想。他认为人是自然的一部分,人类要与自然和谐相处。自然是人的生存环境,人在改造自然推进人类文明进步的同时,要维护好人类生存的家园。

◆ 三是仁爱和竞争的统一。市场经济是竞争激烈的经济,每个市场经济的主体只有积极、主动参与竞争,才能谋得生存、求得发展。但是,这种竞争应该只是手段,而不该成为目的。这种竞争不可避免地带有很多残酷之处,但是讲公平公正,讲互惠互利,而不搞尔虞我诈、弱肉强食,应是一种高境界。如果把竞争放在你死我活,或者将竞争的功利原则扩大到一切领域,那么势必造成人和人之间关系的紧张和仇视。所以,讲竞争也必须讲道德、讲仁义、讲和睦,这既是中华民族传统美德的精髓,也是现代文明的迫切要求。

2. 广告人的现代广告观

现代广告是根据现代市场活动的需要,继承传统广告中的科学部分,剔除其中不科学的已不适应时代发展要求的部分,针对市场中出现的新情况,用现代观念来指导,进行广告创作活动的一种观念和行动。现代广告的主要特征表现在以下四个方面:

◆ 第一,从以生产者为中心转向以消费者为中心。现代市场活动已告别了传统的4P即以产定销,转向4C即以需定产。这个"需"是消费者的需,即一切以消费者为中心。这种转变是卖方市场转向买方市场的必然结果。现代广告随着企业市场营销观念的转变,把消费者作为广告的研究中心,围绕消费者的心理动机和行为等开展有针对性的诉求,才能取得消费者对广告信息的接受,产生共鸣,发生行动。而传统广告仅仅以生产者为中心,侧重于对广告主主观意志的服从,从而割裂了和消费者的联系。这种情况如果在计划经济条件下,或者是在卖方市场还可以大行其道,但是,在市场经济的买方市场条件下则寸步难行。

◆ 第二,从经验决策转向科学决策。现代广告是以策划为主体,以创意为中心。它所面对的是扑朔迷离竞争激烈的市场和处在"上帝"位置上的挑剔的消费者。因此广告活动要达到预期的目的,就要科学地研究市场、研究商品、研究消费者、研究竞争对手、确立市场策略,提出市场营销建议,并在此基础上制定广告策略,确立广告目标、广告主题,确立广告的诉求与创意,进行广告的创作和表现,然后科学地选择和组合媒体,最后还要进行广告效果的测定。这一科学的总体策划过程,应该环环结扣、丝丝相连、起承转合、过渡自然,围绕广告目的井井有条地进行。广告只有经过这样的科学决策,才能使广告富有成效。

◆ 第三,从单一劳动转向集中各方人力共同完成。现代广告面对的是多变的市场、复杂的消费者和多样化的商品,因此,单凭一个人是无法科学策划和实际运作的。要作出高质量的优秀的广告作品,需要市场学、传播学、心理学、文案写作、图形设计、影视制作等多方面的专家同心协力完成。广告业是技术密集、知识密集、人才密集的新兴产业。广告业必须走社会化生产道路,所以,广告公司的现代化管理和经营尤为重要,没有科学的管理和经营方略就不能充分发挥每个人的聪明才智和形成众人拾柴的合力。

◆ 第四,从单一媒介转向全媒介组合。现代广告担负着非常重要的功能,现代营销和激烈的竞争都对广告提出了很高的要求。要求加强广告宣传的深度和力度,但是仅凭单一的广告活动和单一的媒体是无法奏效的,所以要借助于公关(PR)、营销(SP)和企业形象策划(CI)等活动的鼎力相助,尤其要运用广播、电视、报纸、杂志和各种媒体及高科技信息组合,只有这样才能造成强大而持久的广告宣传攻势,从而完满地实现广告的预期目的。

认识和确立现代广告观念,是制作优秀广告作品的基本的前提条件。广告人应该时时梳理自己的广告理念,并随着社会的变化、科技的进步和文化的发展,不断地调整、更新和补充自己的现代广告意识和观念,以适应这个精彩多变的世界向广告人发出的召唤。

3.广告人的价值观

价值观是人的观念中最为核心的部分。通俗地说,价值就是意义,就是对好坏、善恶、美丑、利弊、得失等的哲学概括。价值观事关广告人自我价值定位和价值选择。就价值观来说,它既包括人的社会价值,又包括人的自我价值。马克思说:"在选择职业时,我们应该遵循的主要指针是人类的幸福和我们自身的完美。不应认为,这两种利益是敌对的,互相冲突的。"这里人的社会价值与自我价值是互为前提的,不可分割的。但是二者相比较,社会价值高于个人价值,社会价值是人的根本价值,所以,广告人要有高度的社会责任感和自我约束的意识,不能只顾个人情感宣泄,或只图达到个人私利,而违反职业道德,制作虚假的广告。因此把广告人所担负的市场经济的先导作用与广告人自我价值实现和谐有机地统一在一起,是摆在广告人面前一个十分重要的课题。

广告人的价值观念要摒弃那种左的教条式的理性认知和僵死法则。广告人的价值观念应该放在消费文化的语境下去阐释。广告人的价值是通过它所创造的广告再现商品的文化生产意义。现代广告描绘了现代商品的符号价值,从而显现了现代商品的文化印记。我们应该站在消费主义的立场上去评价现代消费场景、现代广告所展示的空间和影像,无论是英伦风情,还是爱尔兰情思,或者是香榭丽舍情韵,都只是一个表演的舞台,显得如此虚幻和缥缈,是一种虚假的文化意象,显露着资本主义文化全球化的痕迹。对这种镜像,应该看到它浮华消极的一面,但是,从另一方面来看,它刺激了现代人的消费欲望,促进开发出满足人们独特需要的商品,使得市场得以活跃,市场得以发展,经济得以繁荣。所以,我们不能片面批判资本主义的文化品性。

审视广告的价值也离不开现代社会的消费程序和生活方式。当今社会的消费逻辑表明了一种社会结构方式。人们在消费商品的时候,社会关系也就显露出来。商品消费的象征意义除了存在于产品的设计和生产过程中,还表现在产品的消费过程中。我们可以这样认为,消费的选择,实际上是对某种生活方式的选择,而消费文化本质上代表着一种生活价值观。

在商品的营销过程中,广告承载着一个特殊的任务,通过解读商品显示持有者的身份等级,广告通过图像、声音、文字等符号,展现特定的语境、场景和情景。由此体现了一种梦想、欲望,构成了商品消费过程中的文化风格,塑造了一种生活方式。广告在新的消费秩序中不断更新,追逐着时尚,因而广告是感知先锋的桥梁,是宣传新的生活方式、风格和品位的载体。但是,广告有时也是炫耀性消费的一种心态的体现,这必然会受到人们的贬抑和批判。广告人要掌握两者的界限,切不可在泼洗澡水时把婴儿和洗澡水一起泼掉。

世界正在快速改变中,改变是经过挑战而走向美好未来的旅程。广告人从时代观、广告观和价值观三个方面去更新、升华,是面向未来、面向世界、面向现代化的需要。广告人所面临的挑战是严峻的,但只要有一种审慎、求新、求变的不断自我发展和完善的精神,广告人就一定能劈波斩浪,不断前进。

第二节 广告人的情感世界和情感智慧

情感是个沉甸甸的字眼。17世纪法国伟大的唯物主义哲学家狄德罗说过:"只有伟大的情感,才能使灵魂达到伟大的成就。"他也曾以犀利的言词抨击过虚伪欺诈的社会现实和诋毁情感的污言秽语,告诫人们"情感衰退使杰出的人失色,一勉强就消灭了自然的伟大和力量"。

一、探寻广告人的情感世界

现代广告人已经在娴熟而自然地运用着情感诉求广告,编织着人们所憧憬的梦想,鼓动着人们的希冀和追求,引导消费者走向广告主和广告人共同营造的目的地——或真诚的奉献或纯粹的陷阱。情感诉求的表现手法较之其他广告表现手法更具魅力,更能刺激消费者的需求和欲望,因而也就更能打开消费者的心扉,进行感情上的交流和行为上的引导。但是,聪明的广告人应该懂得,情感绝不是实现目的的一种手段,而是人们实现人生价值和人格升华的一种追求和理想。

1. 人类情感的进化

人类的情感,是从远古的人类动物祖先所具备的情绪进化发展而来的。情绪,作为一种生理需要满足与否的反映,不仅人有,动物也有,而情感则是在情绪的基础上,在人类理性的作用下,在纷繁交织的社会关系的形成和变化过程中发展起来的。可以说情感是情绪在社会中的升华,是人类特有的一种精神领域,也是一种丰富变幻的人类精神现象。正如美国著名的美学家苏珊·朗格所描述的那样,情感是"这样一些东西,在我们的感受中就像森林中的灯火那样变化不定,互相交叉和重叠;当它们没有相互抵消和掩盖时,便又凝聚成一定的形状,但这种形状又在时时分解着,或是在激烈的冲突中爆发为激情,或是在这种冲突中变得面目全非。所有这些交融为一体不可分割的主观现实就组成了我们称之为'内在生命'的东西"。

苏珊·朗格的这段话看似难以捉摸,实则是准确而生动地揭示了人类情感的特征,描绘了它的流光溢彩,道出了人类情感既是体验,又是反映;既是冲动,又是行为的特征。恐怕世界上没有比情感更复杂、更多变、更微妙的了。情感反映着人们的喜、怒、哀、乐;抒发着我们的愉、悦、忧、愁;张扬着人们的爱、憎、好、恶;伴随人们的悲、欢、离、合;映照着人间的真、假、美、丑;流溢着人们的温、馨、冷、酷;高歌着我们的侠肝义胆、热血衷肠……

广告人应该懂得,自己的一两件成功的情感诉求作品并不能证明我们已经洞悉了情感的奥秘,情感就像一部我们读不完也写不完的书,它需要用我们的全部心智去揣摸和体验,去寻找和追问,去学习和酿造。1750年鲍姆嘉通出版了《美学》,其内容是研究感觉和情感的科学。在这里鲍姆嘉通是以情感作为美学范畴去研究的,美学研究是情感的精髓。

2. 人类情感的类型

对情感研究得最细致、最全面、最系统的当推心理学。苏联心理学家A.H.鲁克把情感分为高级情感、低级情感和"中间阶段"的情感。

◆ **高级情感**包括:正义的情感、光荣的情感、义务的情感、职责的情感、爱国主义的情感、团结的情感、创造的情感、热爱劳动的情感。

其中,与美学概念有关的情感是:美的情感、高尚的情感、悲剧的情感、喜剧的情感;与财产概念有关的情感是:财产占有的情感、贫困的情感、贪婪的情感、大公无私、助人为乐的情感。

◆ **低级的情感(情绪)**包括:饥饿、渴、疲劳、疼痛。

◆ "中间阶段"的情感包括:积极情感和消极情感。

积极情感有:愉快、喜悦、怡然自得、狂喜、欢喜、惊叹、同情、温情、爱(两性或眷恋)、感动、感谢、骄傲、自满、得意、自我陶醉、自信、信任、尊敬、心安理得、轻松感、安全感、向往、幸灾乐祸、满足感、报复等。

消极情感有:不高兴、悲伤、绝望、忧愁、担忧、沮丧、烦闷、失望、恐慌、害怕、吃惊、畏惧、惊呆、恼怒、蔑视、愤慨、不友好、羡慕、凶狠、怨恨、仇恨、嫉妒、怀疑、慌张、不信任、难堪、羞愧、惋惜、怜悯、懊悔、苦恼、委屈、侮辱感、生气、不满足、后悔、良心谴责、急躁、苦楚、讨厌、厌恶等。

中间状态的情感有:漠不关心、袖手旁观、好奇心、吃惊、惊叹等。

A.H.鲁克的人类情感分类可能有不够严谨和准确之处,但毕竟给人类情感勾画了一个清晰的轮廓,并为人们对情感的研究提供了一个思路。苏联的一位心理学专家 B.H.道顿诺夫把情感分为十种类型:

◆ 第一种,利他主义的情感。这种情感是一种集群意识的反映,是与尊敬和帮助他人的无私奉献相联系的,是社会伦理道德走向和谐和个人智慧趋向成熟的标志。广告人应该积极地通过自己的广告作品弘扬这种积极健康的情感。

◆ 第二种,交流的情感。这种情感是在交际这种人类基本需要的基础上产生的。交流既包括人际交流,也包括人与自然和宇宙的交流;既包括人的外向交流——人与外界事物的交流,也包括人的内向交流——自身与心灵的对话等等。人类生存极需要建立融洽的情感环境和平衡的生态环境。一个国家、一个民族,抑或一个个人都应该从容大度、落落大方,以宽大包涵的情感姿态与别人、其他民族、其他国家,乃至人们赖以生存的自然和宇宙进行交流。所以,广告人要自立于世、自立于民族之林,要与人和谐共处,就应摒弃那种孤芳自赏、封闭保守、以邻为壑、吝啬猥琐的消极情感。

◆ 第三种,光荣的情感。这种情感是和自我肯定、争取荣誉的人类需求联系着的。这是因为个性是一种存在,个性也是一种光荣,正因为有各种各样的个性的个体的存在,世界才如此丰富多彩。广告人应该通过自己的作品,真正做到重视人,尊重人,并要坚决唾弃那种冷嘲热讽、扼杀人性的消极情感。

◆ 第四种,活动的情感。"这是由动作、动作的有无成效、困难动作的完成所引起的一种体验。"人与社会的机体、精神、思维和情愫都要生机勃勃地运动和发展着。没有运动,活动就会丧失,生命就会枯萎。所以,奋进、腾飞、开拓、翱翔正是一种积极向上的情感表现,难怪广告受众那么痴迷于影视广告中夸张的运动节奏、舞蹈和音乐的旋律。

- 第五种,好胜的情感。"这类情感的体验源于战争危险的需要",它是在此基础上引发的迎击挑战的冲击的兴致与愿望。好胜的情感是人们一种竞技状态和竞争意识,是人们的一种积极的健康的探险的需求、领先的欲望和超越的心态,正是这种意识和心态构成了一种推动社会发展和进步的强大动力。好胜并不是逞能,"逞能"是好胜情感的扭曲,是失去了信赖和客观基础的一种盲目,一种迷失。

- 第六种,浪漫主义情感。这种情感是与"特殊的、神秘的意向联系着,与期待某些影响命运的不寻常事件联系的"。浪漫的情感往往是对时空常规、行为模式和思维方式的一种逾越,是暂时地游离了肉体的灵魂的舞蹈,是"天人合一",是对人的本质和美的一种高度的认同、赞美和陶醉。浪漫主义情感是广告人要用心体悟的一种禅机,也是要用智慧去拥抱的一种生命真谛。广告人如若能把受众引领入神话般的浪漫情感世界,广告必定大获成功。

- 第七种,知识情感。B. H. 道顿诺夫独辟蹊径地分析了知识情感。他说:"这类情感常由智力情感所引起。它们不仅与接受新信息的需要联系着,也同加工整理接受来的信息,并取得'认识上一致'的需要联系着。"爱因斯坦把这种情感叫"摆脱惊奇"的情感。达尔文在其《自传》中写道:"早在童年时代,他搞懂了某些复杂的问题和事物时,很快就体会到了愉快情感。"知识情感就是人们认识自然,认识自我,认识社会,驾驭生活的一种美好的情感体验。在歌厅、舞厅的排遣和宣泄固然可以称得上一种享受,可谁又能说沏一杯香茗,一缕清香和芬芳袅袅地升起,在空气中迷漫,沁入人的心脾,我们坐在书案旁,摊开书卷,聆听哲人的教诲、诗人的吟唱和接受真理的启迪不是一种惬意的享受呢?知识的情感构成了情感智慧的核心,它把人类的整体情感引领到高尚和深刻的境地。

- 第八种,美学情感。"这就是反映人在和谐的世界中,以及个人与环境协调一致的关系中所具有的情感。""情感问题在美学中的地位,通常是被看作审美心理的要素之一,同感知、想象、理解并列在一起进行讨论的。"美学情感简称美感,它是人的高级情感的一个重要方面。人的美感是优美形态和情态的对象化,是自然美和人与自然和谐关系的一种对象化,也是人对自身文化素质和伦理智慧的一种主观欣赏和体验。人常常被自然的美所折服,也常常被自身的美(体态、情态和智慧)所震撼。广告人明眸流转,绝不可以不注视这极为重要的美学情感领域。

- 第九种,享乐主义情感。这种情感"与满足人体上、精神上舒适的需要联系着"。享乐主义的情感包括着生理和精神这两个相辅相成不可分割的方面。生理需要的满足不仅是人类生存和繁衍的需要,也是人类精神存在和发展的需要。生理的需要以衣食足为根本,以两性的爱为极致。正如一位诗人所说的:"生活是花,而爱是花的蜜。"精神的需要以生理为附着,以对人的本质和美的认识为内涵。随着人类的现代化进程,随着科学和文明的不断进步,人们的生理享受和精神享受将不断跃升到一个新的层次和水平,逐渐地将人解放为自由的真正的人。

◆ 第十种,占有情感。这类情感"同积累、收藏超过实际需要的东西所引起的兴趣联系着。人不仅喜欢占有东西,而且对搜集、交换、收藏的过程同样有兴趣"。占有情感的指向不仅是物,也包括人,还包括精神。占有和物欲、性欲是有关的,但是从现代情感占有的角度看,主要是对丰富性的追求,对生活意义的理解,对爱的真谛的把握,对美的憧憬以及对智慧的采撷。对物的占有不可能延伸到天国,而对人的占有不仅是身体,更是精神。广告人当然是不会忽视人的情感的,因为他的努力就是让消费者去占有广告所宣传的商品、品牌形象、乃至某种观念,不过通常是有偿的。这里广告人需要注意的是占有情感也是有高雅之分和优劣之别的。

二、情感的作用

对情感类型的分析,加深了我们对情感的认识,使我们对情感的认知由朦胧变得清晰,由肤浅变得深刻,由笼统变得条理分明。心理学家对情感的分类,其主旨还是要说明情感要素对于人自身的进步和完善,对协调人与社会,人与自然的关系具有十分重要的作用。对此,我国心理学家孟昭兰教授对情感的作用作了简洁而准确的概括,他指出情感(含情绪)的作用有下面三点:

1. 情绪和情感像是侦察机构,监视着信息的流动

情感体验所构成的通常心理背景或一时的心理状态,都对当前进行着的信息加工起着组织和协调作用。我们会经常感到,在心绪良好状态下工作,会思路开阔,思维敏捷,解决问题迅速;而心境低沉或郁闷时,则思路阻塞,操作迟缓,无创造性可言。突然出现的强烈情绪会骤然中断正在进行着的思维加工;持久而炽热的情绪则能激发无限的能量去完成你的创作活动。

2. 情绪(包括情感)可以协调社会交往和人际关系

情绪通过表情的渠道可以达到人们互相了解、彼此共鸣,它是人建立相互依恋的纽带。感情交流使人相互理解,相互受到感染,甚至使人互相接近和依恋。人与人之间的关系以及人与社会之间的关系可以通过情绪反映出来。诸如爱和恨、快乐和悲伤、期望和失望、羡慕和忌妒等等,它和语言一起或单独调节着人际行为。

3. 情绪和情感具有帮助人类适应环境的价值

当代人类有许多基本情绪,诸如愉快、悲伤、愤怒、惧怕、惊奇、厌恶等等,在婴儿早期即已出现,带有社会性的应答反应在三至四周内即可出现。在社会交往中,表情是情绪反应最敏感的指示器。基本情绪在儿童出生后迅速社会化,早期情绪损伤可导致怪癖性格和异常行为。这些损伤在早期不易为成人所觉察,而且它带来的损失是后来所无法弥补的。情绪发展是一本已经打开了的书,人人都应该"读"懂它。

这里使我们又回想起狄德罗对情感那精辟又深刻的警世名言:"有意摧残情感,是绝顶的蠢事。一个像疯子一样折磨自己的虔信者,打算什么也不向往,什么也不爱,什么也不感受,如果真做到这样的话,结果将变成一个真正的怪物完事,这才是好打算!"情感与人真是如影随形,不可分离。广告人应该自觉地进行情感的冶炼和锻造,达到尽可能完美的境界。

三、培养广告人的情感智慧

情感使人耀眼夺目,情感使世界美轮美奂。广告人必须具有积极浓厚的情感智慧,才可能编织出与社会和受众绵密的情感网络,才能与他人和社会共荣共生,才能实现自身的价值和人格的升华。所以,培养广告人的情感智慧是前提、基础,也是当务之急。

我们所讲的培养情感智慧是指培养积极的情感。由于社会发展进程的震荡和断裂,太多的是对健康积极情感的扭曲和戕害,打着思想解放的旗号,腐朽颓废的生活方式和伦理道德意识乘虚而入、沉滓泛起。曾经"不求天长地久,只要曾经拥有"的性观念倾斜了一代人的情感天平,"爱情"不折不扣地沦为一种商品。科学走向进步,而情感走向荒漠,这实在是社会的一种畸变,人性的一种扭曲,现代人的一种悲哀。

现代社会中,虽然流传着"钱难挣,屎难吃"的俚语,但真正难以寻觅的还是那种人与人之间的真挚感情。生活中,人们看到的是太多的巧取豪夺、明火执杖;太多的趋炎附势、阿谀奉承;太多的逢场作戏、虚情假意……所以,广告人要培养情感智慧,首先要分清积极情感和消极情感,抵御消极情感的污染,做"德艺双馨"的广告人。

培养情感智慧要在哲学、民族和艺术三个领域辛勤地耕耘。从哲学领域来说,旨在提示和把握情感的本质和运动规律。哲学的视野把情感纳入对人的研究的最高层次。情感的本质向来就是一种智慧。哲学在希腊的先贤那里被称为"爱智慧",可见爱和智慧是血肉相联的,爱中有智慧的滋味,智慧需要爱的荫庇。难怪 18 世纪法国浪漫主义诗人诺瓦利斯说:"哲学原就是怀着一种乡愁的冲动到处寻找家园。""一种相思,两处闲愁","伤高怀远几时穷,无物似情浓","梧桐更兼细雨,到黄昏、点点滴滴。这次第,怎一个愁字了得!"这一句句千古绝唱,谁能说不是爱的圭臬,不是闪光的智慧?

广告人从哲学角度来观照和理解情感,就是高屋建瓴地把握情感。哲学需要以情感为寄托的家园,而情感也需要把哲学当作照耀自己的太阳。广告人从哲学角度探寻和培养情感,才能真正找到一个人潇洒得体的生存方式,也才能通过自己的广告作品把别人引向幸福的生存情境,而不是引向仅仅散发着铜臭的陷阱。新的信息时代,数字化生存的社会,令我们实现了多少神奇的幻想。科学不仅可以模拟人的逻辑推理,还可以模拟人的思维,但是,它能模拟人的感情吗?它能模拟我们柳绿花红,尽领春风的情愫吗?能模拟我们"风鹏正举"、"直挂云帆济沧海"的壮志吗?还是能模拟我们"春如旧,人空瘦,泪痕红浥鲛绡透"的哀怨吗?我想大概不能。

从民族情感的领域来说,旨在寻找我们情感的根基。一个人绝对不是孤立的存在,他属于一个具有特定文化历史渊源的民族。民族性是人类情感的一个显著特征。富有强烈个性的民族情感,蕴含着对自己民族文化传统的深刻的认同和坚信不移的内心倾慕。民族情感的内涵和表现方式是绵延不绝的历史长期濡染的结果,它不是"船坚炮利"的武装侵略等外力可以改变的。我们中华民族历来有一种宽宏大度、容纳百川的胸襟和谦恭忍让的品德,这种情感如水一样,最柔弱,也是最坚强。这就是为什么中华民族绵延五千年而不绝的原因之所在。

世界上有很多民族,如:美利坚、大和、高丽、爱斯基摩、印地安等等。每个民族也有每个民族的劣根性,需要我们警惕和摒弃。

广告人的情感应该是中华民族情感园地的奇葩。广告人应该有意识地梳理、选择和改造自己的民族情感。我们不能总将矛头指向其他民族的劣根性,我们倒应该更多地将批判的锋芒指向自己。我们中华民族虽然有着博大精深的文化传统,有着世代流传的自尊自爱、爱国主义、恋祖思乡、仁爱待人、谦和恭让、宽大为怀、勤俭朴实等优秀积极的情感意识,但也有私隙仇恨、以邻为壑、愚忠愚孝、软弱怯懦等低劣的情感意识。所以,广告人对民族情感应该坚持弃恶扬善,"吸收其民主性的精华,剔除其封建性的糟粕"的扬弃态度。

另外,广告人也应该清醒地意识到,随着改革开放、经济变革和科技进步,西方的文明也会对东方文明造成强大的冲击,西方情感意识会无孔不入地影响东方人的情感观念,我们应该分清良莠,抵制消极情感的侵蚀,迎接积极的文明的嬗变和情感的进步,使中华民族的情感建构与历史的泱泱大国相匹配,达到一种崇高的情感韵致和境界,让中国的广告带着悠悠古国的勃勃生机和风范走向世界。

从艺术领域来观照和培养广告人的情感也是很重要的。因为,艺术情感是人们情感发展和完善过程中必然要经历的高级阶段。伴随着社会的进步,人们的文化艺术修养不断提高,人们的情感便会越来越多地溶入艺术,艺术也越来越重地负载人们的情感。你在皎洁的月光下漫步,耳畔蓦然回响起贝多芬的《月光奏鸣曲》;你轻倚桥栏,任微风吹拂秀发,凭眺一弯流逝的春水,《蓝色多瑙河》那优美的旋律在心中流淌;你深受爱的润泽、沉浸在缱绻柔情中,歌喉里会飘荡出一曲《我的太阳》。在现代人的生活中,情感和艺术水乳交融般地结为一体。

从艺术哲学的角度看,情感是艺术的生命,而成功的有冲击力的广告作品必然是浓缩了人的情感的诗化了的典型。广告人应明白,我们的情感诉求广告,抑或我们表现人的情感的各式各样的广告,并不是把生活中那种非艺术化的赤裸裸的情感生搬硬套地再现出来,而是要对生活情感进行一番艺术加工。也就是说广告人要将情感进行一番理性的内心孕育,然后进行一番加工的艺术释放。广告人是将情感更多理性地更普遍地借助于艺术的方式向社会发言。广告人要通过艺术思维将人类崇高品质、驱恶扬善的美德、孜孜进取的精神、生生不息的活力、潇洒自如的风度、坚忍不拔的毅力和坚贞不渝的爱情等人类所特有的情感,通过凝练的广告艺术形象表现出来。

这些情感表现与广告信息的传达有机结合正是广告人聪明才智的展现。广告人的使命就是创造瞬间的,也是永恒的灵与肉结合的形象之美。普列汉诺夫说:"艺术既表现人们的情感,也表现人们的思想,但是并非抽象的表现,而是用生动的形象表现,这就是艺术的最主要特点。"

四、广告人的情感表现方式

人总是在扮演着一定的社会角色。广告担负着市场经济的先导,培养新的消费观念,创造时尚、创造潮流,培养新的生活方式的重要使命。广告人特定的社会角色要求广告人有独具特色的情感表现方式。广告人的情感表现方式应注意以下几个方面:

1. 成功的广告要展开强大的情感攻势

随着商品经济的飞速发展,人们的消费层次不断提高,人们的消费模式也正在由满足基本生存需求的模式向满足情感需要和个性需要的模式转变。广告人发动情感攻势,是赢得消费者的最佳选择。情感攻势的关键是准确的市场定位、商品定位和广告定位。情感攻势的基本要求是考察消费者的情感需求。情感攻势的落脚点是给消费者提供"丰盛的情感套餐"——广告作品。广告人强大的情感攻势就是在严谨的广告策划制作和传播过程中,传递给消费者以具有崭新观念的、富有浓郁的人情味的、体现着现代文明价值的广告形象。

2. 广告所表现的情感是浓缩了的艺术情感

广告具有特定的时空要求,优秀的广告要在瞬间传达出一个完整的商品信息、商品品牌和企业形象信息。成功的广告传播要求在极短的时间内或在一个很小的空间里传达出商品的特性、对消费者的承诺,还要触动消费者的情感神经,掀起他们的情感波澜,这就要求广告人把所要表现的情感进行提炼和浓缩,删繁就简,要通过情感手段表现复杂浓郁的情感意识。广告的文字要字字珠玑,落地作金玉之声;广告的画面要极富感染力,要精心编导和剪辑,以给受众强大的冲击。所以,广告人要对所表现的情感是一种源于生活而又高于生活的艺术情感。

3. 广告要用形象说话,用形象表现情感

广告人要有"不着一字,尽得风流"的艺术造诣。广告狭窄的时空不能容得广告人去铺陈和娓娓道来,而是要求广告人直逼中心,直抒胸臆和直指受众诉求。如麦当劳一则经典的电视广告:广告开始是一个小婴儿坐在摇篮中上下摇晃,但他的表情却随着摇篮的摇晃不停地改变,摇篮晃上时他开心地咧嘴笑着,当摇篮沉下时他立刻急得哭了,就这样的来回摇晃引起了受众的好奇心,随后将镜头对准了婴儿面对的窗子,一切都真相大白了。原来摇篮晃到上面时,麦当劳的双拱门"M"会映入孩子的视野,而下降时就看不见了。这则广告让人忍俊不禁,全广告未出现一句对话或文字,却能如此精准地传达出广告的信息,并给人留下了极其深刻的印象。恰当地运用形象更能给广告作品增添独特的魅力。

4. 广告要用多样的表现形式表现丰富的情感

虽然广告要求直指人们的情感诉求,但并不是简单地、直露地、机械地去表现人们的情感,而是要艺术地去表现。艺术的表现形式是多样的,因而广告要用多种多样的艺术形式去表现人们极其丰富的情感。伏尔泰曾经说"艺术是含蓄的,于含蓄中道出一切"。广告的情感交流亦是如此。在许许多多的场合,含蓄比直率更具魅力,因为含蓄令人回味,需要思忖,需要广告受众积极主动地参与。如果广告人不注意含蓄,纵然是直接叫喊或喋喋不休也不足以激发起受众的情感波澜,反而容易引起对方的反感,阻塞了受众的情感思维升华的通道,失去了广告应达到的目的和成果。所以,委婉艺术的表现形式可以展现广告人精神的富有以及对智慧的颖悟。

5. 广告要藏情于理

优秀广告的情感表达,要能体现情感的内涵、意趣和韵致。而要做到这一点,就要造景设情,藏情于理,将情感表达得有尺有度、有舒有缓、有张有弛,做到恰如其分。广告人要避免那种不留余地、锋芒毕露的情感宣泄。藏情于理,实质是对情感的准确把握和对情感的适当约束。

6. 广告要追求情感表现的大境界

情感类型是多种多样的,而情感的美也是多姿多彩的,有的舒淡致远,有的浓郁芬芳,有的瑰丽灿烂,有的纤巧轻盈……情感也时时处在动态变幻之中,此时是"寒波澹澹起",彼时却"白鸟悠悠下"。但情感却有情调的高雅和品位的高低之别,广告人应该追求和表现积极、健康、高雅的情感,这就要求广告人去追求情感的大境界。情感的大境界就是于细微处见瑰丽,广告人应该把握艺术的真谛,理解"大象无形,大音稀声"的道理。广告人所追求的大境界是只可意会,不可言传的,当广告人的情感、人格登临泰山极顶,广告人的艺术造诣经过千锤百炼,广告人就会达到"桃李不言,下自成蹊"的境界,广告人的艺术表现力就会既深邃老道,又轻灵自然。

广告人能否通过情感的表达,完美地实现广告的目的和自我价值,归根结底是广告人自身情感素质决定的。广告人的情感素质既来源于广告人的社会情感智慧,又来源于其个人情感智慧。社会情感就如美国心理学家奥尔波特所说的"热情而深切地把自我与他人联系起来的能力"。广告人的社会情感是富有现代情感智慧的一大特征。个人情感智慧是情绪、人格和理性的结合,即完备的情感体系。20世纪60年代发展起来的认知心理学理论,把人类的情绪感机制看成是由人类生物进化、心理进化、精神进化的长期积淀而来的结果,也是社会、家庭、人群、环境长期向人的心理机制渗透的结果。

广告人要从理论上把握提高自己的情感素质——社会情感和个体情感,自觉从这两个方面去磨砺和陶冶自己,这是驾驭情感和表现情感的原动力,是广告人达到广告创作至高境界的可靠保证。

在20世纪末哈佛大学提出了崭新的教育观念——EQ(Emotion Quotient)教育。EQ情商教育就是全面地造就和提升人的人格和情感智慧。EQ情商教育和广告人全面提高情感素质是一致的。近年来在心理学界愈来愈多的心理学家赞同了哈佛教育学院心理学家嘉纳的看法。嘉纳说:"时代不同了,我们对才华的定义应该扩大。……我们应该减少评比,多花心力找出每个人天赋的一面加以培养。成功可以有无数种定义,成功的途径更是千变万化。"心理学家们扩大了智能的定义,跳出了传统的仅仅围绕语言与算术能力来测试智能的观念,提出了从整体人生角度着眼的崭新的 EQ 新观念。著名心理学家沙洛维为 EQ 下基本定义时,涵盖了嘉纳的个人智能,把 EQ 分为五大类:

◆ 一是认识自身的情绪。认识情绪的本质是 EQ 的基石,掌握情绪这种认知感觉能力,对了解自己是非常重要的。不了解自身真实感受的人必然沦为感觉的奴隶,反之,掌握了感觉才能成为生活和自我命运的主宰。

◆ 二是妥善管理情绪。情绪管理必须建立在自我认识的基础上,即:如何自我安慰,摆脱焦虑、灰暗和不安。这方面能力较匮乏的人常与低落的情绪交战,掌握自如的人则能很快走出生命的低谷,重新出发。

◆ 三是自我激励。无论是集中注意力、自我激励或发挥创造力,将情绪专注于一项目标是绝对必要的。成就任何事情都要靠情感的自制力——克制冲动与延迟满足。保持高度热忱是一切成就的动力,一般而言,能自我激励的人做任何事效率都比较高。

◆ 四是认知他人的情绪。同情心也是基本的人际技巧,同样建立在自我认识的基础上,具有同情心的人较能从细微的信息中察觉出他人的需求,因而更适合从事医护、教学、销售与管理的工作。

◆ 五是人际关系管理。人际关系是管理他人情绪的艺术。一个人的人缘、领导能力、人际和谐程度都与这项能力有关,充分掌握这项能力的人常常是社会上的佼佼者。

我们从沙洛维为 EQ 下的上述定义中,不难看出 EQ 实际就是一个人全面的情感智慧。哈佛大学这所曾培养了 6 位美国总统、33 名诺贝尔奖获得者、32 位普利策奖获得者和数十家跨国公司总裁的最著名的大学的成功,其最根本的经验就在于它不断地更新教育观念。广告人如果能将升华自己的情感智慧作为一种抉择,则不失为明智之举。德国的著名历史学家蒙森在他著名的《罗马史》一书中写道:"如果没有爱憎分明的感情,就不能创造历史,也不能写历史。"我想,广告人如果没有情感智慧,他的广告作品定然是没有生气的,既不能感动别人,也不能感动自己。

第三节 培养广告人的科学思维方式

思维在心理学辞典中是这样表述的:"是情感认识的萌芽与起点,是成熟的大树。"一位哲人说:"生命之灯因思维而点燃"。古希腊哲学家戴奥真尼斯(Dioggenes)

说:"让智慧供应你从年轻到年老的旅途所需,因为智慧比一切财产都可靠。"学者和哲人分明告知我们,人类的思维是多么重要。

一、思维的作用及分类

当人们以冷峻而严肃的目光,回眸波澜壮阔的人类社会发展历程,大概不会有人否认科学和文明发展的历史就是人类思维发展和进化的历史吧!在人类的社会实践中,正是思维提供了客观世界的真实情况和运动规律,从而推动了科学的发展;而科学的发展,又对思维提出了更高的要求。科学和思维的相互促进,推动着思维和科学从低级到高级,从简单到复杂的发展历程。我们的时代正处在科学和思维的前所未有的巨大进步和飞跃的时代。正如恩格斯所指出的那样,每一个时代的理论思维,都是一种历史的产物,在不同的时代具有非常不同的形式,并因而具有非常不同的内容。重温恩格斯的这一思想,我们深切地感到,思维的精神衍射出一道绚丽的光辉照耀着我们这个蓬勃发展的时代,它不仅推动了当今社会的飞速发展,也为人类进入新世纪的辉煌奠定了坚实的基础。

奥地利籍的英国"科学哲学家"波普尔在谈到知识财富的重要性时曾经作了一个耸人听闻的假设。他说假如现在美、苏两国打核大战,两个超级大国发射核弹,把整个地球上累积起来的物质财富和精神财富统统打光,就是说,有知识的人都死了,图书馆、资料库等等也没有了,人类又回到原始状态,那么人类社会要再发展起来的话,也许还要一百万年的时间。但是,如果仅仅把物质财富摧毁了,而人类的知识还保存着,我们再建设就不需要那么长时间,十年、二十年,顶多几十年就可以了。这个例子说明了知识的重要性。就知识体系而言,从认识的过程和结果来看,一部分是人们认识客观世界的总结,它包括广泛的知识,还有一部分是研究如何去发现规律的知识,即哲学和思维科学。思维科学是要解决怎样认识客观世界的,自然界有什么规律,所以,思维是认知体系和知识体系的核心。因此,英国著名学者罗素在《真与爱》一文中说:"没有了思想及构思的自由,就不可能有心灵或道德上的进展。"心理学家皮亚杰说:"智力的基本功能在于理解与发明。"在这里他们所谈到的"思想"、"构思"和"理解"都属于思维科学的范畴。

广告人所创造的优秀的广告作品,是广告人心智的凝结,是广告人丰富知识积淀的产物。任何成功的广告作品都经历了独到的创意和构思过程。当我们面对广告大师的杰作,广告人不仅仅是理解他创作的是什么,最重要的是学习他是如何创作的,即他的构思过程。所以,学习和研究思维科学是广告人提高素质的根本所在,也是当务之急。

思维科学将人的思维分为三种：抽象逻辑思维、形象（直觉）思维和灵感（顿悟）思维。

抽象思维是借助于语言和概念而进行的思维形式。它是人类智慧与精神系统发展到高级阶段的产物。它也是我们透过现象认识事物的本质的重要手段。

形象思维的过程是概括，但这种概括是用形象构成的，是运用想象、联想与创造性构思进行思维的过程。

灵感思维是深入到人思维中的潜意识，触动了人深藏于潜意识中的"自我"（西方学者认为人有"多个自我"，有的存在于显意识当中，有的存在于潜意识当中）而使灵感倏然显现，难点或症结突然解决。有的心理学家说，灵感思维属于形象思维的范畴，它是形象思维的扩大，是形象思维从显意识扩大到潜意识，是从更广泛的范围来形象思维的。

广告人提高自身文化素质，就要全面提高自己的思维能力。既要从理性思维的角度去分析和认识广告目标、市场类型、商品个性、消费者特点，并有针对性地制作广告策略和战略，更要通过形象思维和灵感思维把广告宣传形象化，把准确、生动的形象作为信息的载体，实现广告的目的。广告人总是以理性的分析为前提，而以形象塑造为归宿，这也是现代广告的要求和特征。如果把广告创作过程进行一番系统观照，广告总是以对商品的具体分析为起点，以塑造寓情于理的形象为过程。所以，广告人主要是进行艺术的形象思维，只不过这种形象思维离不开理性的思维。

二、形象思维的探讨

形象思维并不是低级的感性思维，实际上在形象思维的过程中，作为思维材料的形象已不是原始形象了，而是经过加工改造过了的形象。正如马克思说的："最蹩脚的建筑师从一开始就比最灵巧的蜜蜂高明的地方，是他在用蜂蜡建筑蜂房前，已经在自己的头脑中把它建成了。劳动过程结束时得到的结果，在这个过程开始时就已经在劳动者的表象中存在着，即已经观念地存在着。"所以，在建筑师头脑中的建筑形象是经过其构思的建筑蓝图。作家头脑中的艺术形象，也是对生活原型的一种概括，或者对若干形象的一种抽象和集中。

形象思维来自感性认识，却又不同于感性认识。它既高于感性认识，又与抽象思维有很大区别，是因为它所使用的思维材料——形象，具有鲜明的特征：

1. 形象性

形象性材料最主要的特征是形象性,它是具体的、生动的和直观的,而不同于抽象思维的概念、原理、数字等等。

2. 概括性

形象思维材料不是原始的感性材料,而是经过加工的东西。抽象思维是用概念进行概括,而形象思维则是用典型形象来概括,即用典型形象传情达意,完成使命。鲁迅笔下的"狂人"、"阿Q"、"孔已己"等形象都是经过概括的具有普遍性、代表性的形象。

3. 创造性

形象思维的材料和思维产品绝大部分是经过加工改造或重新创造出来的形象。用形象思维去认识和表现一个现实事物,实际是对这一事物的一种再创造。亚里士多德通过月牙上的弧形阴影联想到地球可能是圆形的。这一天才预见就是通过形象思维的一种创造。广告人运用形象思维去塑造商品品牌和企业形象是一种实实在在不可怀疑的创造性活动。

4. 运动性

形象思维的材料在形象思维的活动中不是静止的、孤立的、不变化的。艺术家头脑中的人物形象,随着时间、地点、条件的变化演绎着动人的故事,生、老、病、死,悲、欢、离、合,矛盾的萌芽、发展、激化、解决等等,都是在变化着的。唯其如此,艺术家才可能塑造出鲜活的感人的艺术形象,广告人才能创作出撩拨人心的广告作品。

由此可见,形象思维运用形象做思维的材料,进行想象、联想和创造性构思,既超出了感性认识的范围,进入到理性思维的范畴,而又不同于一般的运用概念、原理和数字所进行的抽象思维,它是借助于感觉、知觉,运用典型形象所进行的另一种理性认识手段。需要指出的是,在实际思维中,抽象思维和形象思维是相互沟通,相互作用,紧密联系的,只是因为思维的材料和思维的过程有所偏重罢了。在以一种思维方式为主的思维活动中,另一种思维方式也会适时地恰如其分地给以襄助。广告人在以形象思维为主作为广告艺术创作的动力时,应该学会运用两种思维方式,不要忽视抽象思维,而且要把形象思维看作是一种特定的理性手段,去把握广告的创意和表现。

广告人的思维不能走向极端,不要把艺术思维和科学思维对立起来。在这方面现代卓越的物理学家爱因斯坦给我们做出很好的榜样,他说:"纯粹的逻辑思维不能给我们任何关于经验世界的知识;一切关于实在的知识,都是从经验开始,又终结于经验。"广告人如果能像爱因斯坦那样,正确地、巧妙地运用两种思维相结合的方法,发挥各自的优势,就可能获得最佳思维,充分挖掘思维潜能,创造出卓然于世的广告艺术形象。

三、灵感思维的探讨

在人类认识的历史长河中,人的思维能力和思维形式也得到了提高和发展,人类思维形式不仅有广为人知的抽象思维、形象思维,而且还有灵感思维。灵感思维已经成为哲学、思维科学、心理学、美学和脑科学等多门科学共同研究的对象。很多优秀的广告人都有很多的切身体会和体验,那就是一个奇妙的广告创意、一句精彩的广告词和一个独具魅力的销售点子等,往往不是在严谨而缜密的逻辑推理过程中得到的,它们有时在我们的冥思苦想中、在梦中或在一个偶然的场合飘然而至,不期而遇。真是"众里寻她千百度,蓦然回首,那人却在灯火阑珊处"。这飘然而至的灵感,千百年来是人们饶有兴趣的不解之迷。

陆机在《文赋》中对灵感现象(陆机称之为"感兴")有十分精彩的描述:"若夫应感之会,通塞之纪,来之不可遏,去之不可止。"灵感来时,思如风发,言若泉涌,摇笔挥洒,骏利无状。而灵感一旦消逝,又立刻出现"六情底滞,志往神留,兀若枯木,豁若涸流"的状况。亘古以来,多少迁客骚人、文学大师、艺术巨匠和科学泰斗都有灵感产生瞬间,即那种"用笔不灵看燕舞,行文无序赏花开"的时刻,由于灵感的出现,一种全新的构思、全新的发明、全新的见解和全新的办法等一下子涌入脑海,使他们一举登临攀登的高峰,作出令世人惊羡不已的业绩。

我国著名的文论大师刘勰对灵感闪现时给人带来的那种壮怀激烈的情绪和强大创造价值的情景作了形象描述,"夫神思方远,万涂竞萌……登山则情满于山,观海则意溢于海,我才知多少,将与风云而并驱矣"。这种强烈的"情满于山"、"意溢于海"、"与风云而并驱"就是灵感产生时的心理特征。

近年来,专家学者对灵感思维作了深入的研究。1977年英国著名美学家在《英国美学杂志》夏季号发表了《论灵感》的论文。文中主要谈了三个方面的问题:第一,回顾了西方关于灵感的研究的发展史,考察灵感概念产生的渊源并梳理了灵感研究的历史嬗变和流向;第二,阐述了灵感的发生与潜意识说的密切关系;第三,为新的灵感理论,设计了验证的标准。他认为,任何站得住脚的艺术灵感理论都必须能解释下列经验事实:

其一,"艺术家在艺术创造中是某种来自他们自身之外的信息或启示的领受者,或者处在某种外部强制或指导之下"。这种受到外在信息启迪而产生灵感是一个重要特征。

其二,"艺术作品不是遵循某一组规律就能创造出来,它们也不仅仅是某些可以传授的技巧的产物。在任何艺术作品中都有某种独特的东西"。也就是不遵循现成的规律,具有强烈的个性特征和独特风格是灵感产物的另一重要特征。

其三,"对于一件被列为优美的艺术品或具有审美价值的作品所具备的那些特征,甚至连艺术家本人也不能用语言加以清楚地说明",它还说明灵感的发生和灵感的成果,是只可意会而不可言传的,这可称之为灵感的模糊性特征。

伟大的科学家爱因斯坦,依据亲身卓有成效的科学创造性的实践,深切感到灵感的存在和重要性,他说:"我相信直觉和灵感。"颇负盛名的科学哲学家波尔曾指出:"人怎样产生一个新思想——无论是一个音乐题材、一个戏剧冲突,还是一个科学理论——这个问题可能对经验心理学具有重大意义,但是它同科学知识的逻辑分析毫不相干。"

现代脑科学研究的成果,也为研究意识和潜意识提供了科学的依据。美国神经心理学家斯佩里通过研究发现,人的大脑两半球各司其职,有明显分工,又相互联系和作用。大脑左半球负责语言、计算和书写功能,它同抽象思维、象征性关系以及对细节的逻辑分析关系密切。而右半球却具有认识空间和识别三维图像的高级功能,二者是通过"联络脑"相互作用,实现功能互补和协作。斯佩里提示了灵感思维是人脑的一种高级反映形式,人的右脑在潜意识中孕育灵感,除靠潜意识进行推论,还需要显意识的合作,当孕育成熟,即突然沟通,灵感闪现在显意识中,成为灵感思维的成果。

斯佩里的研究成果,关于左右脑分工专门化理论为灵感思维学说的确立奠定了现代科学的基石,为寻求灵感发生机制打开了门户。灵感的产生需要显意识和潜意识的沟通,即需要诱发。灵感思维发生机制是别具一格的,因为灵感是孕育在潜意识中的,它的发生过程不能被意识到。但是人们可以用显意识调动潜意识,诱使它发生。诱发灵感需要五个环节,即境域——启迪——跃迁——顿悟——验证。

◆ 境域,就是诱发灵感所需的那种心理境界。托尔斯泰认为:"创造者入境后表现出来的那种潜思维与显思维随意交融,思意驰骋,神与物游的'忘我'境域,正是'创作的最高境界'。"境域也就是刘勰所说的"虚静",他说:"是以陶钧文思,贵在虚境。"黑格尔在谈到创作时也讲过一种境域,即"完全沉浸在主题里,不到把它表现为完满的艺术形象时决不肯罢休的那种情况"。

◆ 启迪，是指诱发灵感的偶然信息。创造的灵感在潜意识中孕育到饱和程度，只要某一相关信息偶然的启迪和触发，创造者就茅塞顿开、豁然开朗、思如泉涌。从认识论上来说，启迪是诱导灵感思维发生的一种方式，是连接各种思维信息的纽结，是开启创造智慧的钥匙。

◆ 跃迁，是指一种高级质变方式，这种质变是非逻辑的、跳跃的。清代诗人袁枚的一首诗可以让人体悟到跃迁的这种方式，袁枚诗曰："但肯寻诗便有诗，灵犀一点是吾师。夕阳芳草寻常物，解用都为绝妙词。"把"夕阳芳草"变成"绝妙词"，而达到一种传情达意的极致境界，可谓实现了跃迁式的质变。

◆ 顿悟，就是指灵感在潜意识中孕育成熟后，同显意识沟通的瞬间的表现。顿悟可以说是灵感在显意识中"曝光"，是被意识到的灵感验证，是对灵感思维结果的科学分析和鉴定。随着灵感的迸发，新创意、新思路、新理念脱颖而出。

直觉和顿悟并不一定能符合创作主题的要求或者实际的需要，那就要通过验证，围绕主题重新一次灵感思维的过程。

从对灵感思维的五个环节的分析中，我们可以看到，这五个环节是密切联系的，它们之间的相互作用和影响便是创造性课题产生、信息的筛选、诱因的妙用、灵感的迸发和成果的验证过程，灵感思维看起来是难以言喻的，是扑朔迷离的，但它是人们长期的知识积累和生活积淀瞬间碰撞的结果。"文章本天成，妙手偶得之"，这"天成"与"偶得"实际是经年日久、千锤百炼的结果。

四、广告人思维特点及思维能力培养

通过对人类思维方式全面观照和探讨，应该深刻认识到广告人要提高文化素质，就要运用辩证唯物主义的观点，全面理解和掌握抽象思维、形象思维和灵感思维这三种思维方式。这三种思维方式是相互联系和渗透的，不能把它们割裂开来和对立起来。但就广告人特定的社会角色和使命来说，广告人的思维还是应侧重于形象思维和灵感思维。为了出色地扮演好角色和不辱使命，广告人应具备优质的思维态势和富有个性的思维特征。

广告人的现代思维特征应该具有开放式、创造性和发散型三个特点。

1. 广告人的思维应该是开放式的

它要广泛地采集信息，要把思维的触角延伸到社会的方方面面。为此，要求广告人深入到政治、经济、文化各个领域和层面，要眼观六路，耳听八方，要广交朋友，"谈笑有鸿儒，往来无白丁"。开放式的思维方式一方面是广告人要面对不断变幻的商

品、企业和消费者群体,另一方面是广告人产生创意灵感的需要。如果没有开放式思维,广告人便会很快江郎才尽、文思枯竭。

与开放式的思维方式对立的是封闭式的思维方式,封闭式的思维产生的条件和基础是自然经济的生产方式,是那种小而全,万事不求人的生产模式造成了人们的封闭和保守,而处在市场经济先导地位的广告人,则应顺应市场经济的要求——建立一种开放的社会系统,形成统一的大市场观。生产者之间分工协作,这既对广告人的开放观念和思维提出了要求,也为这种现代开放式的思维观念的形成创造了最基本的条件。

2. 广告人的思维方式还应该是创造性的

创造性的思维方式是广告人思维方式最重要的方面。所谓创造是在别人、前人经验的基础上对其经验的超越。提倡创造性思维绝不能否定摹仿、学习和继承的重要性。广告人要学习奥格威等广告大师的创意和制作的经验,要学习国际上大广告公司广告经营、管理和运作经验,但是这种学习不是目的,而是手段。今天的学习是为了明天的超越。广告人要记住齐白石先生的遗训:"学我者活,似我者死"。

要激发创造性,广告人必须充分调动和发挥形象思维和灵感思维,从本质的意义上说是一种创造性的思维。马克思所说的建筑师在头脑中建造房屋,(形象思维)这正是对事物形象的创造;文人的"神来之笔",军事家的"奇谋"以及科学家的"顿悟"等都是对原来那种生存状态和所达到水平的一种突破和超越。广告人思维方式的创造性,要求广告人思维处在一种自由的无拘无束的状态,既要思绪飘飞,浮想联翩,又要能沉思默想、静观默察,只有很好地把显意识和潜意识沟通起来,广告人才能迸发出独具魅力的创意灵感,才能不拾别人的牙慧,才能不东施效颦,从而制作出富有独特个性和艺术魅力的广告作品。

3. 广告人的思维应该是发散型的

发散型思维就像一个光源,向四面八方发射出纵横交织的意识流,并由此编织成无数个"网结"的意识之网。人的意识能够通畅地从一个"网结"传导到另一个"网结"。广告人必须具备这种思维方式,当广告人确定了广告主题之后,应从多方面、多角度去思考如何表现主题,而不应拘泥在一个狭隘的领域里钻牛角尖。广告人具备了发散型思维就会跳出那种简单呆板的思维模式,使思维处于一种活跃的状态。

就拿确立广告主题来说,当广告人用发散型的思维方式来思考问题的时候,就会从广告目标、商品个性和消费者心理需求多个侧面去系统地观照,而不是从某个单一的方面去简单地来确定主题,这样广告主题就会把握得更准确。在表现主题时,发散型思维也会使广告人从艺术手段、媒体特点和广告要达到的力度和深度等方面通盘计划,统筹兼顾,全面安排。

开放式的、创造性的和发散型的思维方式与封闭式的、保守式的、呆板式的思维方式是相对立的,前者是广告人应培养和训练的现代的科学的思维方式,而后者是广告人要摒弃的传统的落后的思维方式。但是,要全面造就广告人现代思维方式并非是一蹴而就的事情。这其中最重要的是把广告人个体思维意识的升华放在整个社会思维场中进行。因为,人是社会的细胞。在人类共同生活的地方,必定有统一每个人意识、思维的社会意识和社会系统,而且个人只是构成社会意识和社会思维的因子。任何出类拔萃的人材,都无法逃脱社会思维场的影响,广告人也不能例外。

◆ 第一,社会思维场。这是一种在复杂社会关系中个人和集体创造的精神财富在思维方面相互作用而形成的一种思维意识关系系统。社会场是由知识场、观念场和心理场三个部分构成的。首先是知识场,也叫信息场。知识是思维的基础,知识的发展与提高必然要引起思维质量和思维效率的提高。在现代社会中,广告人的知识体系既要有自己的特色,又要和社会知识体系相结合,有机地纳入到社会知识体系。就社会思维的要求和广告人所担负的社会角色来看,广告人的知识体系应以信息传播学、市场学和心理学为基石,以思维创造学为核心,以美学、文化艺术学和摄影、摄像、绘画等学科为专业基础。广告人的知识体系的特点是前沿性和广博性。因此广告人要追踪任何一种新知识和新技术,敢立潮头,在科学为先导的激烈竞争中冲锋陷阵,要表现生活的方方面面,因为在当今已经没有哪个行业不置身在市场中,不参与市场激烈的优胜劣汰的竞争选择。

◆ 第二,观念场。观念是人对事物的看法和认识,它是社会思维场中最重要的部分,因为任何思维活动都要遵循该社会所确立的普遍原理和原则。各种观念,包括个体观念、群体观念、新观念和旧观念的相互交织和碰撞构成了一个社会观念思维场。广告人具有前瞻性和时代感,才能引导企业在信息化和网络化的今天,取得竞争优势。而广告人要做到这一点,就要不断地选择和吸收各种新观念,把自己恰当地定位在由社会思潮、社会传统和社会舆论等所构成的社会思维网中。

◆ 第三,社会心理场,也叫社会情意思维场。它是由社会群体意志、群体感情、群体动机等社会心理因素构成的。社会心理场以情感、意志、兴趣、信念等精彩纷呈的形式表现出来。广告人要通过与广告主和广告受众进行信息的沟通和交流,重视社会心理场的体悟,准确摸到受众的社会心理脉搏,了解他们所呈现出来的社会心理状态和所达到的社会心理强度,这是广告活动成功的前提条件。上述由知识场、观念场和心理场所构成的社会思维场,在社会经济一体化的进程中,尤其是在科学技术进步的推动下,强大的社会思维力发挥着巨大的效应。广告人提高自身的文化素质就要自觉地把自己放在社会大思维场的背景下,通过与社会思维的交流、渗透和融合,永葆自己的艺术青春和生命活力。

思考题

1. 从智力心理学的角度来分析广告人的文化素质。
2. 广告人的观念包括什么?
3. 现代广告的主要表现特征有哪些?
4. 情感的类型有哪些?
5. 简要回答情感在广告中的作用。

后　记

这本《现代广告文化学》完稿了，它是我教学和科研的总结。

这本书得以出版，要感谢中国传媒大学出版社的领导，感谢我的责编王月林女士。她对本书的体例结构、遣词造句和学术观点都提出了极有见地的意见。尤其是她建议的，要贴近广告业的现实，要突显现代语话，要激扬时代气息的要求，提升了这本书的格调和品位。与此同时，也要感谢期待和帮助我写出这本书的亲朋和学生。

写完一本书是什么感觉呢？有人说就像十月怀胎一朝分娩，我倒觉得没那么矫情。要是那么痛苦怎么还有那么多学者作家不"计划生育"？古往今来，把著书立说看得很神圣，从某种角度说就是维护少数人的地位与权威，剥夺大众的话语权。好在网络和大众传媒的发展，正在改变这种状态。我要说，写一本书，把思想变成铅字，就如同当下，一些名士在现代传媒的讲坛上，把思想、知识变成音符一样，是快乐的，也是有价值的。

我写上面一段话的初衷，并不是亮剑，而是要铸犁。应该说我在十年前提出的开展现代广告文化学研究的主张的回应还不够广泛；社会上对现代广告文化学的研究尚不够深入；我自己所做的研究也非常粗浅。我呼吁业界人士、学者教授、同仁和学生以及一切关注这一课题的人投入到这一研究中来，建构起体系严谨、内容丰富、思想自由的广告文化学学科。我也在此呼吁，广告行业组织、广告公司、媒介公司或某个个人，发起成立"中国广告文化学研究会"。也许有人会说"简直是做梦"。对！人生如梦。虽然无梦踏实，但有梦最美！

"红了樱桃，绿了芭蕉，流光容易把人抛"。翻看到后记的读者，如果你对广告文化学有兴趣，如果你想写有关这方面的文章、著作，就行诸笔墨，开始行动吧。"你能！"不管你是我教过还是没教过的学生，不管你是公司的老板还是员工——只要你愿意。我写这本书最大的感触是，写作快乐且有意义。拉杂地说了这些，是为后记。

参 考 文 献

1. 黑格尔:《美学》,商务印书馆,1979年版。
2. 李泽厚:《中国美学史》,社会科学出版社中国,1984年版。
3. 朱光潜:《西方美学史》,人民文学出版社,1979年版。
4. 索绪尔:《普通语言学教程》,商务印书馆,1980年版。
5. 张少康、汪春泓、陈允锋、陶礼天:《文心雕龙研究史》,北京大学出版社,2001年版。
6. 特伦斯·霍克斯:《结构主义与符号学》,上海译文出版社,1987年版。
7. 罗兰·巴尔特:《符号学原理》,三联书店,1999年版。
8. 苏珊·朗格:《情感与形式》,中国社会科学出版社,1986年版。
9. 王铭玉:《语言符号学》,北京高等教育出版社,2004年版。
10. 李幼蒸:《理论符号学导论》,社会科学文献出版社,1999年版。
11. 赵毅衡:《文学符号学》,中国文联出版公司,1990年版。
12. 杨春时:《艺术符号与解释》,北京人民文学出版社,1989年版。
13. 肖峰:《从哲学看符号》,中国人民大学出版社,1989年版。
14. 大卫·奥格威:《一个广告人的自白》,中国物价出版社,2003年版。
15. 唐忠朴:《我的广告生涯》,中国友谊出版社,2004年版。
16. 威廉·阿伦斯:《当代广告学》,人民邮电出版社,2005年版。
17. 菲利普·科特勒:《市场营销管理学》,上海人民出版社,2006年版。
18. 唐·E.舒尔茨:《整合营销沟通》,上海人民出版社,2006年版。
19. 张江南、王惠:《网络时代的美学》,上海三联书店,2006年版。

图书在版编目(CIP)数据

现代广告文化学/李建立著.--2版.--北京:中国传媒大学出版社,2007.4(2021.1重印)

(中国传媒大学广告专业系列教材)

ISBN 978-7-81085-941-7

Ⅰ.①现… Ⅱ.①李… Ⅲ.①广告学:文化学－高等学校－教材 Ⅳ.F713.80

中国版本图书馆 CIP 数据核字(2007)第 040644 号

现代广告文化学(第2版)
XIANDAI GUANGGAO WENHUAXUE(DI-ER BAN)

著 者	李建立
责任编辑	王月林
责任印制	阳金洲
封面设计	思 凡

出版发行	中国传媒大学出版社
社 址	北京市朝阳区定福庄东街1号 邮 编 100024
电 话	86-10-65450528 65450532 传 真 65779405
网 址	http://cucp.cuc.edu.cn
经 销	全国新华书店
印 刷	北京玺诚印务有限公司
开 本	730mm×988mm 1/16
印 张	13.25
字 数	210 千字
版 次	2007 年 4 月第 2 版
印 次	2021 年 1 月第 5 次印刷
书 号	ISBN 978-7-81085-941-7/K·941 定 价 29.80 元

本社法律顾问:北京李伟斌律师事务所 郭建平
版权所有 翻印必究 印装错误 负责调换